Suzhou City University
Undergraduate Student Academic Planning Guide

苏州城市学院
本科生学业规划导引

主　编　张毅驰
副主编　顾荣庆　钱　磊

苏州大学出版社
Soochow University Press

图书在版编目(CIP)数据

苏州城市学院本科生学业规划导引 / 张毅驰主编.
苏州：苏州大学出版社，2024.9. -- ISBN 978-7-5672-
4963-9
Ⅰ.G647.38
中国国家版本馆 CIP 数据核字第 2024KJ6319 号

| 书　　名：苏州城市学院本科生学业规划导引
| SUZHOU CHENGSHI XUEYUAN BENKESHENG XUEYE GUIHUA DAOYIN
| 主　　编：张毅驰
| 责任编辑：马德芳
| 助理编辑：王　叶
| 装帧设计：吴　钰
| 出版发行：苏州大学出版社(Soochow University Press)
| 社　　址：苏州市十梓街1号　邮编：215006
| 印　　刷：镇江文苑制版印刷有限责任公司
| 邮购热线：0512-67480030
| 销售热线：0512-67481020
| 开　　本：787 mm×1 092 mm　1/16　印张：20　字数：439 千
| 版　　次：2024 年 9 月第 1 版
| 印　　次：2024 年 9 月第 1 次印刷
| 书　　号：ISBN 978-7-5672-4963-9
| 定　　价：49.80 元

图书若有印装错误，本社负责调换
苏州大学出版社营销部　电话：0512-67481020
苏州大学出版社网址　http://www.sudapress.com
苏州大学出版社邮箱　sdcbs@suda.edu.cn

Foreword 前言

1936年，竺可桢先生在出任大学校长时，在开学典礼上向新生问了两个问题：一是到校来做什么？二是将来毕业后要做什么样的人？先生的第一问，一方面是要青年学子思考来到大学后"为谁学"、"学什么"和"怎样学"的问题，归根结底是如何做好大学的学业规划；另一方面是希望大学生不仅要求得"鱼"，更要掌握"渔"，全方位提升自己，为回答好第二问奠定坚实的基础。对于新晋大学生，在经历了"高压""被动"为主的高中学习阶段后，面对大学教育这个看似轻松自主，实则布局精巧、环环相扣的课程体系和学业要求，多数是放松警惕的。如果光靠新生自悟，或自学学校规章制度；抑或靠学长学姐的口口相传，很难在较短的时间明确学习目标，做好学业安排。为了帮助学生"做更优秀的学习者，成为更好的自己"，本书编写组坚持以学生为中心、以问题为导向，围绕学业进程、培养方案、能力提升、竞赛科研、素质发展、升学出国等模块，结合丰富的校本案例和大数据，全面、生动、精准、系统地为新生答疑解惑。希望同学们通过这本书的学习，能够快速了解大学的学习要求、学习模式和学习方法，为自己制定合理的学业规划，顺利开启大学学业之门。

本书共分为九章。第一章主要介绍学校发展概况、师生优秀成果以及优秀校友情况，使学生产生荣校爱校情感。第二章是本书的重点，以通俗易懂的文字回答学生最关心的学业问题："如何毕业""如何获得学位""选课有什么技术"等。第三章是本书的难点，系统性地介绍大学本科的人才培养方案构成与特点，让学生对自己所学专业、所学课程及素质拓展有全面认识。第四章重点介绍实践教学，明确应用型人才的核心素质能力，将知识学习与人格锻炼、能力培养充分融合。第五章介绍毕业设计（论文）如何开展，并且进一步强调了学术诚信问题。第六章介绍大学生创意创新创业教育，在进行直接创业指导的同时，更注重隐性的创新意识、创业观念、社会价值观导向培养。第七章介绍大学生在校如何参加学科竞赛，如何考级考证，如何申请专利。第八章介绍学校特色教学改革项目，如书院制教学、微专业项目、辅修专业等。第九章介绍大学生如何出国（境）留学。

本书由张毅驰担任主编，顾荣庆、钱磊担任副主编，朱煜、孔荣、李楠、陈倩云、王凤、迮宇、雍涵朵、梅莹、马沈昊等老师参与编写。编写过程中，参阅大量教学管理一线的研究成果，特别是沈扬、刘云老师主编的《河海大学土木与交通学院本科教学全程导引》，在此向相关作者表示衷心的感谢。书中也引用了苏州城市学院许多教学管理实例和优秀校友案例，在此亦深表感谢。由于编写时间仓促以及编写团队水平有限，书中存在的不足之处，恳请广大读者批评指正。

编　者

2024 年 9 月

Contents 目录

第一章 廿五芳华 校情概览 /001

  第一节 学校概况与办学定位 /001
    一、学校概况 /001
    二、办学定位 /006
  第二节 师生获奖展示 /008
    一、学校项目和教师获奖展示 /008
    二、学生获奖展示 /010
  第三节 校友代表 /012
    一、优秀校友，风华正茂 /012
    二、校友反哺，协同育人 /014

第二章 大学学业 通关宝典 /015

  第一节 常用教学信息平台速览 /015
    一、教务处官网 /015
    二、数字门户 /016
    三、教务系统 /018
    四、企业微信 /022
    五、教务自助终端 /022
  第二节 学业达标早知道 /023
    一、学分和绩点 /023
    二、毕业要求与学位要求 /025
    三、毕业/学位审核与毕/结业返校学习 /029
    四、谨防"毕业拦路虎" /031
  第三节 课业学习有规划 /035
    一、选课有技巧，上课有规矩 /035
    二、诚信考试，勇创佳绩 /043

三、课程挂科了怎么办？ /048
　　四、等级考试面面观 /049

第四节　学籍管理遵规定 /056
　　一、学习年限 /056
　　二、休学、复学与退学 /056
　　三、我可以转专业吗？ /058
　　四、我能提前毕业吗？ /061

第三章　本科专业　培养方案 /063

第一节　本科专业介绍 /063
　　一、什么是"专业"？ /063
　　二、专业设置及布局 /063
　　三、专业建设及成效 /066

第二节　人才培养方案 /069
　　一、什么是培养方案？ /069
　　二、各专业对应的培养目标及基本要求 /071
　　三、课程体系 /082
　　四、创新创业教育课程 /085
　　五、课程思政 /086
　　六、人才培养方案特点分析 /090

第三节　应用型人才培养 /092
　　一、什么是应用型人才？ /092
　　二、应用型人才培养途径 /094
　　三、应用型人才培养成效 /097
　　四、应用型师资培养 /098

第四节　专业素质拓展 /100
　　一、什么是专业素质拓展？ /100
　　二、专业素质拓展课程 /100
　　三、专业素质拓展课程学分认定 /102
　　四、专业素质拓展实践案例 /104

第五节　评教评学 /106
　　一、课程评教 /106
　　二、其他评教评学 /107

第六节　学习满意度 /110
　　一、在校生满意度 /110
　　二、毕业生满意度 /111

第四章 实习实践 锻炼技能 /113

第一节 实习实践概要 /113
一、实习实践的目的 /113
二、实习实践课程分类 /113
三、实习实践组织形式 /114
四、实习实践的方式 /114

第二节 如何开展实习实践 /116
一、实习实践开展流程 /116
二、实习实践材料怎么写？ /118
三、实习实践怎么考核 /121
四、实习实践纪律要求 /122
五、弹性实习实践 /123
六、实习实践问与答 /127
七、优秀实习感悟与优秀实习报告 /128

第三节 实践教学基地 /132
一、实践教学基地建设概况 /132
二、优质校外实践教学基地介绍 /133

第五章 毕业设计（论文） /144

第一节 毕业设计（论文）是什么？ /144
一、什么是毕业论文？ /144
二、完成毕业论文的意义 /144
三、什么是毕业设计？ /145
四、毕业设计与毕业论文的区别 /145

第二节 毕业设计（论文）怎么做？ /148
一、重要时间节点 /148
二、各时间节点做什么？ /149

第三节 毕业设计（论文）检测系统 /158
一、检测系统入口 /158
二、账号设置及检测方法 /158
三、检测次数及时间安排 /159
四、检测结果的性质认定及其处理 /159
五、特别提醒 /160

第四节 毕业设计（论文）评分 /161
一、评分构成 /161

二、评分细则 /161

　第五节　毕业设计（论文）的"雷区" /162

　　一、重视程度不够 /162

　　二、联系导师不够 /162

　　三、抄袭现象较突出 /162

　　四、应用性和创新性不强 /163

　　五、答辩内容空洞 /163

　第六节　毕业设计（论文）注意要点 /165

第六章　"三创"育人　加持未来 /167

　第一节　走近创意创新创业 /167

　　一、创意创新创业是什么？ /167

　　二、创意创新创业的路径 /169

　　三、创意创新创业的价值和意义 /170

　　四、创意创新创业案例 /171

　　五、创意创新创业荣誉榜 /174

　第二节　认识创意创新创业 /177

　　一、创意创新创业课程 /177

　　二、创意创新创业推荐书目 /180

　　三、创意创新创业相关术语解释 /182

　　四、创意创新创业优秀项目 /188

　第三节　创意创新创业实践 /192

　　一、创意创新创业实践的意义 /192

　　二、创意创新创业实践的三大法宝 /193

　　三、创意创新创业项目孵化 /197

　　四、创意创新创业比赛 /202

　　五、大学生创新创业训练计划 /207

第七章　学科竞赛　考级考证 /212

　第一节　学科竞赛 /212

　　一、什么是学科竞赛？ /212

　　二、学科竞赛分类 /212

　　三、什么是榜单赛事？ /212

　　四、学校组织学生参加的主要榜单赛事 /216

　　五、部分赛事介绍 /216

第二节 考级考证及专利申请 /224

  一、考级考证 /224

  二、专利申请 /227

第八章 项目驱动 多元培养 /232

第一节 文正书院 /232

  一、书院制概述 /232

  二、文正书院育人模式探索 /234

第二节 微专业项目 /239

  一、微专业概述 /239

  二、微专业特点 /239

  三、微专业项目介绍 /240

  四、微专业项目选拔标准 /247

  五、微专业项目实施效果 /247

第三节 辅修专业 /250

  一、辅修专业概述 /250

  二、辅修专业介绍 /250

第四节 职普贯通项目 /252

  一、项目背景 /252

  二、项目特点 /252

  三、项目介绍 /253

第九章 对外交流 合作育人 /258

第一节 对外交流概况 /258

  一、机构介绍 /258

  二、出国（境）交流项目 /260

  三、国际赛事 /262

第二节 留学手续办理指南 /264

  一、学籍手续办理指南 /264

  二、学分互认手续办理指南 /264

  三、国（境）外硕士研究生申请指南 /267

  四、海外交流奖学金申请指南 /273

第三节 留学欧洲 /275

  一、短期项目 /275

  二、本硕连读、硕士项目 /279

  三、交换学生项目 /282

第四节　留学美国　/285
　　一、中美联合培养项目　/285
　　二、短期项目　/287
　　三、学期项目　/290

第五节　留学日本　/291
　　一、校际交换学生项目　/291
　　二、日本名校交换生项目　/292
　　三、暑期日语课程　/292
　　四、中国大学生赴日社会实践项目　/293

第六节　留学韩国　/295
　　一、双学位和交换学生项目　/295
　　二、短期研修项目　/296
　　三、硕士项目　/296

第七节　留学澳洲　/299
　　一、本硕连读项目　/299
　　二、本升硕项目　/301
　　三、短期项目　/304
　　四、学期项目　/305

第八节　留学港澳台地区　/306
　　一、交换学生项目　/306
　　二、硕士项目　/308
　　三、短期项目　/309

廿五芳华 校情概览

第一节 学校概况与办学定位

苏州城市学院（简称苏城院）是一所经教育部批准，由江苏省人民政府管理，苏州市人民政府举办的全日制本科公办普通高等学校。学校前身是1998年创办的苏州大学文正学院，经过二十多年的积淀、传承与创新，2020年转设为独立设置的本科层次公办普通高等学校。2022年，学校顺利获批硕士学位授予立项建设单位。学校坚持"地方性、应用型、开放式、特色化"的办学理念，努力创建特色鲜明、国内一流、国际知名的现代化高水平应用型大学。学校现有文学、理学、工学、经济学、管理学、法学、艺术学七大学科门类，设有马克思主义学院、城市文化与传播学院、城市治理与公共事务学院、数字经济与管理学院、设计与艺术学院、计算科学与人工智能学院、光学与电子信息学院、智能制造与智慧交通学院八个学院以及基础教学部，全日制本科生近12 000人。

一、学校概况

（一）发展历程

苏州城市学院前身是苏州大学文正学院，是在中国高等教育由精英化向大众化过渡背景下，由百年名校苏州大学领风气之先而创建的一所具有时代属性和特殊使命的高校。学校1998年落址建成；1999年迎来首届新生，开启办学历程，时为全国首批公有民办二级学院；2005年转设为独立学院；2009年独立颁发毕业证书；2012年获批学士学位授予单位，独立颁发学士学位证书。2020年12月，在教育部和江苏省教育厅的积极推动下，在苏州市人民政府的大力支持下，教育部函复江苏省人民政府，同意苏州大学文正学院转设为苏州城市学院，现为一所独立设置的本科层次公办普通高等学校。

（二）区位环境

学校坐落于江苏省苏州市吴中区，毗邻国家级太湖风景名胜区石湖景区，地理位置优越，交通便利，自然环境宜人，历史文化底蕴丰厚，是读书成长成才的好地方。目前校园占地面积约42.5万平方米，建筑面积约24.3万平方米。坐拥吴山文脉，依傍石湖水色，栖山傍水廿五载。

图 1.1.1　学校正大门

图 1.1.2　图书馆

图 1.1.3　文正大道广场

图 1.1.4　宿舍楼通道

图 1.1.5　教学区

(三) 党建引领

学校坚持以高质量党建工作引领教育事业高质量发展，充分发挥党团组织政治领导、思想引领、实践指导的作用，加强政治理论学习，搭建校内外党建教育基地，丰富活动载体，提升基层党建工作质量，构建"大思政"格局，强化师生思想政治教育，团结带领全校共产党员赓续前行，踔厉奋发。

图1.1.6　第一次党代会

图1.1.7　教职工观看党的二十大现场

图1.1.8　学习党的二十大精神专题研讨会

图1.1.9　主题教育动员会

（四）管理机制

学校坚持以习近平新时代中国特色社会主义思想为指导，全面贯彻党的二十大精神和党的教育方针，坚持社会主义办学方向，实行党委领导下的校长负责制，成立党群机构、行政管理机构、教辅机构和9个教学机构（表1.1.1），不断建立健全应用型大学管理机制。坚持"地方性、应用型、开放式、特色化"的办学理念，实行"全员班主任"制度，通过校领导班子成员、职能部门管理人员、二级学院党委和行政人员、专任教师等深入一线，全员担任实职班主任，把立德树人融入日常教学、行政管理、党团活动中，积极构建师生共同体治理机制；实行"一站式"学生社区综合管理模式，构筑"三全育人"（全员、全过程、全方位）大格局，全面推动学生成长成才。

表1.1.1　苏州城市学院机构设置一览表

党群机构	党委办公室	纪委办公室	党委组织部 党校、党委统战部 （合署）	党委宣传部	党委教师工作部
	党委学生工作部	党委保卫部	机关党委	团委	工会

续表

行政管理机构	校长办公室	发展委员会办公室	学科建设与科研工作处	人事处	国有资产与财务管理处
	审计处	教务处	教学质量管理与评估处	招生就业处	国际合作交流处
	基建与后勤管理处				
教辅机构	图书馆/档案馆	信息化建设与管理中心		实验室建设与管理中心	
教学机构	马克思主义学院	城市文化与传播学院	城市治理与公共事务学院	数字经济与管理学院	设计与艺术学院
	计算科学与人工智能学院	光学与电子信息学院	智能制造与智慧交通学院	基础教学部	

（五）学科专业

学校现有8个二级学院，1个基础教学部（表1.1.1），51个本科专业（2024年招生专业41个），涵盖文、理、工、经、管、法、艺7大学科门类。拥有1个江苏省重点学科，7个江苏省一流本科专业建设点，3个江苏省产教融合型品牌专业，1个江苏省"十四五"高校国际化人才培养品牌专业，1个江苏省省级卓越工程师教育培养计划2.0专业，1个江苏高校省级优秀基层教学组织，1门国家级一流本科课程，6门江苏省一流本科课程，7门江苏省在线开放课程，3门江苏省产教融合型一流课程，2本江苏省高等学校重点教材，1个江苏省高校重点（建设）实验室，1个苏州市新型实验室，1个苏州市新型智库，1个苏州市研究院，1个苏州非遗传承创新联合体（曲艺戏剧类），多个校级科研平台。

（六）办学条件

学校的师资队伍从1998年建校初期的"十八罗汉"（只有18位教职工）发展至今，已有教职工620余人，专任教师350余人，专任教师中98.3%具有硕士及以上学位，41.5%具有高级职称。有江苏省"333高层次人才培养工程"培养对象、"六大人才高峰"培养对象、"青蓝工程"培养对象、双创博士等人才20余名。此外，柔性引进各类兼职教师140余人，其中有外籍院士及多名国家级和省部级高层次人才（截至2023年12月底）。一支力量渐强、结构合理、充满活力的师资队伍正在初步形成和茁壮成长。

学校着力加强现代化校园建设，运用先进技术手段提升教学水平，提高学生动手能力，促进学用结合，知行合一。学校现拥有6座教学楼（1号楼~6号楼）、2座实验楼（理工实验楼、综合实验楼）、1座国际交流学院楼；共有教室（全部装有多媒体设备）160余间、网络计算机教室20余间和设备先进的语音室、录播教室、智慧教室，形成智慧教学区；拥有近1万平方米的图书馆，馆内座位数1 000余个，馆藏图书100余万册，期刊1 400余种，本地镜像的电子图书10万种，购买维普考试服务平台、中国知网、读秀学术搜索、超星移动图书馆、POP服装等数字资源。

（七）名家讲学

"所谓大学者，非谓有大楼之谓也，有大师之谓也。"学校为开拓学生视野，激发学科兴趣，邀请相关领域知名专家开展名家讲学，讲授中华优秀传统文化、学科发展前沿动态等。名家讲学让学生充分体验和感受不同学科特质，拓宽学生视野，了解国家科技发展，为学生专业选择与职业发展奠定基础，培养德才兼备的时代新人。全国政协副主席朱永新、诺贝尔文学奖获得者莫言、中国社会科学院研究员于光远、"两弹一星"元勋彭桓武、著名作家刘心武、著名散文家余光中等名师名家均来过学校讲学。

（八）人才培养

培养人才是立校之本，锐意改革是强校之路。学校始终坚持将人才培养作为全校的中心工作，秉承"文者文章、正者道德"的育人理念，主动呼应新一轮科技革命和产业变革，融入区域一体化发展，面向苏州市重点领域、支柱产业和新型产业，培养具有人文底蕴、健全人格、社会责任感、创新精神和实践能力的各类高素质应用型本科人才。"十四五"期间，学校从人才培养、师资队伍、学科专业、教学条件、服务地方等方面深化改革，大力推进应用型人才培养模式改革与创新，全面提高应用型人才自主培养能力，努力实现应用型高校的高质量发展目标。

学校面向江苏、浙江、广东、上海、四川、云南、甘肃等15个省（自治区、直辖市）招生，招生范围广，生源质量高，目前在校学生近12 000人。注重学生个体差异，针对就业、创业、考研深造、出国交流等不同需求的同学实施分类培养；用完全学分制提供个性化课程选择，激发学生学习的自主性；强化教育教学的过程化管理，突出对实践能力和综合素质的培养；聚焦产教融合，校企合作，积极探索政、产、学、研多元协同育人模式，提高人才培养的社会适应性和匹配度；建立"文正书院"，探索基于导师制的小班化、个性化拔尖创新人才培养模式；建立"微专业"，联合行业龙头企业，聚焦某一主题设置一组序列化课程和相关实践教学活动，使学生通过系统的学习，能够对某一（交叉）学科领域或某一特定职业岗位有较为深入的认识和理解，或具备某一类核心素养或行业从业能力；创新覆盖学生个人、班团工作和学生党支部工作三位一体的行为学分量化评价制度，有效发挥第二课堂作用，促进学生心智成长、能力提升、思想端正、行为规范。

（九）服务地方

学校坚持"立足苏州、扎根苏州、融入苏州、服务苏州"的校地合作办学道路，牢固树立"以服务谋发展，以贡献求支持"的校地合作共赢理念，主动融入苏州发展全局，与苏州评弹学校、苏州市艺术学校建立苏州非遗传承创新联合体（曲艺戏剧类）、苏州市昆曲人才培养联合体；与吴中区人民政府、苏州地方志编纂委员会达成全面战略合作关系；推动产学研用联合，促进科研成果转化，助力产教融合发展，与苏州健康养老产业发展集团有限公司（简称"苏州康养集团"）、江苏吴中集团有限公司、中麒润展（江苏）生态建设有限公司、中国建设银行苏州分行等公司建立战略合作关系，助推苏州（太湖）软件产业园、吴中机器人产业园、苏州吴中生物医药产业园成为产教融合基地。此外，学校积极响应苏州市政府新兴产业发展导向，成立文正智库、太湖研究院、苏州发展研究院、品牌研究院、生命科学研究院、先进生物功能材料研究所等多个研究院所；深化产教融合、科教融汇，获批工信部"专精特新产业学院"，聘请国际知名科学家为讲席教授，探索应用型高校开展国际科研合作的有效路径，提高科技成果转化度，协同攻关科技创新"卡脖子"技术难题。

（十）培养成效

截至 2023 年 12 月，学校已累计为国家和社会培养学生逾 50 000 名，向国内外优秀高校输送研究生逾 3 000 名，留在江苏省就业的毕业生每年超 80%，其中留在苏州就业的毕业生约占 60%。他们中既有国内顶尖智库研究员，北京大学、浙江大学、苏州大学等"双一流"高校教师学者，央视热门栏目主讲人，上市公司创始人，知名律所合伙人，也有警察、大学生村官、中小学教育工作者等众多在不同岗位上默默奉献的社会主义建设者。

（十一）发展目标

新时代赋予新使命，新时代孕育新机遇。"十四五"期间，学校事业发展进入崭新阶段，把"全面提高本科教学质量，夯实应用型人才培养，追求卓越，推动高质量发展，接续奋斗，建设一流应用型大学"作为建设目标，全面实施创新活校、人才强校、质量立校、特色名校、文化兴校和资源优校六大战略，擘画建设一流应用型本科高校发展"路线图"和"施工图"。

站在新的起点，全体苏城院人正以奋发的精神，"敢为、敢闯、敢干、敢首创"的信念，昂扬的姿态，开放的视野，顺势而为，全面提升办学质量、社会声誉和内涵式发展水平，力争实现"换道超车"，努力创建具有中国特色、时代特征、鲜明特点的国内一流高水平应用型大学，努力为苏州当好中国式现代化建设的排头兵作出更多、更大的贡献。

二、办学定位

办学定位既是高校制定发展规划、配置教育资源的基础，也是高校调整专业设置、创新人才培养模式的前提。苏州城市学院的办学定位是应用型高等学校。作为一所应用型高校，必须立足地方、依靠地方、扎根地方、服务地方，把推动地方经济社会发展和社会进步作为最高的价值追求，把对经济社会发展的支撑度、对人力资源强市建设和科技成果转化的贡献度及人民群众的满意度作为办学质量的根本评判标准（图 1.1.10）。

办学类型定位	应用型高等学校
办学层次定位	强基培优本科教育，努力争取专业学位硕士研究生教育，积极开拓国际化教育与终身教育
人才培养定位	以新时代、新人才、新要求为导向，着力培养有爱国情怀、有国际视野、有青春梦想、有实干精神、德智体美劳全面发展、基础扎实、学识丰厚、社会责任感强、富有创新精神和实践能力的高素质应用型人才
服务面向定位	立足苏州，服务江苏，辐射长三角，影响全国

图 1.1.10　苏州城市学院办学定位

第二节　师生获奖展示

进入新时代以来，在上级主管部门的正确领导下，在社会各界的大力支持下，学校全体师生员工励精图治、锐意改革，一大批优秀教学成果不断显现，展现了新时代学校发展的新气象、新作为、新辉煌。主要成果见表1.2.1至表1.2.4。

一、学校项目和教师获奖展示

表1.2.1　教育教学成果获奖情况（截至2024年8月）

序号	成果名称	成果奖项
1	"三方协同、四链结合"——档案学专业卓越应用人才培养的探索与实践	2022年苏州市教育教学成果奖（高等教育类）特等奖
2	"基础引领、实践驱动、产学研融合"电子信息专业一流本科人才培养改革与实践	2022年苏州市教育教学成果奖（高等教育类）二等奖
3	基于虚拟仿真的计算机网络管理与维护课程实践教学模式探索	2018年苏州市教育教学成果奖（高等教育类）二等奖
4	基于学分制人才培养体系下的教学管理创新实践	2016年苏州市教育教学成果奖（高等教育类）二等奖

表1.2.2　市级以上课程、教材和师资队伍建设项目（截至2024年8月）

建设类型	序号	项目类型	项目名称	负责人
课程建设	1	国家级一流本科课程	自动控制原理	钱　敏
	2	江苏省一流本科课程	网络互连技术	唐灯平
	3		人格与人生	杨　滨
	4		现代社交与礼仪	熊　莹
	5		自动控制原理	钱　敏
	6		光学	吴　丹
	7		苏州非遗缂丝织造艺术虚拟仿真实验	刘咏清
	8	江苏省在线开放课程	人格与人生	杨　滨
	9		网络互联技术与实践	唐灯平
	10		一对一教你学光学	吴　丹
	11		不一样的C	王　辉
	12		锦"礼"人生——职场菜鸟变形记	熊　莹
	13		手把手教你学自控——《自动控制原理》要点剖析	钱　敏
	14		跟我学《大学物理》	李成金

续表

建设类型	序号	项目类型	项目名称	负责人
课程建设	15	江苏省产教融合型一流课程	光电子技术	吴 丹
	16		工程制图及其AutoCAD	梁志涛
	17		传媒实务	王 静
教材建设	18	江苏省高等学校重点教材	STM32微控制器原理及应用	陈 蕾
	19		计算机网络技术原理与实验	唐灯平
师资队伍建设	20	江苏高校省级优秀基层教学组织	电子信息科学与技术教研室	高 雷
	21	苏州市本科院校优秀教学团队	普通物理学及实验	李成金
	22		光电信息技术教学团队	吴 丹
	23		计算机网络技术与工程教学团队	唐灯平
	24		中国古代文学教学团队	陈国安

表1.2.3 教师教学获奖（部分，截至2024年8月）

序号	获奖类型	获奖等次	获奖人（负责人）
1	第八届全国高等学校教师图学与机械课程示范教学与创新教学法观摩竞赛	三等奖	雷 鸣
2	第三届江苏省高校教师教学创新大赛	一等奖	丁 云
3	首届江苏省高校教师教学创新大赛	一等奖	吴 丹
4	第四届江苏省高校教师教学创新大赛	二等奖	陈天惠
5	第四届江苏省高校教师教学创新大赛新教师赛道	一等奖	王成琳
6	第十三届江苏省高校基础物理教师上好一堂课竞赛（理论组）	一等奖	丁 云
7	2023年"书香新时代，'典'亮新征程"中华经典诵读大赛	一等奖	丁 璨 沈彤扬 邓彦康
8	江苏省第二届高校思想政治理论课教学展示活动	二等奖	李秀红
9	"外教社杯"全国高校外语教学大赛	全国复赛一等奖	大学外语组
		省赛特等奖 一等奖 二等奖 三等奖	
10	2023年江苏省高等学校微课教学比赛	一等奖	丁 璨
		二等奖	曾 妍
		三等奖	唐甜甜

续表

序号	获奖类型	获奖等次	获奖人（负责人）
11	2023年"领航杯"江苏省教师信息素养提升实践活动	二等奖	唐甜甜　王瑞芳
		三等奖	丁　璨
12	第五届全国高等院校工程应用技术教师大赛（本科组）	一等奖	彭　芳
13	江苏省高等学校第九届数学基础课青年教师授课竞赛	一等奖	蒋清扬
14		三等奖	史　莹

二、学生获奖展示

表1.2.4　2021~2024年学生获得代表性竞赛奖项（部分，截至2024年8月）

序号	竞赛项目名称	赛事级别	获奖时间	学生姓名	获奖等级
1	"CVTAAC杯"全国大学生英语词汇能力挑战赛	国家级	2023年	姚苏芯	一等奖
2	"外研社·国才杯"全国英语演讲大赛	国家级	2021年	张鋆烨	一等奖
3	"外研社·国才杯"全国英语演讲大赛	国家级	2021年	夏蕴琦	二等奖
4	"外研社·国才杯"全国英语阅读大赛	国家级	2021年	夏蕴琦	二等奖
5	"外教社·词达人杯"全国大学生英语词汇能力大赛	国家级	2023年	范歆妍	二等奖
6	全国大学生广告艺术大赛	国家级	2021年	张一帆 唐　倩 张天悦	一等奖
7	全国大学生物理实验竞赛（创新）	国家级	2022年	季　帅 郭柯杉 吴　毅	一等奖
8	中国机器人大赛暨RoboCup机器人世界杯中国赛	国家级	2022年	宋兴华 蔡思瑶 沈　坤 王　璇 荆雨涵	一等奖
9	中国机器人大赛暨RoboCup机器人世界杯中国赛	国家级	2022年	柏广银 郭炎琦 荆　畅 何国才 袁鹏程	二等奖
10	全国应用型人才综合技能大赛	国家级	2022年	邱　烨	二等奖
11	未来设计师·全国高校数字艺术设计大赛	国家级	2023年	徐欣奥	二等奖
12	"学创杯"全国大学生创业综合模拟大赛（创业综合模拟赛项）江苏省选拔赛	省级	2023年	张力丹	一等奖

续表

序号	竞赛项目名称	赛事级别	获奖时间	学生姓名	获奖等级
13	江苏大学生创新大赛高教主赛道	省级	2024年	陆斌	一等奖
14	江苏大学生创新大赛高教主赛道	省级	2024年	王玉珏	一等奖
15	江苏大学生创新大赛高教主赛道	省级	2024年	张馨予	一等奖
16	江苏大学生创新大赛高教主赛道	省级	2024年	原瑜潞	二等奖
17	江苏大学生创新大赛高教主赛道	省级	2024年	卢圳琪	二等奖
18	第十八届"挑战杯"全国大学生课外学术科技作品竞赛江苏省选拔赛	省级	2023年	徐小雪	二等奖
19	第十九届"挑战杯"中国大学生创业计划竞赛江苏省选拔赛	省级	2024年	雷鸣宇 李世杰 聂圣焜 熊诗怡 王姝蕴 朱美祺 杨帅栋 施伽琪 居宝成 孙蒙恩 任鹏宇 刘泽远 钱宇辰 顾晨成 洪裔欣	银奖
20	第十九届"挑战杯"中国大学生创业计划竞赛江苏省选拔赛	省级	2024年	凌锦常 李建林 马剑冰 彭欣	银奖
21	第十九届"挑战杯"中国大学生创业计划竞赛江苏省选拔赛	省级	2024年	魏欣敏 何梦雪 程浩然 邢思晴 余倩 廖欣雨 谭月萍 毕自强 徐一帆 周严杰 董凯	银奖
22	第十九届"挑战杯"中国大学生创业计划竞赛江苏省选拔赛	省级	2024年	周芯玉 徐梦婷 袁满钦 徐可 商益洋 谢耿欣 钟豪杰 孙铖	银奖

第三节 校友代表

校友是学校的形象资源，代表着学校的品牌形象，是学校人才培养成效和优良传统继承发扬的生动体现，更是在校学生心目中的一面旗帜。校友对在校学生而言，是学长、学姐。同为母校的莘莘学子，对母校的亲情使他们在思想和感情上紧密地融合在一起。提及校友，在校学生尤为尊敬，倍感亲切，校友的今天就是他们的明天，校友的奋斗精神、成长之路、成功之道、肺腑之言对在校学生具有很强的导向作用，引导他们今后走好人生之路。

本节充分利用校友资源，按照专业类别选取优秀校友典型事例，对在校学生进行隐性教育，使广大学生认识到自己肩负的责任，懂得做人的道理，使学校精神自然内化为学生的品格，为学生的全面成长打下坚实的基础，为学生的进一步发展提供广阔的平台。

一、优秀校友，风华正茂

图 1.3.1　优秀校友曾祥轩

曾祥轩，城市治理与公共事务学院2019级信息资源管理专业学生，2023年顺利考取北京大学社会学系社会学专业硕士研究生。"考上之前，没有人认为我能考上，连我自己也不相信。"谈及自己的经历，他说："考北大是一种偶然，结果是一种必然。"成功是留给有准备的人的，在某种意义上，他的结果是"一种必然"。

图 1.3.2　优秀校友刘倍贝

刘倍贝，城市治理与公共事务学院2018级劳动与社会保障专业学生，2022届优秀毕业生。她在7个多月时被诊断为脑瘫，从小就接受各种检查和训练，但她从未放弃过学习，凭借着对学习的热爱和努力，一路完成学业，考取了大学。在校期间，她乐观、勤奋、自信，加入了助残志愿者服务协会，积极参与公益活动，并在全国英语类竞赛获得三等奖，被称为"微笑女孩"。2022年，她作为优秀毕业生代表站上毕业典礼舞台，"微笑女孩"事迹被央媒报道，还获评2022年度"苏州好青年"荣誉称号。

郭芮，城市治理与公共事务学院2009级人力资源管理专业毕业生。1991年出生在四川宜宾的她，从小在江边长大，自学游泳，深谙水性。小学时，她跟随家人来到苏州生活求学。郭芮从小心中就有一个成为"美人鱼"的梦想，在从事人事行政工作几年后，她一边工作一边参加水肺潜水教练训练，2018年取得了水肺潜水教练证书和国家

图1.3.3 优秀校友郭芮

人力资源（管理）师二级证书，随后辞职开始接触美人鱼潜水，并在2020年取得了国际专业潜水培训系统（PADI）美人鱼教练证书，如今专心从事美人鱼教练训练工作。目前，郭芮是苏州一家拥有独立潜水泳池的一站式潜水俱乐部的合伙人、PADI的教练训练官，培训了一百多位优秀学员，签发了近百张PADI颁发的美人鱼证书，她的潜水俱乐部曾获得《苏州日报》《扬子晚报》《乐活六点档》等多家媒体的关注。

图1.3.4 优秀校友张梦晗

张梦晗，城市文化与传播学院2005级新闻学专业优秀毕业生，2009年从学校毕业后先后进入苏州大学传媒学院、浙江大学攻读硕士、博士学位，主要从事传播学理论研究、新媒体文化研究。现任苏州大学传媒学院数字新媒体专业教师，丹麦哥本哈根大学访问学者。参与编撰著作5部，分别由浙江大学出版社、中国广播影视出版社出版。近年来在《现代传播》《探索与争鸣》《浙江大学学报（人文社会科学版）》《艺术评论》《中国电视》《中国广播电视学刊》等期刊发表论文30余篇。多次获社科论文等级奖，论文《全媒体时代政治传播的现实特征与基本转向》被中国人民大学复印报刊资料库、《新华文摘》转载；论文《华莱坞视域中台湾电影问题三思》被《新华文摘》转载。主持省社科项目4项。

何立，光学与电子信息学院2000级信息工程专业优秀毕业生，毕业后任华唯科技大学生创业实践基地核心骨干。2004年开启创业生涯，先后成立了常州市卓信投资咨询有限公司、51VISA优签网、江苏新优程教育管理有限公司三家企业。并自主开发了全国领先的签证SAAS处理系统，仅历时三年，就服务于全国1 200家（如携程、同程等）线上旅行社，及1 000多家线下旅行社。2019年，他完成哈

图1.3.5 优秀校友何立

佛商学院学业，并担任该届毕业生秘书长。现为学校三创学院兼职教授。

图 1.3.6　优秀校友管岗

管岗，设计与艺术学院 2000 年艺术设计专业优秀毕业生。2005 年加入美国 Landmark 娱乐公司担任中国区设计部主管，进入主题游乐设计行业。Landmark 娱乐公司是国际主题游乐行业的领军公司，与迪士尼公司并称为行业的"黄埔军校"。2008 年，加入美国 IdeAttack 公司担任合伙人/亚洲区总经理，公司鼎盛时期曾担任俄罗斯"金沙博彩城"的规划设计，并赴俄罗斯向时任总理普京汇报设计工作。

二、校友反哺，协同育人

校友资源是高校人才培养成果的真实写照，也是高校取之不尽用之不竭的育人资源。学缘上的同源性使校友榜样对在校生更有吸引力、感染力和号召力，校友榜样故事是校风校训对内教育引导和对外宣传推广的重要文化载体。学校充分挖掘校友资源，聘请行业领域内的优秀校友作为学校兼职教师，共同参与专业导论、创新创业教育、职业生涯规划、毕业设计（论文）指导等课程授课或指导，发挥优秀校友对年轻学子的榜样示范和引领作用。

表 1.3.1　苏州城市学院优秀校友担任兼职教师一览表（部分）

姓名	届别和专业	学位
吴　鸣	2011 届通信工程专业	博士
李谢峰	2010 届机械制造及其自动化专业	硕士
王思杰	2010 届法学专业	博士
张梦晗	2009 届新闻学专业	博士
刘永佳	2009 届广告学专业	学士
裘兆远	2009 届广告学专业	博士
臧少杰	2008 届艺术设计专业	学士
刘　珏	2007 届新闻学专业	硕士
张　卓	2007 届新闻学专业	硕士
束妍敏	2005 届人力资源管理专业	硕士
王　鹏	2005 届工商管理专业	学士
曹明一	2005 届新闻学专业	学士
宋展云	2004 届英语专业	博士

第二章

大学学业　通关宝典

第一节　常用教学信息平台速览

一、教务处官网

同学们通过访问学校教务处官网（图2.1.1）可以了解到最新的教学信息，包括教学动态、教务处各类教学重要通知、政策规章制度、学校最新的教研教改成果、专业建设情况和质量管理发展等，下载常用的表格。教务处网址为 https://jwc.szcu.edu.cn，也可以从苏州城市学院官网 https://www.szcu.edu.cn 进入"教育教学"栏目，点击"本科生教育"进入教务处官网（图2.1.2）。

图 2.1.1　教务处官网

图 2.1.2　苏城院官网进入教务处官网方式

二、数字门户

数字门户（图 2.1.3）作为学校统一的信息入口，也是学生进入教务系统的第一入口，可以从学校官网的"快速通道"（图 2.1.4）进入，也可以直接输入访问网址：http：∥my.szcu.edu.cn/s/index。登录账户为学号，初始密码为 Scs+身份证后八位。

图 2.1.3　数字门户登录窗口

图 2.1.4　官网的"快速通道"

登录数字门户后，学生可进入事务办理申请窗口，完成和自身学业相关的特定事务，例如，火车票学生优惠卡区间登记、学籍及成绩证明材料的申请等。入口为"一站式办事大厅"——"教务处"，如图 2.1.5 所示。

图 2.1.5　事务办理申请窗口

（一）火车票学生优惠卡区间登记

此功能用于登记学生购买火车票时的优惠区间（图 2.1.6）。只有登记了此信息，同学们在假期购买火车票时才能使用学生优惠。需要注意的是，登记的乘车区间的首末站点应分别为距离学校和家庭较近的火车站。进入相应流程后，填报信息即可完成登记。

图 2.1.6　火车票学生优惠卡区间登记窗口

（二）学籍及成绩证明材料申请

学校在 2021 年就已经启动电子签章数字认证工作，向广大师生、校友提供各类电子证明材料。根据《中华人民共和国电子签名法》，可靠的电子签名与手写签名或者盖章具有同等的法律效力。数字门户中，由教务处开发的"学籍及成绩证明材料申请"模块和学校电子签章服务平台相对接，最大限度地满足学生的需求。

在进入对应模块后，可勾选所需要的证明并填写相关信息进行申请，如图 2.1.7 所示。申请完毕后，返回数字门户界面，在"我的签章"中进行下载。

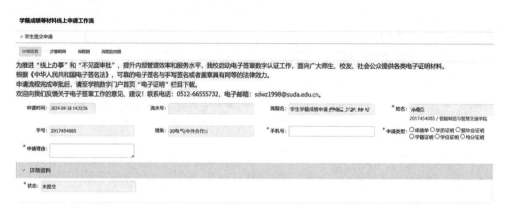

图 2.1.7　学籍及成绩证明材料申请界面

系统中有多个可供申请的证明，详细类别见表 2.1.1。

表 2.1.1　可供申请的证明一览表

证明名称	可选语言	其他可选选项
成绩单	中文/英文	GPA/四分制/五分制
均分证明	中英文	加权均分/算术均分
学籍证明	中文/中英文	无
预毕业证明	中文/中英文	无
学历证明	中文/中英文	无
学位证明	中文/中英文	无

三、教务系统

通过登录数字门户网站，可以进入教务系统，该系统是学生使用频率最高，也是学生有效参与学习活动最重要的信息系统，其入口如图 2.1.8 所示。

图 2.1.8　教务系统入口

学生可以在教务系统中查看个人信息、课表、成绩、考试等信息，进行网上选课等操作。同学们用好、用足这个教务系统对当下和未来的学习及学业具有十分重要的指导意义。对于大一的同学来说，教务系统将陪伴他们四年直到毕业，甚至在毕业工作或升学后也能发挥重要的作用，可以说，它就是同学们的“良师益友”和“忠实伙伴”。

（一）个人信息

该界面（图 2.1.9）可查看基本信息、学籍信息、成绩信息、奖惩信息、选课信息、学籍异动等。

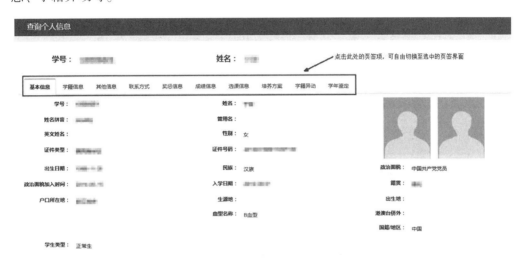

图 2.1.9　教务系统的个人信息界面

（二）上课课表

该界面（图 2.1.10）可查看个人当前学期的上课课表。

2023-2024学年第1学期　**23测控课表**　专业：测控技术与仪器

时间段	节次	星期一	星期二	星期三	星期四	星期五	星期六	星期日
上午	1	**计算机应用基础** (1-4节)4-17周/数中心203*/熊福松/23测控/总学时:68	**机械制图及计算机绘图** (1-2节)4-17周/数中心302*/昌亚胜/23测控/总学时:68			**高等数学（一）上** (1-3节)4-17周/5-313*/史莹/23测控/总学时:102		**军事技能** (1-1节)1-17周/体育场17/刘福/23测控/总学时:60
	2			**机械制图及计算机绘图** (2-4节)4-17周/4-403*/昌亚胜/23测控/总学时:68				
	3				**专业导论** (3-4节)4-17周/5-113*/许宜申/23测控/总学时:17		**劳动1** (3-3节)1-17周/未排地点/王若舟/23测控/总学时:16	
	4						**大学生职业生涯规划(理论)** (4-4节)1-17周/未排地点/刘湘飞/23测控/总学时:17	
下午	5	**中国近现代史纲要** (5-7节)4-17周/5-304*/刘福/23测控/总学时:51		**高等数学（一）上** (5-7节)4-17周/5-313*/史莹/23测控/总学时:102				
	6				**思想道德与法治** (6-8节)4-17周/4-102*/李宏刚/23测控:23微电子/总学时:51			
	7							
	8							
	9							
晚上	10							
	11							
	12							

图 2.1.10　教务系统的上课课表界面

（三）网上选课

该功能（图 2.1.11）于选课期间开放，可进行选课的操作。

图 2.1.11　教务系统的网上选课入口

选课结束后，可以自主查看并确认选课结果（图 2.1.12）。

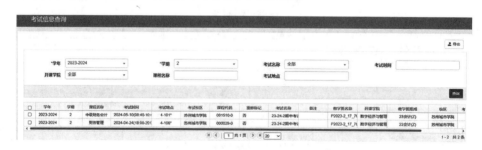

图 2.1.12　教务系统的选课结果检查界面

(四) 考试信息查询

该界面（图 2.1.13）可查看本学期的考试安排。

图 2.1.13　教务系统的考试信息查询界面

(五) 成绩和学分查询

该界面（图 2.1.14）可查看个人历年历次考试成绩，包含所有的成绩记录，如：过程化考试成绩、期中考试成绩、期末考试成绩、补考考试成绩等。同时还可以查看个人学业进程，包含应修学分数、已修学分数、已获学分数、尚缺学分数、学位绩点、外语课程绩点等。另外，还能进行学分互认以及自定义成绩单的申请。

图 2.1.14　教务系统的成绩和学分系统界面

（六）等级考试报名系统

该系统（图 2.1.15）目前主要包含等级考试前的模拟测试报名，如全国计算机等级考试模拟测试报名，全国大学英语四六级口语考试模拟测试报名等。

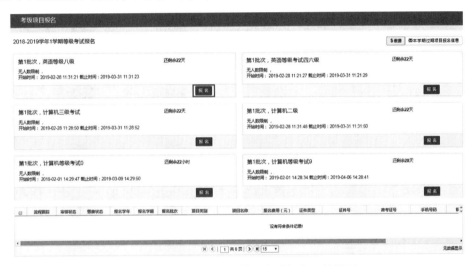

图 2.1.15　教务系统的等级考试报名系统界面

（七）自主报名系统

该系统（图 2.1.16）主要包含需学生自主报名的考试，如体质健康测试，同学们可根据学习所需自主选择考试单元进行报名。

图 2.1.16　教务系统的自主报名系统界面

四、企业微信

为了响应广大师生对于信息时效性的迫切需求，并进一步提升业务办理的迅捷性与高效性，学校教务部门与信息化建设与管理中心积极行动，充分利用企业微信平台，精心打造了数字门户的移动端应用。此举不仅实现了教务系统接口的全面覆盖，更确保了电脑端功能在移动端的完美呈现。值得一提的是，教务部门与信息化建设与管理中心还特别推出了个性化开发服务，例如，为广大师生提供精准的考试提醒服务，确保每位教师或学生在考试前一日都能收到相应的移动端通知，从而有效避免因疏忽而错过监考或考试的情况。

登录企业微信后，切换到"工作台"，即可由此进入教务系统，如图 2.1.17 所示。

点击进入教务系统后，可以看到多种相关的功能模块，界面如图 2.1.18 所示。

图 2.1.17　企业微信的工作台

图 2.1.18　企业微信中的教务系统界面

图 2.1.19　教务自助终端打印机

五、教务自助终端

为了更好地满足学校学生对于打印成绩单、学籍证明等材料的需求，给学生提供更加高效、便捷的服务，学校由教务处牵头，在信息化建设与管理中心、国有资产与财务管理处的通力协作下，在师生服务大厅东入口处设有教务自助终端打印机一台，如图 2.1.19 所示。

主要可供打印的证明有：成绩单、均分证明、学籍证明、预毕业证明、学历证明、学位证明等。学生刷身份证登录后，即可进行打印操作。

可供自助打印的材料和数字门户中可供申请的证明一致。

第二节 学业达标早知道

一、学分和绩点

(一) 什么是学分和绩点

学分及绩点作为大学生活中的重要组成部分,易引起新同学的困惑,什么是学分和绩点?

学分是用于计算学生学习量的一种计量单位,按学期计算,每门课程及实践环节的具体学分数以专业人才培养方案的规定为准。大学里每一门课程都有一定的学分,具体可在专业人才培养方案的第八点课程设置的表格中查询。课程考核合格,才能获得相应的学分,所获学分累积达到专业人才培养方案的毕业要求后才能顺利毕业。

对于刚刚进入大学的同学们来说,绩点可能是一个全新的概念,在小学、初中、高中十二年的学生生涯中,都是用最终的考试成绩作为衡量标准的,那么绩点到底是什么意思呢?其实,绩点就是评估学习成绩的一种方法,是综合评价学生在大学整个学习阶段的课程水平的重要指标之一,还是考查学生学习能力的最具普适性的一个手段,极具说服力。

(二) 成绩与绩点的关系

绩点是反映成绩高低的一个量化指标,通过一定的计算方法来和成绩相对应。我校学业进程中采用的绩点制均为 5 分制,和考核成绩(百分制)刚好成线性对应关系,绩点计算的具体公式为:

$$绩点 = \begin{cases} \dfrac{S-50}{10}, & 60 \leqslant S \leqslant 100, \\ 0, & S < 60, \end{cases} \quad S \text{ 为考核成绩}$$

5 分制绩点和考核成绩的对应也可参考表 2.2.1。

表 2.2.1 5 分制绩点和考核成绩对应表

考核成绩(百分制)	绩点
90~100	4.0~5.0
80~89	3.0~3.9
70~79	2.0~2.9
60~69	1.0~1.9
<60	0

(三) 课程学分绩点、平均学分绩点、课程平均学分绩点的计算

同学们可根据自身需求多次修读同一课程,按最高分获得学分及学分绩点。以下列出和绩点相关的一些计算公式,所有公式计算结果均保留一位小数,四舍五入。有关学分绩点的相关规定见《苏州城市学院学生学分制学籍管理条例》（简称《学籍条例》）第二十二条。

$$课程学分绩点 = 所修课程学分 \times 该课程绩点$$

$$平均学分绩点 = \frac{\sum (所修课程学分 \times 该课程绩点)}{\sum 所修课程学分}$$（选修课如成绩不及格，不纳入平均学分绩点公式计算）

$$学位课程平均学分绩点 = \frac{\sum (所修学位课程学分 \times 该课程绩点)}{\sum 所修学位课程学分}$$

$$外语课程平均学分绩点 = \frac{\sum (所修外语课程学分 \times 该课程绩点)}{\sum 所修外语课程学分}$$

（四）绩点的主要用途

（1）获得学位的指标。这里主要是指学位课程平均学分绩点和外语课程平均学分绩点，它们是同学们获得学位的重要考核指标，这两个绩点都要大于或等于2.0同学们才能获得学位。

（2）评奖评优。毋庸置疑，高绩点对评奖评优来说，也是一个很重要的优势。

（3）转专业、出国（境）需要。平均学分绩点就是通常所说的GPA。对想要转专业的同学来说，在学校最新的条例规定中要求GPA达到3.0；对计划出国（境）的同学来说，在大四申请国（境）外学校研究生时，会被要求出具成绩单，GPA就是十分重要的考核指标，需要引起同学们的重视。

（五）提高绩点的办法

1. 成绩越高，绩点越高

从表2.2.1中同学们能直观地看到成绩和绩点的关系。

2. 必修课不能有不及格课程

根据绩点计算公式可知，不及格时绩点为0，会大幅降低平均学分绩点。特别要提醒的是，如果必修课不及格，必须通过补考或重修的方式考核合格，否则不仅影响绩点的高低，更直接影响毕业。

3. 优先选择60~64分的课程重修

此类课程具有更大的成绩提高空间。

4. 在第3条的基础上优先选择学分多的课程重修

根据绩点计算公式很好理解，学分越多，权重越大，成绩提高相同幅度，平均学分绩点提高得会更多。

特别说明：对考核已通过的课程也可以重修以提高成绩和绩点，此类重修被称为"及格性重修"。

（六）其他说明

上述绩点的计算方式是基于 5 分制的，但是，对于有出国（境）需求的同学，可能还会用到 4 分制的绩点。因此学校还提供了 4 分制绩点的计算方式。4 分制的考核成绩（百分制）和绩点成非线性的对应关系，其计算公式为：

$$绩点 = \begin{cases} 4 - \dfrac{3\times(100-S)\times(100-S)}{1\,600}, & 60 \leqslant S \leqslant 100, \\ 0, & S < 60, \end{cases} \quad S\text{ 为考核成绩}$$

有 4 分制成绩单需求的同学，可以在教务自助终端或数字门户的电子成绩单申请中自行选择打印或下载。

二、毕业要求与学位要求

进入本科学校后，同学们最关心的问题应该就是，如何才能毕业？的确，一张本科毕业证书是今后就业的"敲门砖"，同时也是考研、考公的必备条件，很多大学生在进入大学后，为了提高自己的竞争优势，都会在大学中考各种各样的资格证书，但是，毕业证书相较其他资格证书而言更重要。

另外，相较于中小学或专科院校来说，大学本科毕业除可以获得毕业证书外，如学习成绩达到一定的标准，还可以获得另一张证书——学士学位证书。不过想要拿到学位证书可不简单，除了要达到毕业要求，还要满足一些"进阶"条件，例如学位课程平均学分绩点达 2.0、毕业设计（论文）成绩达 70 分等。特别说明：只有获得学士学位的同学，才能穿上学士服，戴上学士帽，参加学校一年一度盛大的毕业典礼暨学位授予仪式（图 2.2.1、图 2.2.2）。

图 2.2.1　毕业典礼暨学士学位授予仪式

图 2.2.2　获学士学位的同学与导师合影

那么毕业要求和学位要求到底有哪些呢？同学们可参见《学籍条例》和《苏州城市学院学士学位授予工作实施细则》（简称《学位条例》），这里仅作简要介绍。

（一）毕业要求

《学籍条例》第四十七条规定："学生毕业条件如下：（一）符合专业人才培养方案的全部要求；（二）毕业前未受过学校纪律处分，或曾受处分已解除。"

由此可见，想要毕业，必须同时满足学业要求和纪律要求。因此仅有学业要求达标是不能毕业的，还要遵守校纪校规，如果违反校纪校规受到处分，也会影响毕业。

那么学业要求中提到的"专业人才培养方案的全部要求"又是什么呢？下面以某一专业的人才培养方案为例进行解释。人才培养方案可在教务处官网下的"专业建设"—"专业人才培养方案"中查询（图 2.2.3），此处可查询到全校各专业的人才培养方案。

图 2.2.3　教务处官网中的人才培养方案

在某专业人才培养方案的第五点可以看到表 2.2.2。

表 2.2.2　专业人才培养方案学分要求表

课程类别		课程性质	学分要求	学分占比
通识教育课程	通识必修课	必修	27	17%
	通识选修课	选修	6	4%
专项基础课程		必修	17	10%
专业教育课程	专业必修课	必修	80	50%
	专业选修课	选修	30	19%
最低毕业学分要求			160	

在该表的下面还有一段文字："在允许学习年限内，学生必须修满本专业指导性教学计划规定的 160 学分，方可申请毕业，达到学位授予要求者，经申请可授予××学士学位。"

首先，表 2.2.2 和表下的文字规定了该专业的毕业要求，即：必须修满 160 学分；并且表格所列通识教育课程、专项基础课程、专业教育课程也必须修满规定的学分。简言之毕业要求为总学分和各模块学分均须达到学分要求方可毕业。学校普通本科各专业总学分要求均为 160 学分，专转本各专业均为 80 学分；不同专业的分模块学分各有不同，具体见各专业人才培养方案。

其次，还需关注三个关键词句：在允许学习年限内、申请和学分。

1. 在允许学习年限内

只有"在允许学习年限内"方可申请毕业，那么什么是允许学习年限？具体是多少年？这就牵涉到学制、修业年限、休学、复学等概念了，这些概念会在本章第四节中详细谈到，这里大家只需知道：允许学习年限可在各专业人才培养方案的第四点中查到，具体为普通本科学生的允许学习年限是 3~6 年，专转本学生的允许学习年限是 2~4 年。也就是说，普通本科学生最快可提前 1 年毕业（4−1＝3 年）；因休学等原因，所有学生都可以申请最多延迟 2 年毕业（普通本科 4+2＝6 年，专转本 2+2＝4 年）。

2. 申请

学校的毕业（包括学位）资格审核实行"申请制"，学生达到毕业/学位要求后，需要本人向学校提出申请，学校才会对申请学生进行毕业/学位资格审核，向审核通过的学生颁发相关证书；反之，如果学生不提出申请，即使已达到毕业/学位要求，学校也不会颁发相关证书。申请一般在毕业/学位资格审核前一个月进行，具体以学校教务处相关通知为准。

3. 学分

学分是用于计算学生学习量的一种计量单位，在大学的课程修读中一般都会用到这个概念。学校的每一门课程都有一定的学分。这里有三个统计方面的概念：已修学分、已获学分和在修学分，同学们要予以理解和区别。

（1）已修学分：指已经修读的课程学分。统计规则是不管课程考核是否合格，凡修读过的课程，其学分均会被统计；如果同一门课程修读多次，则已修学分也会被多次统计。学校实行完全学分制的收费政策，根据学生的实际修读学分数即已修学分收费。

（2）已获学分：指已修读且考核通过的课程学分。统计规则是仅考核通过的课程学分，才会被统计在已获学分中；如果同一门课程重复修读多次，且有多次考核合格，已获学分只计一次，学生成绩单中仅显示该门课程的最高成绩。已获学分很重要，只有已获学分达到规定才可毕业；相反，如果已获学分没有达到规定，即使已修学分达到甚至超过 160 学分也不能毕业。

（3）在修学分：指本学期正在修读还未进行考核的课程学分。在修学分主要用于帮助学生进行学分测算、规划学业进度、估算能否按时毕业等方面。如果考核合格，则在修学分会增加到已获学分及已修学分中；如果考核不合格，则只会增加到已修学分中。

最后，有些项目班（中外合作办学项目、中外联合培养项目、书院班项目等）还有一些特定的毕业要求，具体以项目班相关规定为准。

（二）学位要求

《学位条例》第二条对绝大多数学生获得学士学位的条件作了规定，具体如下：

第二条　符合下列条件的全日制本科毕业生，可授予学士学位：

（一）拥护中国共产党的领导，拥护社会主义制度，遵守宪法和法律，遵守学术道德和学术规范；

（二）遵守学校各项规章制度，在校期间未受过纪律处分，或曾受处分已解除；

（三）在学校规定的学习年限内，完成专业人才培养方案中规定的各项要求，经审核准予毕业且学位课程平均学分绩点≥2.0；

（四）学习英语语种的非外语专业学生英语课程平均学分绩点≥2.0 或参加全国大学英语四级考试所获成绩达到当年度报考大学英语六级资格线的。学习非英语语种的非外语专业学生，外语课程平均学分绩点≥2.0 或参加全国大学外语考试（相当于全国大学英语四级）所获成绩达到合格线的；

（五）毕业设计（论文）成绩 70 分及以上。

简而言之，对绝大多数学生而言，要想获得学士学位必须同时具备以下五点要求：① 拥护党的领导，拥护社会主义制度，遵纪守法，学术诚信，无处分在身；② 达到毕业要求；③ 学位课程平均学分绩点≥2.0；④ 大学英语课程平均学分绩点≥2.0 或全国大学英语四级考试成绩（CET-4）≥425 分；⑤ 毕业设计（论文）成绩≥70 分。

这里要特别强调的是：学术诚信！如果学生有学术不端行为（如考试作弊等），除了会受到学校相应的处分以外，学位授予条件也会提高要求，详见《学位条例》第三条：

第三条 学生在校期间有考试作弊等学术不端行为的，除达到本细则第二条要求外且具备以下突出表现情形之一，可授予学士学位：

（一）学位课程平均学分绩点≥2.5；

（二）受处分后参加学校组织的省级及以上竞赛获得第三等次奖项及以上；

（三）被录取为研究生（以正式录取通知书为准）；

（四）受处分后获市级及以上政府见义勇为表彰（以正式表彰证书为准）。

提醒同学们，一定要诚信考试、杜绝作弊！如果作弊一次，按照纪律处分条例，就会受到留校察看处分，同时授予学士学位的要求也会相应提高。另外，要特别提醒的是，如果学生有了一次作弊，一定要痛改前非，千万不能再次作弊，否则会被学校开除学籍！

三、毕业/学位审核与毕/结业返校学习

(一) 毕业/学位审核安排及四种初审结果

1. 毕业/学位审核安排

学校每学年对毕业班学生开展三次毕业/学位资格审核，分别是当年6月、7月和第二年3月。

6月份审核的主要对象是：本学期仅有"毕业设计（论文）"和"毕业实习"两门课程的毕业班学生。审核通过的学生会在6月中下旬拿到相关证书并离校，具体日期以学校校历为准，获得学士学位的学生还可参加学校组织的毕业典礼暨学位授予仪式。

7月份审核的主要对象是：本学期除"毕业设计（论文）"和"毕业实习"两门课程外，还有其他选修课程或重修课程的毕业班学生。这些学生因要参加学期末的期末考试，需待考试成绩公布后（7月公布成绩），再行申请毕业/学位资格审核。审核通过的学生一般会在7月中下旬拿到相关证书，具体日期以教务处相关通知为准。

第二年3月审核的主要对象有两类：① 上一年经审核未能离校仍在学校学习的毕业班学生，通常称之为延长学年学生；② 上一年经审核已离校，但因未获得双证（毕业证、学位证）而申请返校继续学习的学生，通常称之为毕/结业返校生。审核通过的学生一般会在3月下旬拿到相关证书，具体日期以教务处相关通知为准。

2. 毕业/学位审核的四种初审结果

学校每次进行毕业/学位审核时，会将初审结果反馈给学生，由学生本人签字确认无误后，公布正式结果并发给相关证书，学生离校。初审结果有以下四种：

（1）双证——同时符合毕业和学位要求。

此类学生达到了上文所述毕业和学位要求，成了一名具有学士学位的本科毕业生。

（2）单证——仅符合毕业要求，不符合学位要求。

此类同学大多是因为学位课程或外语课程平均学分绩点未达到要求而拿不到学位，因此同学们一定要重视学位课程和外语课程的学习。

（3）结业——既不符合毕业要求，也不符合学位要求，仅符合结业要求。

此类同学虽已修完人才培养方案中规定的内容，但由于尚存在不及格的必修课程或选修课程，未达到规定的学分要求而无法毕业，只能申请结业。

（4）肄业——连结业要求也不符合，只能肄业。

学生如果在允许学习年限内，未修完教学计划规定的内容，那么就只能申请肄业，学校发给肄业证书。

(二) 延长学年和毕/结业返校学习

以上初审结果中，除第（1）条双证结果圆满外，其他结果均不尽如人意。这时，时间上只要仍在允许学习年限内（普通本科是6年，专转本是4年），同学们可以选择延长学年，或毕/结业返校学习。如果已达最大学习年限，则不管是何种初审结果，只要初审结果无误，学生只能接受，领取相关证书离校。

1. 何种情况可选择延长学年

如果初审结果是第（2）~（4）中的一种，学生可以选择不拿相关证书，下学期仍旧留在学校学习，俗称读"大五""大六"，此种选择为延长学年。

2. 何种情况可选择毕/结业返校学习

如果初审结果是第（2）或（3）种，学生拿了相关证书离校后，下学期开学初也可申请返校学习。

有关毕/结业返校相关规定，同学们可在《学籍条例》的第五十九条和第六十条中查到，具体如下：

第五十九条　学生结业离校后在弹性学习年限内经本人申请、学校同意，可以返校学习，修满规定的学分，重新申请毕业并换发毕业证书。

第六十条　因成绩原因未能获得学士学位的学生在弹性学习年限内经本人申请，学校同意，可以返校学习，成绩达到学校学士学位授予条件可以取得学位。

3. 延长学年和毕/结业返校学习的区别

延长学年学生、毕/结业返校生和其他在籍在校学生一样，享受同等的学习权利。二者的区别主要有：

（1）延长学年学生具有学籍，毕/结业返校生不具有学籍；

（2）延长学年学生可报考全国大学英语四、六级考试，毕/结业返校生不可报考；

（3）延长学年学生可安排宿舍，毕/结业返校生一般不安排宿舍；

（4）延长学年学生未拿到任何学历证书（毕业证书、结业证书），毕/结业返校生至少已拿到一种学历证书。

一般来说，未正常获得双证的学生有报考全国大学英语四、六级考试计划的，或者之后找工作、考公，对方单位对"应届毕业生"有明确规定的，学生可选择延长学年；其他情况下，尤其是学生已经找到工作且工作单位要求"必须拿到毕业证书才可办理入职"的，则选择毕/结业返校学习。

4. 延长学年和毕/结业返校学习的报到要求和学习要求

此两类学生每学期开学两周内必须向所在学院专门负责此项工作的老师（一般是学院的教务老师）报到，办理相关手续，在校期间遵守学校管理规定，认真选课、按时上课、按时参加课程考试。延长学年学生如果未按规定时间报到，学校可视其情节严重程度，对该生进行记旷课，直至退学的纪律处分；毕/结业返校生如果开学两周内未申请返校，则视同其放弃本学期的返校资格，要想返校只能下学期再申请。

四、谨防"毕业拦路虎"

上文阐述了获得双证的要求以及毕业/学位审核的四种结果，除了第（1）种结果拿到双证以外，其他结果应该都不是最完美的。是什么因素会影响同学们拿到双证呢？对于同学们来说，如何避免"踩坑"，躲过"毕业拦路虎"呢？下面将一一揭开"毕业拦路虎"的面纱。

（一）"毕业证拦路虎"

1. 必修课尚有未通过课程

所谓必修课，是指必须学习且必须考核通过的课程，如果不通过则无法毕业。每年毕业季，都存在必修课未通过而导致无法如期拿毕业证的案例。究其原因，不单单因为学习能力差，还因为同学们对自己的学业没有规划，在大一进校之初就放松了对自己的要求。有的同学大一挂科之后，认为必修课有多次补考或重修机会，并不担忧，但是实际上，绝大多数课程不是每学期都开设的，一学年仅有一次重修机会。这类同学到了大二，想重修时会因为本身课程多，上课时间和重修课程冲突而无法重修，如大三重修再不通过，那就只有大四一次机会了。甚至有的必修课是到了大三或者大四才开设，最多只有一次补考或重修机会。另外，每一次重修还要缴纳重修费。因此，每一次机会对同学们来说都是弥足珍贵的，希望同学们好好珍惜，尤其把握好首次学习的机会，做到不挂科。

2. 选修课学分未修够

选修课，是指高等学校各专业人才培养方案中规定的由学生自行安排选择学习的课程。选修课不要求学生所修的每门课程都必须通过，但会规定一个最低学分数。学生只有修满规定的学分后才有资格毕业。

学校的选修课分为通识选修课和专业选修课两种。通识选修课是面向全校本科生开设的课程，旨在通过提供多样化的学习资源，帮助学生拓展知识面、提高综合素质。这些课程通常涵盖人文、社会、自然等多个领域，旨在培养学生具备跨学科的思维方式和综合分析问题的能力。同学们可以通过选修学校通识选修课资源库中的课程获得学分，也可以通过跨专业选课的方式，选修其他专业的专业课程（必修、选修均可）获得通识教育选修学分。专业选修课是各专业人才培养方案中面向本专业学生开设的选修课程，这类课程强调知识的交叉跨度，注重专业前沿信息，体现学校和各专业的办学特色，有助于学生形成不同的专业特长和应用能力。

需要注意的是，选修课虽不要求学生所修课程门门通过，但要想毕业是有最低学分要求的，毕业审核时哪怕少0.5个学分也不能毕业。但选修课和必修课相比，具有一定的弹性空间，技能证书学分认定就是一个办法（详见《苏州城市学院学生技能证书学分认定管理办法》），如果在最后一学期第五周之前能够取得该办法中规定的相关证书，可以按照规定流程进行对应的选修课学分认定，认定成功后选修学分就可以被补足。

同时需要注意的是，根据学校的规定，选修课在选课人数达到一定数量（一般是30人）才会予以开课。少部分同学对选修课的学习规划前松后紧，到了大四，因为选修课不开课而无法获得足够的选修学分，进而影响毕业。

3. 某一课程模块的学分未修够

在以往的毕业审核案例中，还有一类不能毕业的情况：学生的总学分已经达到甚至超过160学分，但仍然不能毕业。造成这种情况的原因是：虽然总学分够了，但仍有模块学分没有达到最低学分要求，上文说过，总学分和各模块学分均须达到学分要求方可毕业。各模块学分之间不可互抵，包括：① 必修学分和选修学分之间不可互抵；② 必修课内部各模块学分不可互抵，如通识必修课、专项基础课程和专业必修课三者之间不可互抵；③ 选修课内部各模块学分不可互抵，如通识选修课和专业选修课之间不可互抵。

此类情况中，"入坑"较多的是第①和③种情况，学生修了较多的选修课，但仍有必修课挂科；通识选修课修得较多，但专业选修课没有修够学分。

4. 重复修课

上文提到，为了给学生提高成绩和绩点的机会，学校推出"及格性重修"政策，允许学生重修之前考核通过的课程。部分同学利用此政策，能够提高自己的成绩及平均学分绩点，从而增强自己的就业、考公或出国（境）留学的竞争力；而对少部分稀里糊涂的同学来说，这一政策的存在，反而会让他们掉入"重复修课"的陷阱中，下面的案例就是一个例证。

小王在大四最后一学期选课时，根据所在专业的毕业要求以及自己的学业进程，选了足够的必修课和选修课，学期结束考试成绩全部合格，自信满满地认为自己能够按时毕业了。但毕业审核后却被告知，选修学分仍少2学分，不能毕业，小王很气愤："一定是教务系统算错了！"后经教务老师检查，才发现他大一和大四选择了同一门选修课。由于时间跨度太久，小王自己都不记得这门课之前曾经学过。要知道，同一门课程即使两次考核都通过了，在毕业审核时也只能计入一次学分。希望同学们引以为戒，在学业问题上，切忌粗枝大叶。

5. 休学已达两年

依照前文所述，学校规定普通本科学生允许的最大学习年限是六年，专转本学生允许的最大学习年限是 4 年，即所有学生都可以申请最多延迟两年毕业。因此大四进行毕业审核时，如果同学们达不到毕业要求，还有两年的缓冲期，可申请延长学年或毕/结业返校学习。有的同学可能由于自身或家庭原因，在中途进行了休学，且休学时长已达两年，那么除应征入伍休学外，其他原因将不再有缓冲期，如果毕业审核不通过，将不再有机会通过延长学年或毕/结业返校学习补救。此类同学需更加做好自己的课程学习规划，确保每门课程都能一次性顺利通过。

本章第四节会详细谈到，休学一般以一学期或一学年为期限，累计不得超过两次，如果是创业休学，累计不得超过三次。需要特别强调的是，学生除应征入伍休学外，其他原因的休学时间是计入最大学习年限的。

(二)"学位证拦路虎"

"毕业证拦路虎"会阻碍同学们拿到学位证，但除却它，还有下面的几个情况，属于"学位证拦路虎"：

1. 学位课程平均学分绩点<2.0

此处所说的学位课程平均学分绩点和下文第 2 点中提到的外语课程平均学分绩点均采用 5 分制的绩点制。

学位课程是学生在毕业时取得学位的必修课程，也是反映本专业最重要的基础理论和专业知识的课程。在人才培养方案或教务系统中凡课程名称后带"＊"号的课程为学位课程，一般在专项基础课程和专业必修课模块中设置学位课程，每个专业的学位课程总学分一般不低于该专业总学分的 20%。

上文同学们知道了学位课程平均学分绩点的计算方法，从表 2.2.1 可知，只要保证每门学位课程成绩均在 70 分以上，学位课程平均学分绩点就可达到 2.0；同时也知道了如果平均学分绩点未达 2.0，通过何种途径能够有效提高平均学分绩点，不再赘述。需要强调的是，想拿学位，不是所有课程都只要"飘过"（仅达到 60 分及格线）就行；学位课程的学习大多集中在大二、大三，务请同学们重视，认真学好每门学位课程，尤其是大三学习的学位课程，如果成绩不理想，只有一次重修机会，想再提高学分绩点很难。

2. 非外语专业学生外语课程平均学分绩点<2.0 且全国大学外语系列考试成绩未达合格线

这里说的外语课程，是专业人才培养方案中公共基础课程模块中的"大学英语"和"大学日语"，在入学时由同学们自己选择其中一个语种学习。根据教学计划安排，"大学英语"或"大学日语"仅在大一的两个学期中学习，务请同学们认真对待，不仅要通过，还要考满 70 分。同时，同学们还要"两条腿走路"，积极备考全国大学英语四级考试（CET-4）或全国大学日语四级考试（CJT-4），一旦通过，即使外语课程平均学分绩点没有达到 2.0，仍然符合拿学位证的资格。

3. 毕业设计（论文）成绩 70 分以下

毕业设计（论文）是高等学校本科生教学计划的重要组成部分，是理论与实践相结合，教学与科研、生产相结合的过程，是本科生必不可少的教学阶段，是对学生进行综合素质教育的重要途径，它有着任何课堂教学或教学实习所不可替代的功能，因而在培养应用型人才过程中有着特殊的地位。毕业设计（论文）一般在大四第一学期的 10 月份开始，历时两个学期，直至第二学期的 5 月份结束，成绩在 6 月份毕业资格审核前公布。要想拿到学士学位，毕业设计（论文）的成绩至少达 70 分。

这里要特别强调的是，毕业设计（论文）成绩公布的时间节点为 6 月份毕业资格审核前。由此可见，如果毕业设计（论文）成绩不达要求，轻则不能按时毕业，重则拿不到学位。要想重修，只能延长学年或毕/结业返校学习，直接影响到同学们后续的就业、考公、考研。因此务请同学们思想上高度重视，积极主动与指导教师联系，认真对待毕业设计（论文）的每一个重要环节。

4. 在校期间因考试作弊等学术不端行为受留校察看处分

若有同学在刚入学时还未弄清楚学校的规章制度，考试作弊受到留校察看处分了，想拿学位也不是完全没有机会，但必须付出比一般同学更多的努力，具体要求前文已说明，这里不再赘述。再次特别强调，只有一次犯错改过的机会，如果再次作弊，就会直接开除学籍。

上文对影响同学们拿到毕业证书和学位证书的"拦路虎"都进行了画像，对如何避免"踩坑"、躲过"毕业拦路虎"也给出了建议，避开以上全部"拦路虎"的终极盔甲无非是以下几条：① 摒弃"苦高中耍大学"的错误思想；② 了解自己专业的毕业要求和学位要求；③ 经常关注自己的学业进程，做好每学期的课程学习规划；④ 诚信考试不作弊。

第三节　课业学习有规划

一、选课有技巧，上课有规矩

（一）选课的基本概念

同学们进入大学后会发现，大学里的课程学习和高中有本质区别，绝大多数同学在高中阶段的所有课程都是学校提前安排好的，同学们只需要根据学校要求按部就班上课就行，并不需要自己去选课。大学里面的课程是丰富多彩的，需要同学们按照各自专业人才培养方案进行修读，这就需要同学们在学校规定的时间段内进行选课，这样才能保障自己在新的学期有课可上。每学期总有部分对自己学业不上心的同学因为没有选课，导致无课所上，虚度光阴。

苏州城市学院的课程可根据性质划分为必修课与选修课。必修课包括通识必修课、专项基础课及专业必修课，均为必须修读且需通过的课程。若必修课不及格，需参加补考；若补考未通过，须重新学习，直至合格。需要注意的是，大学期间若有必修课未修或未通过，将无法获得毕业证书。尤其是"大学英语""高等数学""普通物理"等课程，由于课时较长、学分较高，根据学校统计，每年无法按时毕业的学生中，这些课程未通过的比例较大。因此，同学们应高度重视此类课程的学习。

选修课又分为通识选修课和专业选修课。通识选修课的学分要求为普通本科6学分，专转本2学分。同学们可以在通识选修课资源库中修读课程获得学分；另外，还可以通过跨专业选课的方式，修读其他专业的专业课程（必修或选修均可）获得自己的通识选修学分。专业选修课的学分要求各专业不尽相同，一般不低于20学分，同学们可以在各自专业人才培养方案中查询自己所属专业的专业选修课学分要求。只有修读本专业人才培养方案中专业选修课列表中的课程，才能获得相应学分。

（二）选课模式及时间

学校选课分为筛选和先到先得两种模式。

1. 筛选模式选课

筛选模式选课根据时间先后分为两个阶段：第一阶段为学生提交选课志愿阶段，该阶段一般持续五天（周一至周五）。在该时段内，同学们根据自己的选课计划，提交选课志愿；第二阶段为系统筛选阶段，该阶段一般持续两天（周六至周日），这两天中，系统根据事先设定好的规则进行筛选。筛选结束后公布选课结果。整个过程类似于同学们当年高考填报志愿的过程。

此模式下学生选课无需"抢课"，因而基本不会出现同一时间进入系统的学生人数超负荷的情况；另外，系统开放期间，同学们可以随时上网提交志愿，也可以随时上网修改自己已经提交的志愿，给同学们选课提供了充足的思考时间。

那么，系统事先设定好的筛选规则是什么呢？简单来说就是"条件优先，随机选取"。所谓条件优先是指：当希望选修某一门课程的学生人数大于该门课程的可选人数时，系统给予符合一定条件的学生优先学习这门课程的权利，这叫选课的优先级。选课的优先级分为四级，由高到低分别是本班学生>本专业毕业班学生>本专业其他年级学生>其他专业学生。所谓随机选取是指：相同优先级的学生随机选取。

举个例子：一门课程，可选人数是90人，本班级学生45人，均选中；剩下45个名额；同专业毕业班的学生25人，均选中；还剩下20个名额，本专业其他年级15人，均选中；还剩下5个名额，如果其他专业有10个学生选择此门课程，那么系统会随机选取5位同学学习这门课程，剩下5名同学因为人数已满，就不会再选中此课程了。

2. 先到先得模式选课

先到先得模式就是同学们俗称的"抢课"模式，只要该课程还有空余容量，谁先选中给谁。

3. 两种选课模式的区别

表2.3.1可以清晰看出两种选课模式的区别。

表 2.3.1　选课模式区别

模式	优点	缺点	适合情况
筛选	学生无需提前排队、对服务器硬件要求不高	结果不即时、后期处理比较复杂	参与人数较多
先到先得	结果即时、基本无须后期处理	学生需提前排队、对服务器硬件要求较高	参与人数较少

4. 学校选课时间及采用的选课模式

第1轮——初选：每学期第16周（筛选）。

第2轮——补选：每学期第17周的前半周（先到先得）。

第3轮——退选：下学期的第1~2周。

选课具体安排以教务处发布的通知为准。选课关系到同学们的课业进程，请同学们务必重视，不可掉以轻心。

（三）选课的操作方法

学生可通过教务系统里的选课模块进行选课。

按照本章第一节中所述，进入教务系统选择网上选课模块，点击"选课"按钮进入选课界面（图2.3.1）。

图 2.3.1 进入选课界面

1. 筛选模式下的选课方法

点击"选课"按钮后,同学们可以看到相关注意事项(图 2.3.2)。

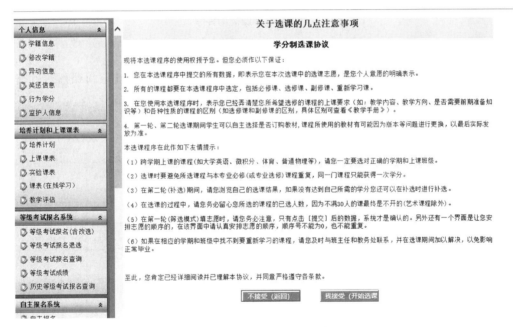

图 2.3.2 网上选课注意事项

开始选课前要先对本学期所有课程进行评教(图 2.3.3),评教完成后才可以选课。

图 2.3.3　开始选课前的评教

接下来，就进入了选课界面。

图 2.3.4 是推荐给同学们的下学期必修课课表，点击课表中的任一门课程，可查看该课程的详情，并且针对该课程可进行退选或重新选择，参考界面如图 2.3.5 所示。

图 2.3.4　推荐课表

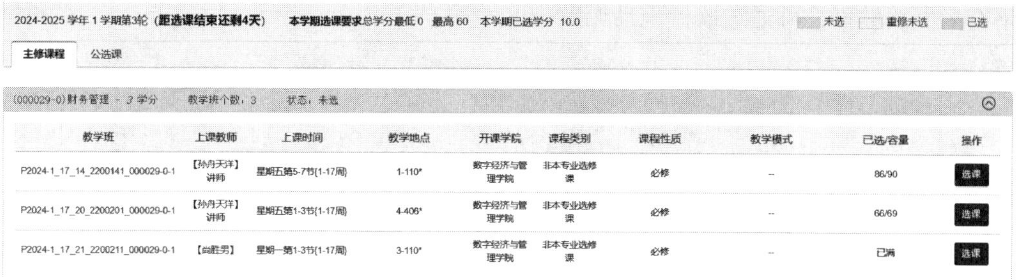

2024-2025 学年 1 学期第3轮（**距选课结束还剩4天**） **本学期选课要求**总学分最低 0 最高 60 本学期已选学分 10.0 未选 重修未选 已选

主修课程 公选课

(000029-0)财务管理 - 3 学分 教学班个数：3 状态：未选

教学班	上课教师	上课时间	教学地点	开课学院	课程类别	课程性质	教学模式	已选/容量	操作
P2024-1_17_14_2200141_000029-0-1	【孙冉天洋】讲师	星期五第5-7节{1-17周}	1-110*	数字经济与管理学院	非本专业选修课	必修	--	86/90	选课
P2024-1_17_20_2200201_000029-0-1	【孙冉天洋】讲师	星期五第1-3节{1-17周}	4-406*	数字经济与管理学院	非本专业选修课	必修	--	66/69	选课
P2024-1_17_21_2200211_000029-0-1	【尚胜男】	星期一第1-3节{1-17周}	3-110*	数字经济与管理学院	非本专业选修课	必修	--	已满	选课

图 2.3.5 选课界面（一）

点击“退选”按钮，可实现对该门课程的退选；再次点击选课按钮，可实现对该门课程的二次选择，也可选择另外的教学班，如图 2.3.6 所示。

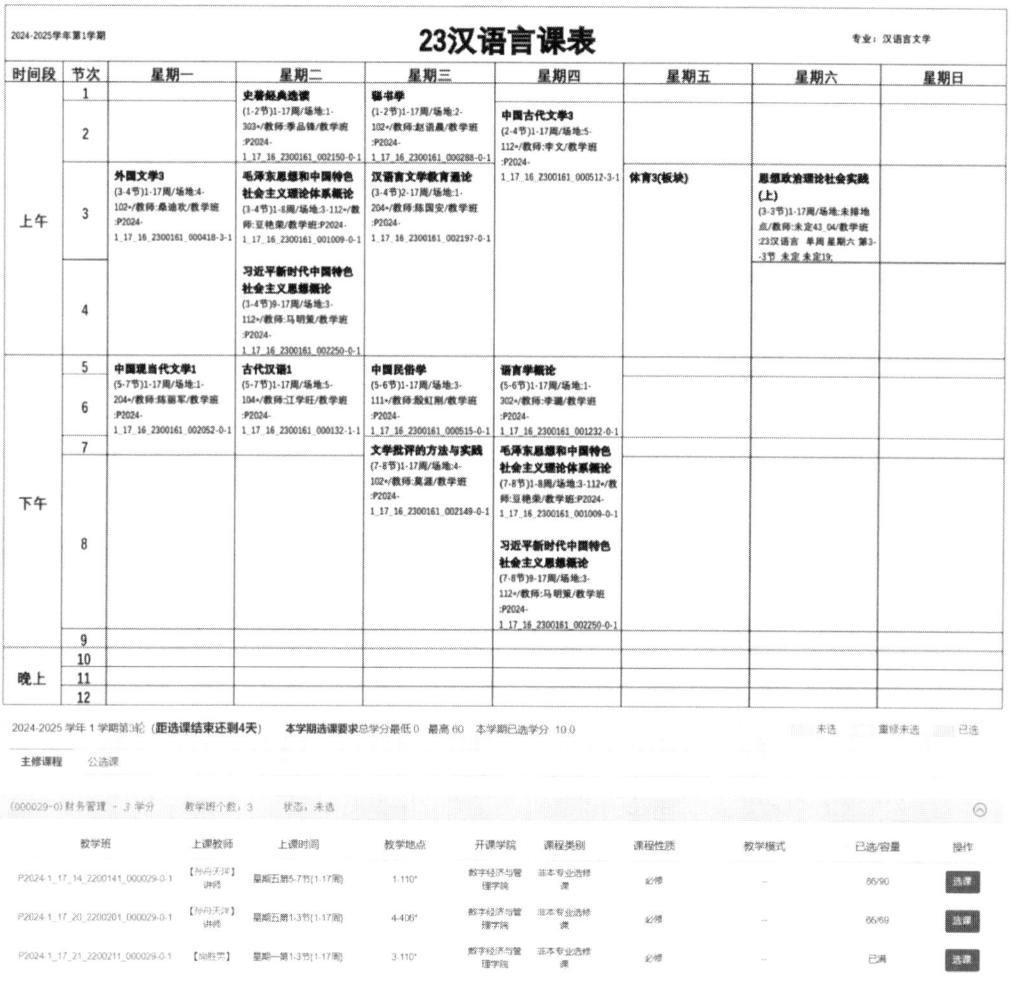

2024-2025学年第1学期

23汉语言课表

专业：汉语言文学

时间段	节次	星期一	星期二	星期三	星期四	星期五	星期六	星期日
上午	1		**史著经典选读** (1-2节)1-17周/场地:1-303*/教师:季品锋/教学班:P2024-1_17_16_2300161_002150-0-1	**秘书学** (1-2节)1-17周/场地:2-102*/教师:赵语晨/教学班:P2024-1_17_16_2300161_000288-0-1				
	2				**中国古代文学3** (2-4节)1-17周/场地:5-112*/教师:李文/教学班:P2024-1_17_16_2300161_000512-3-1			
	3	**外国文学3** (3-4节)1-17周/场地:4-102*/教师:桑迪欢/教学班:P2024-1_17_16_2300161_000418-3-1	**毛泽东思想和中国特色社会主义理论体系概论** (3-4节)1-8周/场地:3-112*/教师:豆艳荣/教学班:P2024-1_17_16_2300161_001009-0-1	**汉语言文学教育通论** (3-4节)2-17周/场地:1-204*/教师:陈国安/教学班:P2024-1_17_16_2300161_002197-0-1		**体育3(板块)**	**思想政治理论社会实践(上)** (3-3节)1-17周/场地:未排地点/教师:未定43_04/教学班:23汉语言 单周 星期六 第3-3节 未定 未定19;	
	4		**习近平新时代中国特色社会主义思想概论** (3-4节)9-17周/场地:3-112*/教师:马明策/教学班:P2024-1_17_16_2300161_002250-0-1					
下午	5	**中国现当代文学1** (5-7节)1-17周/场地:1-204*/教师:陈丽军/教学班:P2024-1_17_16_2300161_002052-0-1	**古代汉语1** (5-7节)1-17周/场地:5-104*/教师:江学旺/教学班:P2024-1_17_16_2300161_000132-1-1	**中国民俗学** (5-6节)1-17周/场地:3-111*/教师:殷虹刚/教学班:P2024-1_17_16_2300161_000515-0-1	**语言学概论** (5-6节)1-17周/场地:1-302*/教师:李璐/教学班:P2024-1_17_16_2300161_001232-0-1			
	6							
	7			**文学批评的方法与实践** (7-8节)1-17周/场地:4-102*/教师:莫涵/教学班:P2024-1_17_16_2300161_002149-0-1	**毛泽东思想和中国特色社会主义理论体系概论** (7-8节)1-8周/场地:3-112*/教师:豆艳荣/教学班:P2024-1_17_16_2300161_001009-0-1 **习近平新时代中国特色社会主义思想概论** (7-8节)9-17周/场地:3-112*/教师:马明策/教学班:P2024-1_17_16_2300161_002250-0-1			
	8							
	9							
晚上	10							
	11							
	12							

2024-2025 学年 1 学期第3轮（**距选课结束还剩4天**） **本学期选课要求**总学分最低 0 最高 60 本学期已选学分 10.0 未选 重修未选 已选

主修课程 公选课

(000029-0)财务管理 - 3 学分 教学班个数：3 状态：未选

教学班	上课教师	上课时间	教学地点	开课学院	课程类别	课程性质	教学模式	已选/容量	操作
P2024-1_17_14_2200141_000029-0-1	【孙冉天洋】讲师	星期五第5-7节{1-17周}	1-110*	数字经济与管理学院	非本专业选修课	必修	--	86/90	选课
P2024-1_17_20_2200201_000029-0-1	【孙冉天洋】讲师	星期五第1-3节{1-17周}	4-406*	数字经济与管理学院	非本专业选修课	必修	--	66/69	选课
P2024-1_17_21_2200211_000029-0-1	【尚胜男】	星期一第1-3节{1-17周}	3-110*	数字经济与管理学院	非本专业选修课	必修	--	已满	选课

图 2.3.6 选课界面（二）

点击页面右侧的课程信息，会弹出已选课程的信息，选中任一门课程，点击该课程后面的“退选”按钮，可实现对已选课程的退选，如图 2.3.7 所示。若一门课程下有多个教学班，可通过鼠标拖动调整志愿顺序。

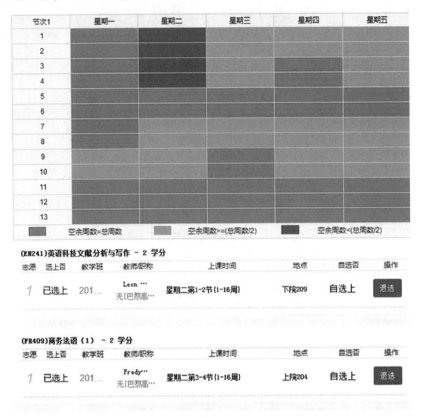

图 2.3.7　选课界面（三）

筛选模式下，同学们在选课开放期间内可以随时上网修改志愿。

2. 先到先得模式下的选课方法

在先到先得模式点击"自主选课"，进入下一界面（图 2.3.8）。

图 2.3.8　先到先得模式选课界面

在图 2.3.9 所示的界面中即可选课。在先到先得模式下，选课结果实时呈现（图 2.3.10）。

图 2.3.9　先到先得模式开始选课界面

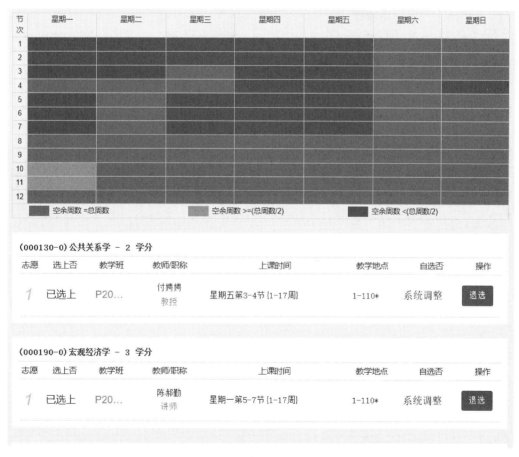

图 2.3.10　选课结果实时呈现

（四）选课注意事项

（1）培养方案很实用。同学们一定要熟读自己的专业人才培养方案，具体内容可以登录教务系统查询。

（2）相似课程不能选。选择选修课时要避免所选课程与本专业必修（或专业选修）课程重复，同一门课程只能获得一次学分。

（3）人数太少不开课。在选课的过程中，如果同学们选择的课程本身就是选修课，请务必留心所选课程的已选人数，人数过少的课程是无法开课的。

（4）选课重点在首轮。第一轮选课采取筛选模式，会优先保障本班课程。特别是文科类专业，如果第一轮不选课的话，第二轮很多课程就没有了。

（5）初选结果及时看。第一轮筛选结束后，选课结果会公布在网页上，请同学们一定要及时上网浏览自己的初选结果，如发现有漏选的可以在第二轮选课时补选。筛选结果中选中的课程之间时间是不会冲突的。

（6）补选退选别忘记。第二轮选课是对第一轮选课的补充，补选是先到先得模式。第三轮选课时退选阶段一般安排在开学前两周，开学初两周可对课程进行试听，如觉得不满意可退选该课程，但不能补选其他课程，退选请慎重，不要退错课。

（7）遇到问题立即解决。在选课期间如果遇到选课相关的问题请第一时间和班主任或者学院教务秘书联系，选课期间加以解决，以免影响正常毕业。

（五）上课有规矩

同学们已经完成了选课，那么接下来就是上课环节了。

首先，同学们可以通过自己的教务系统查询到自己的课表，由于每位同学的课表各不相同，所以请同学们务必登录教务系统进行查询。查询方法如下：

学生进入“信息查询”—“学生课表查询”页面，在查询框内选择学年、学期后，点击“查询”按钮，可在列表中显示符合查询条件的课表信息，系统默认按表格方式显示课表信息（图 2.3.11），同时也支持按列表方式显示，通过点击课表右上方的“列表”，即可实现将课表按列表显示。

2023-2024学年第1学期　　**23测控课表**　　专业：测控技术与仪器

时间段	节次	星期一	星期二	星期三	星期四	星期五	星期六	星期日
上午	1	**计算机应用基础** (1-4节)4-17周/数中心203*/熊福松/23测控/总学时:68	**机械制图及计算机绘图** (1-2节)4-17周/数中心302*/吕亚胜/23测控/总学时:68			**高等数学（一）上** (1-3节)4-17周/5-313*/史莹/23测控/总学时:102		**军事技能** (1-1节)1-17周/体育场17/刘福/23测控/总学时:80
	2			**机械制图及计算机绘图** (2-4节)4-17周/4-403*/吕亚胜/23测控/总学时:68				
	3				**专业导论** (3-4节)4-17周/5-113*/许宜申/23测控/总学时:17		**劳动1** (3-3节)1-17周/未排地点/王若舟/23测控/总学时:46	
	4						**大学生职业生涯规划（理论）** (4-4节)1-17周/未排地点/刘翊飞/23测控/总学时:17	
下午	5	**中国近现代史纲要** (5-7节)4-17周/5-304*/刘福/23测控/总学时:51		**高等数学（一）上** (5-7节)4-17周/5-313*/史莹/23测控/总学时:102				
	6				**思想道德与法治** (6-8节)4-17周/4-102*/李宏刚/23测控;23微电子/总学时:51			
	7							
	8							
	9							
晚上	10							
	11							
	12							

图 2.3.11　课表按表格显示

既然知道了自己的课表，那么就应该遵守学校的规章制度，认真上课学习，不能迟到早退。如果有同学一个学期内旷课累计达到一定课时数，学校会给予处分：

（1）累计达15课时的，给予警告处分；

（2）累计达20课时的，给予严重警告处分；

（3）累计达30课时的，给予记过处分；

（4）累计达40课时的，给予留校察看处分。

二、诚信考试，勇创佳绩

众所周知，考试在学生的学业生涯中扮演着至关重要的角色。对于大学生而言，除了日常的课堂学习，还必须面对多种类型的考试，而这些考试的结果则通过分数来体现。考试不仅是评估学生学习成果的工具，更是衡量其综合素质的重要手段。

下文将逐一详细介绍大学期间校内课程所面临的各类考试及其成绩构成，以便同学们更加清晰地了解考试制度和要求。

（一）校内课程考试及成绩介绍

《苏州城市学院学生管理规定》中第十三条规定："学生每学期所学的必修课、选修课和实践性教学环节（如实习、实验、课程设计、毕业设计或毕业论文等）（以下统称课程），都必须进行考核，考核成绩记入成绩册，并归入学籍档案。"也就是说，同学们大学期间学习的所有课程都必须经过考核，结合平时学习情况进行综合评定，综合评定成绩按百分制记，60分及以上为及格，60分以下为不及格，成绩及格者才能获得规定的学分。

课程的考核分为考查和考试两种，其中以考查形式结课的课程主要包括全院性公选课、实践性教学环节（实习、实验、课程设计等），例如"形势与政策"、"物理演示实验"以及艺术类专业的"立体设计"等课程。以考试形式结课的课程应当参加该门课程的考试，包括通识必修课、专业必修课及部分选修课，例如"高等数学""大学英语""财务管理""组织行为学"等。

（二）考试信息查询

同学们可以登录教务系统查询所有课程考试，从教务系统上方"信息查询"栏目内的"考试信息查询"进入查询。在查询框内选择学年、学期后，点击"查询"按钮，可在列表中显示符合查询条件的考试信息（图2.3.12）。

图2.3.12 考试信息查询界面

（三）考试成绩构成

大学期间的考试与中学阶段的考试形式有所不同，更与高考那种"一锤定音"的考试截然不同，大学考试更注重对学生综合能力的评价。它通常是由多个模块的成绩共同构成的，包括平时成绩、期中考试成绩、期末考试成绩以及阶段考试成绩等。这些成绩的综合考量，更全面地反映了学生在各个方面的表现。接下来将详细介绍学校大部分课程的成绩构成，以便同学们更好地了解并适应这一体系。

1. 平时成绩

平时成绩的评定一般涵盖多个方面，如学生的出勤率、作业完成情况、读书报告的质量、课堂互动以及小论文的撰写等。任课教师在具体实施时，会依据课程的特点和教学目标来设定相应的考核标准。值得注意的是，在某些课程中，平时成绩可能会占据较大的比重，因此同学们对此应给予足够的重视。正所谓"功夫在平时"，平时的努力和积累对于最终成绩具有至关重要的作用。同学们应当深刻理解这一点，并在日常学习中付诸实践。

2. 期中考试成绩

期中考试目前仅限于大一、大二学生的学位课程，定于每学期的第9周和第10周进行。同时，对于提前结束（第1~12周）的课程，一般亦不会安排期中考试。对于安排了期中考试的课程，请同学们务必准时参加。因为期中考试是对同学们半学期学习成果的检验，它能够帮助考试成绩不理想或学习态度欠佳的同学及时发现并改进问题，从而更好地促进学生学业发展。

3. 期末考试成绩

所有以考试形式结课的必修课和选修课都会安排期末考试，提前结课的课程从第13周开始安排随堂考试，其余选修课程安排在第17周统一考试，必修课程安排在第18~19周统一考试。通常来说，期末考试成绩的占比较高，考试内容涵盖整个学期学习的知识；而考试形式一般采用笔试，时间为2小时左右，采用开卷、闭卷或者开闭卷结合的方式。

4. 过程化考核成绩（仅限过程化考核管理课程）

课程过程化考核是指在整个教学过程中对学生的学习态度、学习行为、过程表现做出综合性考量的一种阶段性全面考核方式。学校的通识必修课、专项基础课程和部分专业必修课会安排过程化考核。过程化考核课程由教师申请、教学单位审核、教务处备案，每学期具体涉及的课程名单会在上一学期的学期末公布。

过程化考核课程存在阶段考试，主要是单元测验，一般采用笔试或上机考试等多种考核方式。其课程成绩一般由平时成绩、阶段考试成绩和期末考试成绩组成，按百分制计分；阶段考试次数一般不少于三次，且每一次阶段考试成绩都在总成绩中占一定比例，各分项具体分配比例由任课老师确定。在任课老师上传成绩到教务系统后，同学们便能在自己的学生端教务系统获知自己的阶段成绩，要及时查漏补缺，争取每个阶段都取得好成绩。

（四）关于缓考考试及成绩

根据学校规定："学生因故不能参加期末考试，须在考前书面向所在学院提出缓考申请……经所在学院审核后由教务处批准。经批准后可缓考，缓考不及格者不再组织补考。因不可抗力因素未事先提出申请的，必须在事后及时补办缓考手续，否则，作旷考处理，成绩记为零分，并不得参加补考。"

缓考注意事项有：

（1）缓考考试安排在下学期开学初，与补考考试同时进行。

（2）期末考试以外的所有考试，均不可申请缓考。因不可抗力因素确实无法参加考试的，经所在学院审核、教务处批准，该次考试成绩比例计入期末考试中。

（3）缓考没有补考，只有一次考试机会，缓考成绩记为期末考试成绩，课程成绩根据平时成绩及缓考成绩进行综合评定。

（4）缓考的课程在该年度没有成绩，不算挂科，不影响未参考学年评奖评优。

（五）考试纪律

根据《国家教育考试违规处理办法》《苏州城市学院学生管理规定》，学校制定了《苏州城市学院学生考试管理细则》，下面将详细介绍具体的考场规则、违规行为的认定与处理。

1. 考场规则

第一条　考生必须按规定时间凭学生证（或身份证）参加考试，按监考人员安排的座位就座，迟到超过30分钟者，不得进入考场，作旷考论。

第二条　考试进行30分钟后，考生方可交卷离开考场。

第三条　考生除考试允许携带的物品外，其他物品一律存放在监考人员指定的地方。手机等通信设备一律处于关闭状态并放在指定位置。考试过程中若确需借用他人文具用品，由监考人员代为借还。

第四条　考生在考试前必须清理课桌内的杂物，并查看课桌、墙壁等处，若发现有与考试课程相关的文字、公式等，应在考前向监考人员提出。

第五条　考生在开卷考试时不得交换或借用他人的笔记、练习本等考试资料，不允许使用电脑。上机考试时考生未经允许不得擅自上网。

第六条　答题一般用钢笔、水笔或圆珠笔书写，字迹工整清楚。

第七条　试题印刷有不清楚之处，考生可举手询问，但不得要求监考人员对试题作任何解释。

第八条　考生未经允许不得将试卷、答卷等考试材料带出考场。

第九条　考场必须保持肃静，考生应严格遵守考场纪律。考试中途，考生不得离开考场，确因身体原因，须经监考人员同意并在监考人员陪同下离开考场。

第十条　考试期间考生应将试卷妥善保管好，考试时间结束时，考生应立即停止答卷，待监考人员将试卷、答卷等考试材料收齐并允许考生离开时，考生方可离开考场。

第十一条　提前交卷的考生交卷后不得在考场附近逗留。

2. 违规行为的认定与处理

第十二条　考生不遵守考场纪律，有下列行为之一的，认定为考试违纪：

（一）发试卷前未将考试不允许携带的物品存放在监考人员指定的地方，且不听劝告的；

（二）未在规定的座位参加考试的；

（三）考试开始信号发出前答题或者考试结束信号发出后继续答题的；

（四）在考试过程中旁窥、交头接耳、互打暗号或手势的；

（五）在考场或者考试机构禁止的范围内，喧哗、吸烟或者实施其他影响考场秩序的行为；

（六）未经监考人员同意在考试过程中擅自离开考场的；

（七）未经允许将试卷、答卷（含答题卡、答题纸）等考试材料带出考场的；

（八）在试卷规定以外的地方书写姓名、考号、学号等身份信息，或以其他方式在答卷上标记信息的；

（九）其他违反考场规则但尚未构成作弊的行为。

第十三条　考生有第十二条所列考试违纪行为之一的，该门课程考试成绩无效，并给予记过处分；累计两次违反考场纪律者，给予留校察看处分；累计三次违反考场纪律者，给予开除学籍处分。

第十四条　考生有下列行为之一的，认定为考试作弊：

（一）携带与考试课程内容相关的文字材料及物品或者有存储功能的电子设备参加考试的；

（二）手机等通信设备未按要求关闭或未放在指定位置的；

（三）课桌、墙壁等处抄写有与考试课程有关的内容以及课桌内有与考试课程内容有关的物品，在考前未向监考人员提出的；

（四）偷看或者抄袭与考试内容相关的文字材料的；

（五）协助他人抄袭试题答案或者与考试内容相关的资料的；

（六）抢夺、窃取他人试卷、答卷、草稿纸或者强迫他人为自己抄袭提供方便的；

（七）在答卷上填写与本人身份不符的姓名、考号等信息的；

（八）故意销毁试卷、答卷或者考试材料的；

（九）传、接物品或者交换试卷、答卷、草稿纸的；
（十）借故离开考场偷看与考试课程有关内容的；
（十一）开卷考试交换、借用他人考试资料的；
（十二）考试未经允许擅自上网的；
（十三）核对答案或者试卷等考试材料被人拿走后不报告的；
（十四）其他作弊行为。

第十五条 考生有第十四条所列考试作弊行为之一的，该门课程考试成绩无效，并给予留校察看处分。累计出现两次作弊者，给予开除学籍处分。

第十六条 考生有下列行为之一的，认定为考试严重作弊行为：
（一）代替他人或者让他人代替自己参加考试的；
（二）组织作弊的；
（三）向他人出售考试试题或答案牟取利益的；
（四）偷窃试卷的；
（五）在国家教育考试中作弊或有其他严重作弊行为的；
（六）其它严重作弊或扰乱考试秩序的行为。

第十七条 考生有第十六条所列考试严重作弊行为之一的，该门课程考试成绩无效，并给予开除学籍处分。

第十八条 学生的考试违纪或作弊行为被发现后，故意销毁违纪或作弊证据，严重干扰阻碍调查取证者，加重一级处分。

3. 考试违规及作弊处理案例

(1) 只要携带违规物品即按作弊处理。

案例1：2021级学生潘某，在期中考试时，自以为是开卷考试，携带课程复习资料进入考场，而该门考试试卷上明确注明闭卷考试。该生在监考老师的多次提醒下仍未上交复习资料，直至被监考老师发现并收缴，他仍称并未翻阅资料。按照《苏州城市学院学生考试管理细则》第十四条第（一）款"携带与考试课程内容相关的文字材料及物品或者有存储功能的电子设备参加考试的"，该生被记考试作弊，给予留校察看处分，该门课程成绩记零分，直接影响学位绩点，且不得参加该年度评奖评优。

——《国家教育考试违规处理办法》中明确规定："携带与考试内容相关的文字材料或者存储有与考试内容相关资料的电子设备参加考试的"应当认定为考试作弊。任何闭卷考试都严禁携带与考试内容相关的文字资料或者有存储功能的电子设备进入考场，即使并未查看，也将按照考试作弊处理。

案例2：2022级学生李某，在期中考试过程中，刚开考几分钟就被监考老师发现笔袋里的橡皮上写有与考试内容相关的公式，虽然他的试卷一个字都没写，也被认定为考试作弊，给予留校察看处分，该门课程成绩记零分。

——考试之前一定要按照规定只携带考试所需的文具进入考场,且落座后认真检查自己所带文具是否违规,检查座位周围是否有违规材料或字迹,如有则要在考试之前及时上交或报告。

(2)一念之差,错失机会。

案例1:2016级学生陈某在研究生考试中已经通过国家线,且顺利进入面试环节。在毕业班插班考试中,由于担心课程再次不通过,拿不到学位证而携带小抄进入考场,结果被监考老师当场抓获,记考试作弊,给予留校察看处分,处分期一年,直接影响其按期顺利毕业,研究生考试即使通过了面试,也将无法入学。

——平时认真学习、复习才是关键,切勿存在侥幸心理。同学们应端正心态,诚实认真应考。

(六)学分认定

除了通过课程学习的方式获得学分之外,学校每学期都会开展技能证书学分认定。主要涉及选修课程的学分认定,由教务处负责审定,在每学期的第5周集中受理。在《苏州城市学院学生技能证书学分认定管理办法》中有详细的说明,同学们也可以翻看学生手册获知。学校鼓励同学们注重知识应用,多渠道强化实践技能。学有余力的同学,可以根据自己的兴趣去多拿几个技能证书,同时还能获得学分,可谓是一举两得、一箭双雕。

而对于因公出国的学生,根据本校与海外学校的协议,可以把在国外学校所修读的课程在学校的教务系统中进行学分认定,具体在后面的章节中会有介绍。

三、课程挂科了怎么办?

经过一个学期的学习,有些同学因为学习态度不端正或学习方法不合理,导致综合评定成绩不及格,也就是我们通常所说的"挂科",那就只能通过补考或者课程重修来获得相应的学分。

(一)补考

补考是指综合评定不及格的必修课程(不包含过程化考试课程及实验、实践、论文课程等考查课程),学校在次学期开学初给予一次免费的考试机会。

(1)补考一般安排在开学第1~2周内进行。

(2)补考安排可登录教务网站查询,补考成绩一般会在全部补考结束两周后发布。

(3)补考成绩替代上一次期末考试的卷面成绩,其余成绩如平时成绩、期中成绩等都是继承之前的成绩,最后根据比例计算综合评定成绩,综合评定成绩及格及以上均记为60分,综合评定成绩还不及格的只能重修。

(4)考查课程和过程化考核课程都不安排补考,因此同学们还是要争取不挂科,不给大学生涯留遗憾。

(二)课程重修

必修课程补考仍不及格,或者考查课程和过程化考核课程挂科的同学,就只能重修课程才能获得相应学分。对于已经及格的课程，如果觉得分数不满意也可以重新学习，通常称之为及格性重修。

学校课程重修一般有两种形式：跟班重修和单独开班重修。

跟班重修的上课方式是跟随下一个年级的同学一起上课，选课时与正常课程选课方式一样，直接选择要重新学习的课程。跟班重修的课程有时候会与其他课程上课时间冲突，这种情况下，两门课程就只能选择其中之一。

单独开班重修主要以自学为主，其间安排数次老师当面辅导，具体见每学期的选课通知。其选课方式与正常课程选课方式一样，需要注意的是所选课程名称前会有"重新学习"字样。不是所有的课程都有单独开班重修的，目前学校开设单独开班重修的课程有"高等数学""大学英语"等一些专项基础课。

四、等级考试面面观

大学期间，除了校内课程的考试外，同学们还会经历各类等级考试。主要包括全国大学英语四、六级考试，全国计算机等级考试和普通话水平测试；其中，英语和日语专业的同学还涉及全国高校英语专业四级、八级考试（简称英语专四或英语专八），全国高校日语专业四级、八级考试（简称日语专四或日语专八）。

（一）考试时间安排

（1）全国大学英语四、六级考试每年举行两次，一般口试安排在 5 月份和 11 月份的第三个周末；笔试安排在 6 月份和 12 月份的第二个周六，其中英语四级笔试考试时长为 125 分钟，英语六级笔试考试时长为 130 分钟。

（2）全国计算机等级考试也是每年举行两次，一般安排在 3 月份和 9 月份的中下旬，其中一级、四级考试时间为 90 分钟，二级、三级考试时间为 120 分钟。

（3）普通话水平测试也是每年安排两次，各地考试时间不统一，具体以当年公布的考试时间为准。

（4）全国高校英语专业四级、八级考试每年举行一次，英语专八安排在每年 3 月份的中上旬，英语专四安排在每年 4 月份的第三个周六；另外还有英语专四、英语专八的口试，以具体通知为准。

（5）全国高校日语专业四级、八级考试也是每年举行一次，日语专四安排在每年 6 月份，而日语专八安排在每年 12 月份；日语专四、日语专八的口试也以具体通知为准。

（二）考试报名及注意事项

1. 全国大学英语四、六级考试

（1）采用网上报名的方式，考生须在规定时间内登录全国大学英语四、六级考试网上报名系统（https：//cet-bm.neea.edu.cn），完成注册、报名、缴费等相关工作（图 2.3.13~图 2.3.17）。

图 2.3.13　全国大学英语四、六级报名系统界面 1

图 2.3.14　全国大学英语四、六级报名系统界面 2

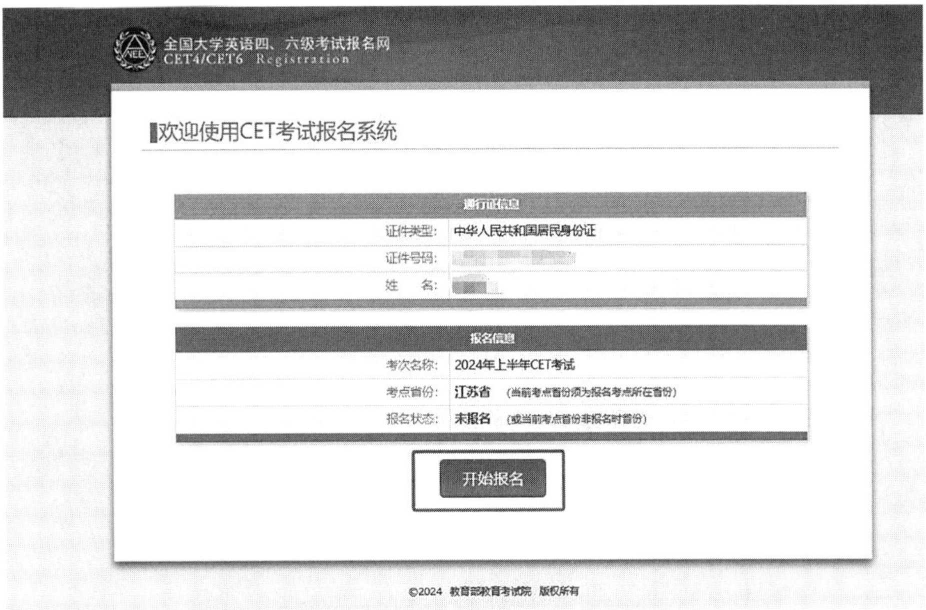

图 2.3.15 全国大学英语四、六级报名系统界面 3

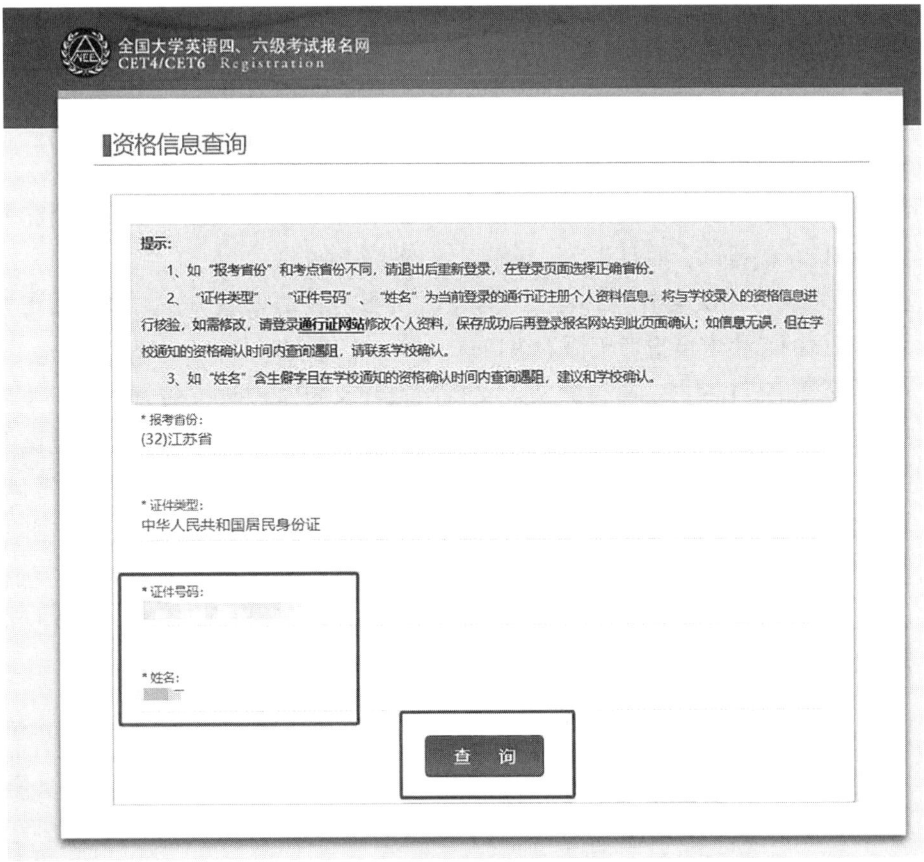

图 2.3.16 全国大学英语四、六级报名系统界面 4

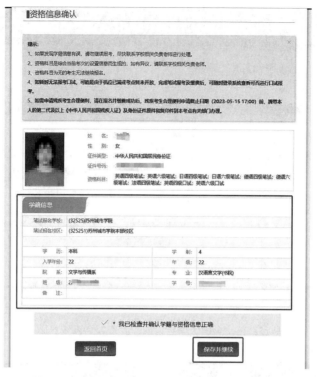

图 2.3.17　全国大学英语四、六级报名系统界面 5

（2）笔试报名资格要求是全日制普通高等教育本科在籍在校生，即已毕业学生和校外人员不可报名参加；另外，修完大学英语四级课程的学生方可报考全国大学英语四级考试，参加全国大学英语四级考试成绩达到 425 分以上（含 425 分）才能报考全国大学英语六级考试；而且当次考试四、六级不得兼报。

（3）成功报考当次英语四级笔试的考生方可报考英语四级口试，成功报考当次英语六级笔试的考生方可报考英语六级口试。

（4）考试由考生在网上自行缴费，支持网银和支付宝两种支付方式。考生须在规定缴费时间内完成网上缴费。笔试报名考试费为 30 元/人，口试报名考试费为 50 元/人。如笔试和口试兼报，应先缴纳笔试报名考试费，再缴纳口试报名考试费。如未在规定时间内完成缴费，系统会在 24 小时后删除考生报考信息；信息删除后，在报名规定时间内考生可重新报考。报名成功的唯一标识是：对应科目的支付状态为"已支付"。在规定报名时间内，已报名但未支付的科目可以随时修改，已支付的科目不可修改或取消。

特别注意

① 由于每个通行证对应一个身份证号，且每次考试只能报一次名，所以请同学们注册之后保管好自己的通行证账户密码，另外最好只用于自己报名，切勿帮同学或室友报名，否则会导致自己无法报名。

② 报名时一定要核对个人信息，特别是姓名、身份证号等关键信息，核对无误后再提交，否则系统一旦锁定将无法修改。

③ 如报名时提示学籍原因无法报名，首先确认考点是否选择正确，若考点无误，则联系教务处增加考试学籍信息。

（5）考生应对个人信息的准确性、完整性负责。无论何种方式，一旦报名缴费成功，所有信息不得改动。

2. 全国计算机等级考试（NCRE）

（1）采用网上报名的方式，考生须在规定时间内登录全国计算机等级考试在线报名系统（https://ncre.neea.edu.cn）进行网上报名。报名时请选择"江苏省"并按网页提示报名并完成缴费（图 2.3.18）。

图 2.3.18　全国计算机等级考试报名系统界面

（2）考试报名对象为学校在籍在校生，已毕业学生和校外人员均不可报名参加。

（3）全国计算机等级考试实行百分制计分，但以等第分数公布成绩，由教育部教育考试院颁发合格证书，证书等第分别为优秀、良好、合格。

（4）从 2022 年起，教育部教育考试院推出 NCRE 电子证书，所有符合取证条件的考生，都将获得电子证书，考生在报名时可同时申请纸质证书。

3. 普通话水平测试

采用网上报名的方式，考生须在规定时间内登录国家普通话水平测试在线报名系统（http://bm.cltt.org），报名入口选择"江苏"，完成注册、报名、缴费等相关工作（图 2.3.19）。

图 2.3.19　国家普通话水平测试在线报名系统界面

4. 专四及专八考试

英语专四、专八及日语专四、专八的报名工作由二级学院组织，以具体报名通知为准，各班学委需及时关注学院教务通知。另外，非英语专业的同学如想参考英语专四、专八考试，需满足以下条件：

（1）英语四级成绩达 600 分及以上的二年级本科生方可报名英语专四考试；

（2）英语六级成绩达 600 分及以上的四年级本科生方可报名英语专八考试。

（三）等级考试奖励办法

外语和计算机的应用能力已成为大学生不可或缺的基本技能，为鼓励学校学生认真学习这两项技能，积极参加相关外语考试、全国计算机等级考试；同时也为了不断提高学校人才培养质量，进而增强学生的就业竞争力，学校对通过相关外语考试和全国计算机等级考试的学生及班级进行奖励。根据《苏州城市学院大学外语、计算机等级考试奖励办法》，教务处每学期第 6 周会统计并公布等级考试班级通过率数据，由学生工作处进行奖励。

1. 学生个人奖励办法

（1）全国大学外语四级考试成绩达到报考六级资格线以上的学生，可申请免修 4 学分的大学外语重修课程，课程成绩按外语四级实得成绩折合成百分制记载。

（2）通过全国计算机等级考试一级的学生，可申请免修"计算机基础"重修课程，通过全国计算机等级考试二级的学生，可申请免修"计算机程序设计"重修课程，课程成绩记载方法如下：全国计算机等级考试成绩为合格及以上的，相应重修课程记为 70 分；成绩为优秀的，记为 90 分。

（3）同学们申请免修的课程，按规定标准缴纳学分学费。

（4）符合下列条件之一的同学，可申请获得校长特别奖三等奖：

① 全国大学英语六级考试（或其他语种同等考试）成绩达到600分以上者（满分710分）；

② 全国高校英语专业八级考试成绩获得优秀者；

③ 全国计算机等级考试三级成绩获得优秀者；

④ 全国计算机等级考试四级成绩获得合格者。

2. 班级奖励办法

符合下列条件之一的班级，学校以增拨班费的方式一次性奖励班级2 000元：

（1）非外语专业班级全国大学英语四级考试（或其他语种同等考试）累计通过率达到90%以上的；

（2）英语专业班级英语专四累计通过率达到95%以上的；

（3）日语专业班级国际日本语能力测试N2级累计通过率达到95%以上的；

（4）非计算机专业全国计算机等级考试一级累计通过率达到100%的；

（5）非计算机专业全国计算机等级考试二级累计通过率达到60%以上的；

（6）计算机相关专业全国计算机等级考试二级累计通过率达到90%或三级累计通过率达到60%以上的。

第四节　学籍管理遵规定

一、学习年限

上文多次提到"学习年限""最大学习年限""弹性学习年限"等表述，本节做专门解释。

《苏州城市学院学生学分制学籍管理条例》第十二章第五十七条规定：学生以专业教育教学计划规定的学制年限为基准，实行弹性学习年限（允许学习年限）。在学制年限的基础上，可允许延长年限不超过 2 年（服兵役的学生扣除其服兵役期）。

四年制普通本科的学制是 4 年，可允许延长 2 年，那么最大学习年限即为 6 年。下面会讲到四年制普通本科的学生可提前 1 年毕业，因此，四年制普通本科的弹性学习年限为 3~6 年。

专转本的学制是 2 年，可允许延长 2 年，那么最大学习年限即为 4 年，弹性学习年限为 2~4 年。

同学们应当在最大学习年限内完成学业，除服兵役以外，延长学年、毕/结业返校学习，以及本节中提到的休学、降级等时间均计入在校学习时间。由此可见，同学们应合理规划自己的学业进程，以免到了最大学习年限仍未完成学业，而不得不带着遗憾离开学校。

对于服兵役的学生，学校保留其入学资格或者学籍至退役后 2 年，这一时间不计入在校学习时间。

二、休学、复学与退学

大学生可以分阶段完成学业，休学是暂停学业的手段，休学期满后应按时回校办理复学，否则会被退学。

（一）休学与复学

1. 何种情况可以休学

大学生有以下情况之一的，可以休学：① 因病不能坚持学习，经学校指定医院诊断需要休养治疗的；② 已婚女学生因生育需要的；③ 申请休学创业的；④ 应征入伍的；⑤ 参加学校组织的跨校联合培养项目的，如参加学校一学期以上的国（境）外交流项目等。另外学校规定，一学期内累计请假超过一个月的应当办理休学。大学生休学期间，学校为其保留学籍，但不享受在校生待遇。因病休学学生的医疗费按国家及当地的有关规定处理。

2. 休学期限

学校规定，学生休学一般以一学期或一学年为期限，累计不得超过两次，学生因创业原因休学的，累计不得超过三次，休学时间计入在校学习时间。

3. 何时复学

休学期满，一般于学期开学后两周内回校申请复学，经复查合格，编入原专业相应年级学习。此处的"相应年级"一般按以下原则编入：除上述第⑤点"参加学校组织的跨校联合培养项目"原因休学，复学后仍编入原班级外，其他原因休学的，均按"当时在大几休学的，复学时仍编入大几学习"。

案例1：2022级法学专业某同学，在读大二时于2023年10月因创业需要向学校提出休学一年的申请，一年后休学期满复学，该生应于开学（2024年9月1日开学）后两周内，即2024年9月1日~14日期间回校办理复学手续，学校同意其复学后，会将其编入2023级法学专业学习。因为一年后2023级的学生读大二。可见该生已经降了一个年级。

如果休学虽已期满，但因病身体仍未恢复，或打算继续创业，只要仍在允许的休学期限内，可以申请继续休学。

应征入伍的同学在退役后2年内，应当及时回校申请复学。参加学校组织的跨校联合培养项目的同学，应当在项目结束后，及时回校申请复学。

休学期满2周内未提出复学申请，会被学校视为放弃学籍，按自动退学处理，请休学的同学务必重视，按时申请。

4. 休学、复学如何办理

休学、复学由本人提出申请（申请模板在教务处网站"下载中心"下载），并附上相关证明材料，经二级学院、教务处审批同意后，并流转相关职能部门确认后完成相关手续。因病申请休学时须附医院诊断需要休养治疗的证明；申请复学时须持县级以上医院出具的康复证明，由学校指定二级甲等以上医院进行复查，复查合格者经学校教务部门批准复学。其他原因申请休/复学的，也应提供相关证明材料。

复学手续办理完成后学校为其开放选课权限，请相关同学在规定的时间内上网选课，课程选好后按课表上课。

休学一年之后的同学普遍表示，因编入的班级已不再是原班级，对校园的学习生活，都会有陌生的感觉，想要再次融入会有一定难度，从而造成不适应，因此，除非有上述的特殊情况，否则不要随意休学，中断自己有规律的学习生涯是得不偿失的。

（二）退学

退学即中止自己的学业，十二年寒窗苦读，才能换来大学的就读机会，因此学校是十分不情愿看到同学们来办理退学的。

大学生有下列情形之一的，学校会按退学或自动退学处理：① 已达最大学习年限仍未完成学业的；② 休学期满两周内未提出复学申请或者申请复学经复查不合格的；③ 经学校指定医院诊断，患有疾病或者意外伤残无法继续在校学习的；④ 未经批准连续两周未参加学校规定的教学活动的；⑤ 超过学校规定期限未注册而又未履行暂缓注册手续的；⑥ 按照规定不予注册的；⑦ 本人申请退学的。

对于申请退学的同学，在做出退学决定之前千万要慎重考虑，因为退学后就不能复学了，也就是没有试错的机会。如果有同学觉得自己的学习状态有问题，或者说因为厌学不想继续学业，可以先申请休学，如果后面能够调整好状态甚至"回心转意"，这样还能复学来校。

另外，从其他几条退学情形来看，除因病不得已而退学外，均要求同学们按照学校的教学安排，在正确的时间节点按照规范的要求做正确的事情，否则就会遭到带有"清退"性质的"自动退学"。

在校学习一年及以上退学的学生，学校可以发给肄业证书；在校学习不到一年退学的学生，学校可以发给写实性学习证明。需要说明的是，这两类证书只是学校发给有需要的退学学生，由学生主动申请才会开具，同时，由于这两类证书并不上传到学信网，因此在使用效力上，会打一定的折扣。

（二）保留入学资格、恢复入学资格和放弃入学资格

除休学、复学与退学外，还有三种学籍异动行为：保留入学资格、恢复入学资格和放弃入学资格。这三种学籍异动行为分别与休学、复学和退学相似，只是适用对象不同。区别在于：休学、复学和退学是针对已经入学的在籍学生而言的；保留入学资格、恢复入学资格和放弃入学资格是针对还未入学的新生而言的。

新生在入学前，有以下原因之一的，可在入学报到后两周内办理保留入学资格：① 入学体检复查时发现患有疾病，经学校指定的二级甲等及以上医院诊断不宜在校学习，需要在家休养的；② 应征入伍的；③ 因不可抗力等正当事由不能按时入学的；④ 有创业、社会实践需求的。从以往经验来看，频次最多的就是应征入伍或学生自己联系出国（境）留学等原因，前者带好入伍通知书，后者带好录取通知书或出国（境）机构证明，来学校办理即可。新生保留入学资格期间是不具有学籍的。

保留入学资格期限为一年，新生应征入伍的，保留其入学资格至退役后两年。保留入学资格期满后，学生应主动联系学校，在9月初办理恢复入学资格，否则视为放弃入学资格。

综上可知，新生应按期报到入学，因故不能按期入学的，应当提前向学校请假，请假时间一般不超过两周，如需要请超过两周的假，则只能办理保留入学资格手续。未请假或者请假逾期者，除因不可抗力等正当事由以外，视为放弃入学资格。保留入学资格期满，逾期不办理入学手续且未有因不可抗力延迟等正当理由的，也视为放弃入学资格。简单说来，开学两周内未来校报到入学的新生，如果既没有请假也未办理保留入学资格的，学校都会视为放弃入学资格，因此，在过了这个时间节点后，新生就失去了再来学校就读的机会。

三、我可以转专业吗？

有的同学在高考志愿录取之后，并不是被自己的第一专业录取，有的同学被调剂到其他专业，还有的同学在志愿填报的时候对专业并没有做慎重考虑，进入大学经过一定阶段的生活与学习后，才对自己的定位和认识清晰起来，也明确了对未来的职业生涯规划与前途发展方向。这部分同学，在进校后就逐渐萌发了转专业的想法，转专

业也是最有可能进入自己喜欢专业的途径。对于转专业，学校在《苏州城市学院学生转专业实施办法》中有着专门规定，下面会以更加通俗易懂的形式对该办法做出介绍。

（一）转专业的原则

（1）转专业遵守公平、公正、公开的原则；

（2）每个专业可转入人数不超过该专业转入年级当年招生人数的20%，如果报名人数超过，则会通过考核择优录取；

（3）获准转专业的同学原则上可转入新专业二年级学习，经学校审核如学业基础不允许，需转入一年级学习。

（二）转专业的对象和最佳申请时间

（1）凡学校在籍在校学生，入学已满一学期，未受过处分或所受处分已解除，行为学分达85分，且不在规定的不可转专业的专业内的学生均可申请转专业。

（2）招生时国家已有明确规定不能转专业的，或未经全国统一高考招收的特殊录取类型的学生不可转专业，如艺术类、中外合作办学类、中外学分互认联合培养项目、专转本等的学生。

（3）学生在校期间只可转专业一次，如已转过一次专业的，不可再次转专业。

（4）转专业的最佳申请时间是：大一第二学期。学校每学年开展一次转专业工作，在第二学期的4~5月份进行，获准转专业的同学在新学年（9月）转入新专业学习。根据转专业的第3条原则可知，申请时已经是大二（或大三）的学生，新学期（9月）如果不转专业的话应该升至大三（或大四）学习，而获准转专业的同学一般被安排在新专业二年级学习，因此转入新专业后都将面临降一级（或二级）的风险，由此带来的直接后果是会延迟1年（或2年）毕业；同理可知，大四学生已不具备转专业条件，因为如果转专业的话，将会降三级，那么他最终毕业要学习7年，已超过6年的最大学习年限。由此可见，有转专业计划的同学要提早规划。

（三）转专业条件

转专业条件在《苏州城市学院学生转专业实施办法》已有明确规定，这里稍作一下解释：转专业的条件分两大类，一类是考核类，另一类是安排类。凡满足考核类条件的同学，申请后，需经过学校考核，择优录取；如果同学符合安排类的条件，则无需经过考核，由学校直接安排转入到相关专业学习。

1. 考核类的条件有以下五条，满足其中之一即可申请转专业

（1）GPA达到3.0且班级排名前30.0%的（排名保留1位小数，四舍五入，计算公式：学生所有已修课程成绩排名÷班级在校人数≤30.0%）；

（2）近两年内独立或作为第一作者在省级以上刊物发表与拟转入专业相关学术论文至少2篇的；

（3）近两年内作为第一发明人公开获得与拟转入专业相关的各类发明专利授权1项或实用新型专利授权2项的；

（4）近两年内获得与拟转入专业相关权威资质证书的（具体证书由转入学院审核，教务处认定）；

（5）近两年内在拟转入专业领域国家级或省级竞赛中取得优异成绩的（国家级竞赛二等奖及以上，省级竞赛一等奖及以上）。

2. 安排类的条件有以下四条，满足其中之一，经本人申请，由学校安排转入相关专业学习

（1）休学创业或退役后复学，因自身情况需要转专业的；

（2）社会对人才需求情况发生变化，学校进行专业调整，学生复学后无法继续在原专业学习，并征得学生同意转专业的；

（3）入学后因患某种疾病或生理缺陷（需有学校指定医疗单位的检查证明），或确有特殊困难（需学校认定），不能在原专业学习，但仍能在其他专业学习的；

（4）参加学校双学位国际交流项目的学生，可申请转入双学位相应专业学习。

学校鼓励同学们参与国际交流项目，有意向进行出国（境）交流的同学，可申请转入项目相应专业学习，但转入后在规定的时间内未能成功出国（境）交流，则需转回原专业学习。

（四）转专业办理流程

每年4月份，教务处会发布转专业通知，通知中会明确转专业的申请时间、申请方式和所要提交的材料，同时，通知中还会公布各转入学院的考核方案，包括考核内容、考核形式、考核时间等，请同学们务必认真阅读，充分准备。

转专业申请一般是线上方式，请同学们务必在开放申请的时段内，按照通知的要求规范提交线上申请，错过开放时段将错过一年。另外，不要忘了提交证明材料，如所发表论文的封面、封底、目录、论文本体；专利授权证书；竞赛获奖证书等。

申请提交后关注申请的线上审批流程，如初审认为材料不充分，需补充证明材料的，请尽快补充材料。如果初审通过，流程会反馈转入学院的考核时间及要求，请做好准备，按时参加考核。

根据各转入学院公布的考核方案，考核有可能是笔试，也可能是面试，也可能是笔试加面试，不管是何种形式，同学们都应做好充分的准备，以诚信的态度、自信的状态参加考核。

考核结束后，教务处会在网上公示拟同意转专业的学生名单。公示无异议后，报请校长办公会议审批，审批通过后，一般会在5月份中下旬正式公布获准转专业的学生名单。

（五）转专业后续工作

如果同学们在公布的名单中看到了自己的名字，说明通过了转专业考核。后续还有一系列工作要做：

（1）参加期末考试。相关同学必须认真参加本学期原专业的期末考试，千万别作弊，否则将被取消转专业资格。

（2）做好转专业手续。根据教务处的安排，做好转专业各项学籍异动手续，并在规定的时间内到转入学院报到。

（3）做好课程替换。转入新专业学习的学生必须按新专业的人才培养方案完成学业，毕业资格和学士学位获取资格均按转入专业的要求审核。原专业已修课程在新专业的人才培养方案中有的，或者课程内容相近的，经转入专业审核，教务处审批，可替换成新专业相应的专业必修课或专业选修课；如果新专业人才培养方案中没有的，则可以申请替换成通识选修课。

（4）合理安排课程补修。转入新专业二年级学习的同学，如果新专业一年级的课程无法通过课程替换的方式获得学分，则必须在正常修读二年级课程的同时，合理安排时间补修一年级课程，这一过程往往比较辛苦，甚至由于二年级课业繁重，时间冲突等原因，没有时间补修，只能推迟到三年级甚至四年级补修；而一年级课程有可能是后续年级课程的基础课程，这些课程未修也会影响后续年级课程的学习。由此可见，转专业是机遇也是挑战，所以请有意转专业的同学慎重决定，切勿盲目跟风。

（5）友情提示：转专业后，学费标准按转入专业转入年级的标准收取。

同学们，如果转专业成功了，在自己喜欢的专业就要不遗余力地努力学习，夯实自己的基础，不要忘记自己的初心，努力实现自己的梦想。如果没有成功，那就好好调整心态，在现有的专业找到自己努力的方向，就像教育名家李镇西说过的一样，要用一生的时间去寻找那个让自己惊讶的"我"。

四、我能提前毕业吗？

为了调动学生学习积极性，学校鼓励优秀学生提前毕业。对于学习进度较快、成绩优异的同学，提前完成专业人才培养方案规定内容，获得毕业所要求的学分，就可以申请提前毕业，《苏州城市学院学生申请提前毕业实施细则》中做了详细规定，这里做解释说明。

（一）提前毕业的申请对象和申请时间

学校四年制普通本科在籍在校学生，只要符合条件，均可申请提前毕业。专转本学生因本身学程较短，只有两年，不具备提前毕业的条件。

提前毕业的申请时间是在大二的第二学期。这时大学的四年学程已基本过半，同学们已学习了三个学期的课程，如果申请成功提前一年毕业的话，后续算上在修的本学期，还有三个学期。

（二）申请提前毕业的条件

申请提前毕业的同学在申请时必须符合以下所有条件：

（1）未受过任何处分，且行为学分达到90分以上（含90分）。

第（1）条包含两层意思：一是要没有受过任何处分，有处分的同学，哪怕处分已解除也不行；二是行为学分要达到90分及以上，这一点对大多数同学来说相对容易。

（2）必修课无不及格课程。

第（2）条，即要求申请的学生必修课不能有挂科，如果有挂科，哪怕补考重修过了也不行。

（3）学习成绩班级排名前15%（学生所有学期成绩排名÷班级在校人数≤15%）。

第（3）条，即要求申请的学生要达到班级排名前15%，这比之前的转专业排名要求更高。

（4）学位课程平均学分绩点达到2.5及以上。

（5）外语成绩符合学士学位授予条件。

第（4）和第（5）条，由于申请提前毕业的学生必须同时申请学士学位，因此出于对学位授予的要求考虑，申请的学生首先学位课程平均学分绩点要达到2.5，高于《学位条例》中2.0的要求；其次就是外语成绩的要求，这一点和《学位条例》中一致。

（6）前两年所获得（第四学期在修学分默认为已获学分）的学分必须超过所学专业教学计划规定总学分的三分之二。

第（6）条对申请学生的学习进度有了要求，如果前两年所获学分不能达到教学计划要求学分的三分之二，那么即使同意提前毕业，按照正常学习进度，也是赶不上毕业的。由此可见，有提前毕业计划的同学需要尽早规划，在大一、大二时要提前修习一些高年级的课程，因为如果仅以教学计划的课程进度安排，按部就班地修读课程的话，即使所有课程均考核通过，到了申请提前毕业时，所获学分也未必能达到总学分的三分之二。

以上六条必须同时满足才有资格申请，缺一不可。

总体来说，提前毕业的要求是比较严苛的，如果规划不合理，或者学习有所放松，就无法满足提前毕业的要求。同时，申请提前毕业的同学在决定前也要认真思考，因为成绩较好的同学大多都会选择考研，但如果选择了提前毕业，在三年级的时候既要修读大量的课程又要准备考研，时间上会比较仓促。

（三）提前毕业办理流程

每年5月份，教务处会发布提前毕业通知，请同学们按照通知的要求提交申请。申请一般在线上进行，务必在开放申请的时段内申请，错过开放时段将不会再有机会。

申请结束后，教务处进行汇总并审核，审核通过的学生名单将会在网上进行公示。公示无异议后，报请校长办公会议审批，审批通过后，一般会在5月的中下旬正式公布获准提前毕业的学生名单。

（四）提前毕业后续工作

经批准可以提前毕业完成学业的同学，需合理安排课程修读计划，明确提前修读第七至第八学期学习的必修课程。提前修读的课程是不允许免修免听的，因此如果课程时间冲突，需要同学们自行调整选修课程修读安排，争取顺利提前完成学业。

提前毕业的同学，在毕业时必须同时符合"双证"要求，如仅符合"单证"要求不算成功提前毕业。

友情提醒：顺利提前毕业的同学，可免交第四学年的专业学费。

第三章

本科专业 培养方案

第一节 本科专业介绍

专业是学校教育与社会需求的结合点，专业更是学校人才培养的重要着力点。一所学校能培养出什么样的人才，关键看其开设了哪些专业，这些专业是否有活力、生长性和发展性。

一、什么是"专业"？

翻开教育类文献资料，一些重要辞书及教育著作对"专业"的定义是不同的。《教育大辞典》中写道，"专业"译自俄文，指"中国、苏联等国高等教育培养学生的各个专门领域。《现代汉语词典》中"专业"指"高等学校的一个系里或中等专业学校里，根据科学分工或生产部门的分工把学业分成的门类"。潘懋元、王伟廉主编的《高等教育学》中认为"专业"指"课程的一种组织形式"。周川在《"专业"散论》（载《高等教育研究》）中从广义、狭义、特指三个层面来理解专业：从广义角度看，专业即某种职业不同于其他职业的一些特定的劳动特点；从狭义的角度看，专业是指某些特定的社会职业；从特指的角度看，专业即高等学校中的专业。

目前，众多高等教育工作者和管理者在《教育大辞典》定义的基础上，对专业的内涵进行了完善，通常认为"专业"是根据学科知识体系分类、社会职业分工设立的学业门类，本质上就是课程的一种组织形式，学生学完本专业所包含的全部课程，就可以形成一定的知识与能力结构，获得该专业的毕业证书。

二、专业设置及布局

我国高等教育是按专业培养人才，专业是高校人才培养的基本单位。专业设置关系到人才培养目标与规格，关系到教育教学资源配置和协调，关系到教育质量和效益，也关系到高等教育与社会发展的协调与适应。科学合理的专业设置是高等教育适应经济社会发展需求和人的全面发展需要的基本保证。专业目录是高校设置专业的重要依据，是国家经济社会所处发展阶段在人才需求、人才培养方面的集中反映，具有鲜明的时代特征。学科的发展、社会分工的变革以及教育对象的变化，都直接影响着高校的专业设置和调整。

苏州城市学院现有 51 个本科专业（表 3.1.1），涉及经济学、法学、文学、理学、工学、管理学、艺术学 7 个学科门类，其中电气工程及其自动化和物联网工程两个专业同时开办中外合作办学项目班；新闻学、金融学和英语 3 个专业同时开办中外学分互认联合培养项目班；新能源材料与器件专业同时开设国际创新班；法学专业同时开设涉外法治班。专业设置主动适应经济发展新形势，特别是苏州及周边区域经济社会发展需求，紧密对接产业需求，坚持工科类专业聚焦发展、社会科学类专业融合发展、人文艺术类专业特色发展理念，形成以工科类专业为基础，以经管类专业为优势，以人文艺术类专业为特色，以应用型人才培养为根本，以学科交叉融通、国际化人才培养为方向的学科专业格局（图 3.1.1，表 3.1.1）。

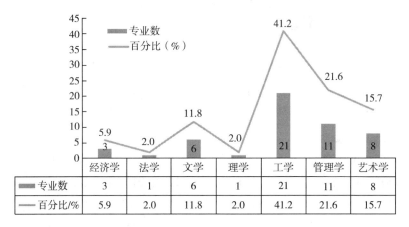

图 3.1.1　各学科专业分布图

表 3.1.1　各学院专业分布情况一览表

学院名称	专业名称	专业代码	学制	最大学习年限	授予学位	备注
马克思主义学院	—	—			—	
基础教学部	—	—			—	
城市治理与公共事务学院	法学	030101K	4 年	6 年	法学	
	人力资源管理	120206			管理学	
	劳动与社会保障	120403			管理学	2024 年开始停招
	城市管理	120405			管理学	2023 年开始停招
	档案学	120502			管理学	
	信息资源管理	120503			管理学	2020 年开始停招
	应用心理学	071102			理学	
	健康服务与管理	120410T			管理学	

续表

学院名称	专业名称	专业代码	学制	最大学习年限	授予学位	备注
城市文化与传播学院	汉语言文学	050101	4年	6年	文学	
	汉语国际教育	050103				
	英语	050201				
	日语	050207				
	新闻学	050301				
	广告学	050303				
	播音与主持艺术	130309			艺术学	
	文化产业管理	120210			管理学	
智能制造与智慧交通学院	机械工程	080201	4年	6年	工学	
	机械电子工程	080204				
	车辆工程	080207				
	轨道交通信号与控制	080802T				2024年开始停招
	电气工程及其自动化	080601				
	电气工程与智能控制	080604T				
	服装设计与工程	081602				2019年开始停招
	智能建造	081008T				
光学与电子信息学院	测控技术与仪器	080301	4年	6年	工学	2024年开始停招
	新能源材料与器件	080414T				
	能源与动力工程	080501				2020年开始停招
	电子科学与技术	080702				2020年开始停招
	通信工程	080703				
	微电子科学与工程	080704				
	光电信息科学与工程	080705				
	信息工程	080706				
	电子信息科学与技术	080714T				
	智能测控工程	080720T				
计算科学与人工智能学院	计算机科学与技术	080901	4年	6年	工学	
	物联网工程	080905				
	人工智能	080717T				

续表

学院名称	专业名称	专业代码	学制	最大学习年限	授予学位	备注
数字经济与管理学院	金融学	020301K	4年	6年	经济学	
	数字经济	020109T				
	国际经济与贸易	020401				
	工商管理	120201K			管理学	
	市场营销	120202				
	会计学	120203K				
	会展经济与管理	120903				
设计与艺术学院	航空服务艺术与管理	130208TK	4年	6年	艺术学	
	视觉传达设计	130502				
	环境设计	130503				
	产品设计	130504				
	服装与服饰设计	130505				2022年开始停招
	公共艺术	130506				2024年未招生
	数字媒体艺术	130508				

三、专业建设及成效

专业建设是指大学根据社会发展的需要、科学发展的规律和人才培养的特点，结合学校所在的区位优势和办学条件，调整专业结构、提高专业水平的一种社会实践活动。学校现有9个校级校企合作微专业项目，1个辅修专业，2个中外合作办学专业和3个中美学分互认联合培养专业等特色专业（表3.1.2）；7个江苏省一流本科专业建设点，3个江苏省产教融合型品牌专业建设点，1个江苏省"十四五"高校国际化人才培养品牌专业，1个江苏省卓越工程师教育培养计划2.0专业，1个苏州市高等院校骨干专业等品牌专业（表3.1.3）。在2023年校友会中国大学一流专业排名（应用型）中，苏州城市学院有中国一流应用型专业（5★）4个、中国高水平应用型专业（4★）8个，中国区域一流应用型专业（3★）18个（表3.1.4）。

表3.1.2 学校特色专业一览表（截止2024年8月）

序号	项目名称	专业名称
1	校级校企合作微专业项目	健康产业运营与管理（原健康服务与管理）
2		低碳能源技术（原新能源发电技术）
3		数字营销

续表

序号	项目名称	专业名称
4	校级校企合作微专业项目	数字孪生技术
5		激光智能应用与系统
6		城市数字化建设与运维
7		数字经济与数字化转型
8		智能建造与智慧交通
9		半导体与平板显示
10	辅修专业	英语
11	中外合作办学专业	电气工程及其自动化
12		物联网工程
13	中美学分互认联合培养专业	金融学
14		英语
15		新闻学

表 3.1.3 省市级品牌专业立项建设一览表（截止 2024 年 8 月）

项目名称	专业名称
江苏省一流本科专业建设点（7 个）	光电信息科学与工程
	信息工程
	档案学
	电子信息科学与技术
	计算机科学与技术
	英语
	汉语言文学
江苏省产教融合型品牌专业（3 个）	电子信息科学与技术
	物联网工程
	信息工程
江苏省"十四五"高校国际化人才培养品牌专业（1 个）	英语
江苏省卓越工程师教育培养计划 2.0 专业（1 个）	计算机科学与技术
苏州市高等院校骨干专业（1 个）	产品设计

表 3.1.4 学校在"校友会网"各专业排名情况（2023 年）

专业名称	专业档次	星级排名	全国排名	办学层次
信息工程	A+	5★	2	中国一流应用型专业
光电信息科学与工程	A	5★	7	中国一流应用型专业

续表

专业名称	专业档次	星级排名	全国排名	办学层次
服装与服饰设计	A	5★	11	中国一流应用型专业
物联网工程	A+	5★	17	中国一流应用型专业
档案学	A++	4★	1	中国高水平应用型专业
城市管理	A	4★	4	中国高水平应用型专业
电气工程与智能控制	B++	4★	6	中国高水平应用型专业
微电子科学与工程	B++	4★	8	中国高水平应用型专业
服装设计与工程	B++	4★	18	中国高水平应用型专业
电子信息科学与技术	B++	4★	26	中国高水平应用型专业
车辆工程	B++	4★	31	中国高水平应用型专业
机械电子工程	B++	4★	36	中国高水平应用型专业
信息资源管理	A+	3★	3	中国区域一流应用型专业
劳动与社会保障	B++	3★	7	中国区域一流应用型专业
轨道交通信号与控制	B+	3★	12	中国区域一流应用型专业
能源与动力工程	B+	3★	33	中国区域一流应用型专业
机械工程	B+	3★	35	中国区域一流应用型专业
电子科学与技术	B+	3★	43	中国区域一流应用型专业
应用心理学	B+	3★	46	中国区域一流应用型专业
新闻学	B+	3★	50	中国区域一流应用型专业
产品设计	B+	3★	73	中国区域一流应用型专业
法学	B+	3★	80	中国区域一流应用型专业
工商管理	B+	3★	102	中国区域一流应用型专业
环境设计	B+	3★	109	中国区域一流应用型专业
通信工程	B+	3★	128	中国区域一流应用型专业
视觉传达设计	B+	3★	134	中国区域一流应用型专业
电气工程及其自动化	B+	3★	152	中国区域一流应用型专业
汉语言文学	B+	3★	178	中国区域一流应用型专业
英语	B+	3★	194	中国区域一流应用型专业
计算机科学与技术	B+	3★	251	中国区域一流应用型专业

第二节 人才培养方案

人才培养方案是高校落实党和国家关于人才培养总体要求，在一定的教育理念与思想的指导下，按照特定的人才培养目标，以相对稳定的课程体系、教学内容、管理制度为依据，组织开展教育教学活动、安排教学任务的纲领性文件，集中反映高校人才培养的目标定位和核心内容，是高校人才培养的"施工图"。

一、什么是培养方案？

（一）基本内涵

对于专业而言，本科人才培养方案是各专业开展人才培养过程的指导性和规范性文件，是实现专业人才培养目标和基本要求的总体设计和实施方案。每个专业都有自己的培养方案，各专业人才培养方案应当体现专业教学标准规定的各要素和人才培养的主要环节要求，包括专业名称及代码、专业介绍、培养目标、毕业要求、入学要求、修业年限、课程设置、学时安排、教学进程总体安排等内容。简单来讲就是：办什么样的专业？培养什么样的专业人才？怎样来培养人才？培养这些人才来做什么？

对于同学们而言，只有读懂本专业人才培养方案，才会清晰知道自己在四年本科学习阶段，每一个阶段需要修读哪些课程；需要修读多少课程学分以及如何规划才能顺利取得这些课程学分；并结合毕业要求进行阶段性自评，总结并反思自己的知识、能力、素养修炼成果，制订下一步切实可行的学习计划。除了达到这些毕业要求外，同学们还需要选修一些课程来拓展自己的知识面和提升自己的能力素养，使自己的综合素质更加全面。简单来讲就是：学什么？怎么学？学完之后能干什么？

苏州城市学院人才培养方案定位主要体现在以下几个方面。

（1）确立主要专业领域：行业企业管理者、工程师、事业单位/政府机关基层办事员；

（2）刻画基本职业特征：初级研究、技术开发、生产管理或服务类工作；

（3）明确职业定位：是能够熟练掌握新型劳动工具和持续创造新型劳动的应用型、技术技能型人才；

（4）确定培养总目标：成为社会主义事业建设者和接班人；

（5）规定毕业后应该具备的职业能力：具备社会责任感，恪守伦理准则，遵守职业道德；具备创新能力、团队合作精神和组织管理能力；具备终身学习能力，能持续适应不断变化的自然和社会环境；具备解决专业领域复杂工程问题的能力，能应对前沿技术快速发展和多变的技术挑战；具备所从事职业的基本素养和国际视野，能服务地方经济产业转型升级。

（二）基本要素

科学合理的人才培养方案一般由专业介绍、培养目标、毕业要求、学制及学习年限、课程设置等要素构成。

1. 专业介绍

专业介绍包含各专业历史沿革、发展现状、主要特色和优势、培养要求、就业及发展方向等内容。

2. 培养目标

各专业根据社会需求和学校办学定位等确定本专业人才培养目标，包含学生毕业五年后达到的目标，须描述精准，与学校人才培养目标有机衔接，明确本专业毕业生就业领域与性质以及社会竞争优势，含本专业培养的毕业生应具备的知识和能力、所胜任的工作、领域、人才类型定位等。培养目标能凸显学科特点与差异，通过立德树人实现思想和价值引领，体现所培养学生的专业核心素养和核心竞争力。

3. 毕业要求

毕业要求对照专业认证标准和《普通高等学校本科专业类教学质量国家标准》，为对学生毕业时应当具有或掌握的知识和能力的具体描述，包括学生通过本专业学习所掌握的知识、技能和素养。毕业要求应能支撑培养目标的达成，体现专业特色。工科类专业需要坚持成果导向教育理念，参照《工程教育认证标准》，明确每一个专业不少于12条毕业要求；文科类专业参照《工程教育认证标准》，结合自身专业定位和特色，确定5~8条毕业要求，每个毕业要求再细化2~3个指标点。

4. 学制及学习年限

普通本科学制4年，允许学习年限为3~6年。

专转本学制2年，允许学习年限为2~4年。

5. 学分要求和授予学位

各专业须明确毕业学分最低要求，并注明各课程类别、各模块的应修学分要求。四年制专业的毕业学分最低要求原则上在160学分（文正书院项目班可在180学分左右，专转本班设置80学分）。在人才培养方案中应按照"本专业（项目）学制四（二）年，允许学习年限为3~6年（2~4年）……在允许学习年限内，学生必须修满本专业（项目）指导性教学计划规定的××学分，方可申请毕业……达到学位授予要求者，经申请可授予××学士学位"进行描述。

6. 实践环节

实践环节包含各类兼设或单独设立的实验、实践性课程以及集中安排的实验、实习、社会实践以及毕业设计（论文）课程等。各专业均须安排毕业实习，学分不低于4学分。各专业均须安排毕业设计（论文），学分不低于6学分。作为应用型本科高校，原则上文科类专业实践教学环节占比应不少于总学分（学时）的20%，理工农医类专业应不少于30%。

7. 课程设置（详见本章本节课程体系）

8. 课程设置与毕业要求的支撑关系

每个专业的课程设置需要坚持产出导向，根据行业、产业发展设置课程模块，强化"培养目标—毕业要求—课程设置"对应支撑关系。课程设置上每一门课程都能支撑某一个或某几个毕业要求，体现其中指标点，表明各课程及其教学内容与毕业要求的直接关联，让教师和学生理解"为什么教""为什么学"。

二、各专业对应的培养目标及基本要求

苏州城市学院现有51个本科专业，涵盖经济学、法学、文学、理学、工学、管理学、艺术学7大学科门类和26个一级学科类（表3.2.1）。同学们首先要知道自己专业所对应的学科门类，然后结合学科门类培养目标和培养规格分析自己专业的具体业务要求。本书对照《普通高等学校本科专业类教学质量国家标准》中学科门类中培养目标和培养规格的具体要求，再结合学校2024级人才培养方案中的培养目标和毕业要求，归纳总结出文科类、经管类、工科类、艺术类、心理学类各个专业培养目标及基本要求。方便同学们清晰了解自己专业的培养目标，经过大学四年的学习应该掌握的专业知识、具备的能力和素质，结合这些知识、能力、素质的基本要求进行阶段性学习自评，从而评估自己学习的达标程度，根据达标程度制订下一个阶段的学习计划。

（一）文科类专业培养目标及基本要求

表3.2.1 文科类专业培养目标及基本要求

学科门类	专业类	专业名称	培养目标	人才培养基本要求（业务方面）
法学	法学类	法学	1. 培养学生德法兼修，适应建设中国特色社会主义法治体系、建设社会主义法治国家的实际需要； 2. 培养学生德才兼备，具有扎实的专业理论基础和熟练的职业技能、合理的知识结构，具有依法执政、科学立法、依法行政、公正司法、高效高质量法律服务能力与创新创业能力； 3. 培养学生成为熟悉和坚持中国特色社会主义法治体系的复合型、职业型、创新型法治人才及后备力量	1. 掌握法理学、宪法学、民法学、商法学、知识产权法、刑法学、民事诉讼法、刑事诉讼学等法学基础知识，根据不同专业方向，系统深入地掌握该方向的知识体系； 2. 深刻掌握法学学科的科学思维方法和研究方法，具备扎实的专业知识和广博的基础素养、求实创新的科学素养、公正品质、综合分析素养、法律意识和法律至上的法治精神；熟悉法律和相关业务； 3. 能将所学的基础理论与专业知识、良好的表达能力与社交能力以及计算机和信息技术应用能力运用到法学实践领域中； 4. 比较系统地掌握一门外语，掌握计算机软、硬件技术的基础知识，具备在本专业与相关领域的计算机应用能力，能够应用基本的数据库知识和文献检索； 5. 了解中国和相关国际法律、法学的理论前沿，把握法律实践的发展动态

续表

学科门类	专业类	专业名称	培养目标	人才培养基本要求（业务方面）
文学	中国语言文学类	汉语言文学	1. 培养学生掌握中国语言文学的基本知识，具有较强的文学感悟能力、文献典籍阅读能力、审美鉴评能力和运用母语进行书面及口语表达的能力；掌握1门以上外语，有计算机文字信息处理能力和人际沟通、交往能力； 2. 培养学生毕业后能够以专业优势在专业工作中发挥所长，可继续攻读研究生，也可在行政机关以及文化教育、传媒机构、对外交流等各类企事业单位工作	1. 掌握语言学的基础理论和基本知识； 2. 具有较强的汉语口头表达和写作能力，能讲比较标准的普通话，能规范地使用汉字； 3. 熟悉国家在汉语言文字及其传播和研究方面的政策和法规； 4. 了解中国语言学领域的理论前沿及发展动态，具有较宽的文化视野； 5. 具有不断获取新知识的能力以及一定的科学研究和实际工作能力，具有一定的批判性思维
		汉语国际教育		
	外国语言文学类	英语	1. 培养学生具有良好的综合素质、扎实的外语基本功、专业知识与能力； 2. 培养学生掌握英语、日语专业知识，成为适应我国对外交流、国家与地方社会发展、各类涉外行业、外语教育与学术研究需要的各外语语种专业人才和复合型人才	1. 掌握英语、日语语言文学方面的基本知识，能较为熟练地听说读写译； 2. 具有熟练运用英语、日语与海外人士进行口头语、书面交流及跨文化交际的能力； 3. 熟悉我国在外交、外事、教育、经贸、文化交流等方面的方针、政策和法规； 4. 具有良好的思想道德品质、较强的法治观念和诚信意识，具有较高的文化素养和文学艺术修养、较强的跨文化交际意识； 5. 具有求实创新精神、健康的体魄和健全的心理素质
		日语		
	新闻传播学类	新闻学	1. 培养学生具有坚定正确的政治方向，以国家政治、经济和文化建设发展需求为工作的基本原则； 2. 培养学生坚持马克思主义新闻观，坚持正确政治立场和方向，成为具有全媒体新闻传播知识和能力的应用型人才； 3. 培养学生成为具有全球视野和跨文化传播能力的国际新闻传播人才	1. 具有清晰的新闻从业者的角色认知，具备积极乐观、竞争协作的良好个性，掌握新闻传播的基本知识和能力； 2. 具备与新闻传播学类工作相适应的理论学习能力，并掌握持续学习的方法； 3. 具备与新闻传播实践的发展变化相适应的业务动手能力和实践创新能力（新闻采访、写作、编辑、评论、摄影、广告策划、制作、发布）； 4. 具备良好的语言文字表达能力与沟通能力； 5. 具有良好的职业道德、崇高的专业理想和创业意识
		广告学		

（二）经管类专业培养目标及基本要求

表 3.2.2　经管类专业培养目标及基本要求

学科门类	专业类	专业名称	培养目标	人才培养基本要求（业务方面）
经济学	金融学类	金融学	1. 培养学生热爱祖国，维护社会主义制度；遵纪守法，具备健全人格、良好心理素质与合作精神； 2. 培养学生具备创新精神、创业意识和创新创业能力； 3. 培养学生系统掌握经济学、金融学、贸易运行等专业知识和相关技能，将来能够满足金融机构、政府部门和企事业单位用人要求，从事管理、实际业务、调研和宣传策划工作，或者具备在国内外教科研机构继续攻读更高等级学位的资格条件	1. 掌握经济学基本理论、知识和方法； 2. 能够运用数学、统计学、计量经济学等方法对现实金融问题进行分析和研究； 3. 具有较强的学习、写作、语言表达、人际沟通和跨文化交流以及应用计算机和信息技术的基本能力； 4. 熟悉国家经济领域和金融领域的方针、政策和法规； 5. 了解经济学、金融学理论前沿和发展动态，了解中国经济发展与改革需要解决的重大问题； 6. 具备从事经济领域相关工作能力，具备一定的批判性思维能力，具有良好的品德操行、人文修养、职业道德和社会责任感，具有较强的社会适应能力和优秀的综合素质
	经济与贸易类	国际经济与贸易		
	经济学类	数字经济		
管理学	工商管理类	工商管理	1. 培养学生践行社会主义核心价值观，具有社会责任感、公共意识和创新精神，适应国家经济建设需要，具有人文精神和科学素养，掌握现代经济管理理论及管理办法； 2. 培养学生具有国际视野、本土情怀、创新意识、团队精神和沟通技能，成为能够在企事业单位、行政部门等机构从事经济管理工作的应用型、复合型、创新型人才	1. 具有良好的道德修养和社会责任感、积极向上的人生理想、符合社会进步要求的价值观念和爱国主义崇高情感； 2. 熟练掌握数学、统计学、经济学等基础学科的理论和方法，掌握管理学、组织行为学、会计学、财务管理学、市场营销学等工商管理类专业理论知识与方法，了解本学科的理论前沿及发展动态； 3. 能够运用科学的方法，通过课堂、文献、网络、实习实践等渠道获取知识并建构自己的知识体系，能够运用管理学理论和方法分析并解决理论与实践问题，具有较强的组织沟通能力与探索性、批判性思维能力
		市场营销		
		会计学		
		人力资源管理		
		文化产业管理		

续表

学科门类	专业类	专业名称	培养目标	人才培养基本要求（业务方面）
管理学	公共管理类	健康服务与管理	1. 培养学生德智体美劳全面发展，掌握现代公共管理理论、方法和技术，能运用本学科的基础理论、专门知识和专业技能； 2. 培养学生具备公共意识、公共精神、公共责任，具有创新精神、创业意识和创新创业能力，能适应"健康中国"发展战略需要，毕业后成为能在医疗卫生机构、社区卫生服务机构、健康养老机构、健康管理机构、健康咨询机构、智慧健康机构、商业保险公司等企事业单位从事健康服务与管理工作的复合型应用型人才	1. 热爱祖国，拥护中国共产党的领导，掌握中国特色社会主义理论体系，树立正确的世界观、人生观、价值观； 2. 系统掌握以管理学、医学为基础的健康服务与管理理论、知识和技能，具备健康监测、健康风险评估、健康行为干预、健康数据处理与分析的能力； 3. 具备健康问题识别、健康风险评估、健康教育和初步健康干预的能力； 4. 具备熟练利用计算机、外语等工具进行文献检索、资料收集和数据处理，并运用信息技术进行专业实践的能力； 5. 具有良好的专业素质，能够掌握本专业的思维方法和研究方法，具备良好的人文素养，具有健康的体魄和良好的心理
	旅游管理类	会展经济与管理	1. 培养学生德智体美劳全面发展，系统掌握会展基本理论，了解国际会展项目营运流程，熟悉会展经济规律与产业发展动态； 2. 培养学生具备较强的沟通能力与文档写作能力，能够熟练运用所学知识与技能，能够在国际会展企业、科研事业单位及政府管理部门等从事展览、旅游、会议管理、大型活动组织以及教学、科研等方面工作	1. 具有良好的思想品德、社会公德和职业道德，具有爱岗敬业、艰苦奋斗、热爱劳动、遵纪守法、团结合作的品质； 2. 掌握经济学、管理学、旅游学、会展经济与管理的基本理论、基本知识和基本方法； 3. 了解会展学科的理论前沿和发展动态，了解会展领域的最新发展状况及国际会展活动的规则和惯例，了解中国会展业发展需要解决的重大问题； 4. 能够较好地运用经济学、管理学、旅游学等分析方法对现实会展经济管理问题进行分析研究

续表

学科门类	专业类	专业名称	培养目标	人才培养基本要求（业务方面）
管理学	图书情报与档案管理类	档案学	1. 培养学生热爱祖国，拥护中国共产党领导，拥护社会主义制度，遵纪守法，诚实守信，具有正确的职业价值观、良好的职业道德和学术道德，具有团队意识和合作精神； 2. 培养学生具备系统的档案学基础理论知识，掌握现代管理知识、先进信息技术和档案管理专业技能，成为能够在各级各类档案局、档案馆、党政军机关、企事业单位的档案部门、信息部门、文秘部门从事档案管理、文件管理、信息管理、综合办公工作的应用型人才	1. 掌握信息管理科学、特别是文件档案管理、信息管理的基本理论、基本知识； 2. 熟悉党和国家在信息资源管理、特别是文件档案管理方面的方针、政策和法律法规； 3. 了解国内外信息资源管理、档案学的理论前沿和应用前景，了解文件档案工作的发展动态和行业需求； 4. 具有和专业发展相适应的观察力、记忆力、注意力、理解力、分析力、想象力、自我认知能力和逻辑思维能力； 5. 具有很强的调查研究能力、综合分析能力、口头与书面表达能力、自控与应变能力； 6. 掌握现代管理的基本方法、文件档案管理专业技能和相应的信息技术应用方法

（三）工科类专业培养目标及基本要求

表 3.2.3　工科类专业培养目标及基本要求

学科门类	专业类	专业名称	培养目标	人才培养基本要求（业务方面）
工学	机械类	机械工程 机械电子工程 车辆工程	1. 培养学生德智体美劳全面发展，具有一定文化素养和良好的社会责任感，掌握必备的自然科学基础理论和专业知识； 2. 培养学生具备良好的学习能力、实践能力、专业能力和创新意识，成为能够在专业领域和相关交叉领域内从事设计制造、技术开发、工程应用、生产管理、技术服务等工作的应用型人才	1. 掌握从事机械类工作所需的数学、力学、电工电子学等相关的自然科学知识以及一定的企业管理知识； 2. 掌握工程制图、工程力学、计算、测试、绘图、建模等方法，并具备一定的综合运用知识分析和解决工程实践中遇到问题的能力； 3. 具有较强的创新意识和对机械类工业新产品、新工艺、新技术和新设备进行研究、开发和设计的初步能力； 4. 具有较好的人文社会科学素养、较强的社会责任感、语言文字表达能力、团队合作精神、组织管理能力和良好的工程职业道德； 5. 具有大工程观，正确认识机械类工程知识对于客观世界和社会的影响，形成可持续发展的意识； 6. 具有终身教育的意识和继续学习的能力

续表

学科门类	专业类	专业名称	培养目标	人才培养基本要求（业务方面）
工学	材料类	新能源材料与器件	1. 培养学生德智体美劳全面发展，具有终身学习意识，能够运用现代信息技术获取相关信息和新技术、新知识，持续提高自己的能力； 2. 培养学生系统掌握本专业基本理论与研究方法，具备新能源材料化学、物理及器件相关知识和技术能力，在能量存储与转换方面有扎实知识和实验技能；能在新能源科学与技术及相关领域从事生产、设计、教学及经营管理工作	1. 掌握材料科学基础、新能源材料制备和加工、新能源器件构建、材料结构与性能测定、器件性能分析等基础知识、基本原理、基本实验技能； 2. 能够应用数学、化学、物理和材料学等自然科学和工程科学基本原理，识别、表达并分析新能源材料与器件领域复杂工程问题； 3. 能够科学完整表述本专业相关复杂问题的设计或解决方案，设计满足特定需求的新能源材料、制备工艺和器件组装流程，具有创新意识； 4. 能运用英语，针对本专业复杂科学和工程问题进行文献检索、资料查询和分析； 5. 能够基于新能源材料与工程相关背景知识进行合理分析，评价专业工程实践和复杂工程问题的解决方案对社会、健康、安全、法律及文化的影响，并理解应承担的责任； 6. 能够理解和评价针对新能源科学与工程领域复杂工程问题的专业工程实践对环境、社会可持续发展的影响； 7. 具有人文社会科学素养、社会责任感，能够在工程实践中理解并遵守职业道德和规范，履行责任； 8. 能够就本专业工程问题与业界同行及社会公众进行有效沟通和交流，如撰写报告、制作PPT、发言等； 9. 理解并掌握新能源管理原理与经济决策方法，并在多学科环境中应用； 10. 具有自主学习和终身学习的意识，有不断学习和适应发展的能力

续表

学科门类	专业类	专业名称	培养目标	人才培养基本要求（业务方面）
工学	电气类	电气工程及其自动化 电气工程与智能控制	1. 培养学生德智体美劳全面发展，具备创新精神、较强的工程技术管理能力，能够进行团队合作，并发挥有效作用，具备终身学习能力、知识更新与自我完善能力，能适应社会与环境的可持续发展要求。 2. 培养学生具有工科基础理论知识和以电能生产、传输与利用为核心的相关专业知识，并且能利用所学知识解决工程问题和构建工程系统，能够从事电气工程及其自动化相关领域的软硬件研究、应用开发、系统集成和设备维护等方面工作	1. 具有良好的人文社会科学素养，具有社会责任感和工程职业道德；具有从事电气类专业所需的数学、自然科学以及经济学和管理学知识； 2. 掌握电气工程基础理论和专业知识，具有较系统的工程实践学习经历； 3. 具备设计和实施工程实验的能力，能够对实验结果进行分析处理； 4. 掌握文献检索、资料查询和运用现代信息技术获取相关信息的基本方法； 5. 了解电气类专业相关行业的生产、设计、研究与开发、环境保护和可持续发展等方面的方针、政策、法律、法规； 6. 具有追求创新的态度和意识，具有综合运用理论与技术手段设计系统和过程的能力，设计过程中能够综合考虑经济、环境、法律、安全、健康、伦理等制约因素； 7. 具有一定的组织管理能力、表达能力和人际交往能力以及在团队中发挥作用的能力； 8. 对终身学习有正确的认识，具有不断学习和适应发展的能力； 9. 掌握1门外语，具有国际视野和跨文化交流、竞争与合作能力

续表

学科门类	专业类	专业名称	培养目标	人才培养基本要求（业务方面）
工学	电子信息类	通信工程	1. 培养学生适应区域社会与经济发展需要，具有道德文化素养、社会责任感、创新精神和创业意识，掌握必备的自然科学基础知识和相应的专业基本理论知识、基本技能和基本实验技术； 2. 培养学生具备良好的学习能力、动手实践能力和一定的创新创业能力，身心健康，可从事电子信息及相关领域中系统、设备和器件的设计、开发、制造、应用、维护、管理等工作	1. 具有在电子信息领域从事科学研究、工程开发与设计所需要的自然科学基础知识； 2. 掌握电子信息类相关的基本理论与技术，具有基本的计算机理论、应用与开发能力，具有系统的与电子信息类专业相关的工程实践活动与科研训练经历，了解生产工艺、设备与制造系统，了解电子信息类专业的发展现状和趋势； 3. 能够熟练使用常用电子仪器仪表，初步具备设计与实施电子信息领域工程实验的能力，并能够对实验结果进行分析，具有分析、提出方案并解决电子信息领域理论或工程实际问题的基本能力，可参与相关系统的设计、运行与维护； 4. 具有创新精神和创业意识，掌握基本的创新创业方法，具备电子信息领域综合类实践、实验独立设计、分析和调试能力以及进行产品开发与设计、技术改造与创新、工程设计与分析等解决实际工程问题的能力； 5. 掌握文献检索、资料查询与运用现代信息技术获取相关信息的基本方法，具备科技论文写作基本能力； 6. 了解与电子信息类专业相关行业的生产、设计、研究、开发、环境保护和可持续发展等方面的技术标准、方针、政策、法律、法规以及经济管理知识，能正确认识电子信息技术对客观世界和社会的影响，具有良好的质量、安全、效益、环保、职业健康和服务意识； 7. 具有一定的组织管理能力、表达能力和人际交往能力以及良好的团队协作精神； 8. 掌握1门外语、能阅读本专业外文资料，具有一定的国际视野和跨文化交流与合作能力； 9. 养成良好的学习习惯，对终身学习有正确的认识，具有不断学习和适应发展的能力
		微电子科学与工程		
		光电信息科学与工程		
		信息工程		
		电子信息科学与技术		
		人工智能		
		智能测控工程		

续表

学科门类	专业类	专业名称	培养目标	人才培养基本要求（业务方面）
工学	计算机类	计算机科学与技术 物联网工程	1. 培养学生具有良好的道德与修养，遵守法律法规，具有社会和环境意识； 2. 培养学生掌握自然科学基础知识以及与计算系统相关的基本理论、基本知识、基本技能和基本方法，具备包括计算思维在内的科学思维能力和设计计算解决方案、实现基于计算原理的系统的能力，能清晰表达，在团队中有效发挥作用，综合素质好，具备终身学习和不断拓展自己的能力； 3. 培养学生了解和紧跟学科专业发展动态，成为能在计算系统研究、开发、部署与应用等相关领域从事工作的高素质专业应用型人才	1. 掌握从事本专业工作所需要的数学（特别是离散数学）及经济学与管理学知识； 2. 系统掌握专业基础理论知识和专业知识，经历系统的专业实践，理解计算学科的基本概念、知识结构、典型方法，建立数字化、算法、模块化与层次化等核心专业意识； 3. 掌握计算学科的基本思维方法和研究方法，具有良好的科学素养和强烈的工程意识、研究探索意识，并具备综合运用掌握的知识、方法和技术解决复杂的实际问题及对结果进行分析的能力； 4. 具有终身学习意识，能够运用现代信息技术获取相关信息和新技术、新知识，持续提高自己的能力； 5. 了解计算机科学的发展现状和趋势，具有创新意识，并具有技术创新和产品创新的初步能力； 6. 了解与本专业相关的职业和行业的重要法律、法规及方针与政策，理解工程技术与信息技术应用相关的伦理基本要求，在系统设计过程中能够综合考虑经济、环境、法律、安全、健康、伦理等制约因素，评估各种因素的影响； 7. 具有组织管理能力、表达能力、独立工作能力、人际交往能力和团队合作能力； 8. 具有初步的外语应用能力，能阅读本专业的外文资料，具有国际视野和跨文化交流、竞争与合作的能力
	土木类	智能建造	1. 培养学生具备良好审美能力、人文素养与职业道德，具有扎实的自然科学基础、系统的土木交通类专业知识； 2. 培养学生具备优秀的工程实践能力，了解未来技术和产业发展趋势，能从事国家基础设施的智能建造与智慧运维及相关领域的规划与设计、建造与施工、管理与运维等工作	1. 具有良好的思想品德、社会公德和职业道德，具有爱岗敬业、艰苦奋斗、热爱劳动、遵纪守法、团结合作的品质； 2. 具备综合应用信息和工程科学的基本原理与方法，熟练应用现代工具，能够应用相关知识和理论，分析和解决智能建造、建筑工业化及传统土木工程领域的工程问题以及信息技术与传统工程技术融合应用等复杂工程问题；能够综合考量工程设计、施工、运营与管理等工作中的技术与非技术问题； 3. 具有良好的表达与交流能力，正确的劳动观和劳动意识，尊重劳动、热爱劳动的基本素养

（四）艺术类专业培养目标及基本要求

表 3.2.4　艺术类专业培养目标及基本要求

学科门类	专业类	专业名称	培养目标	人才培养基本要求（业务方面）
艺术学	音乐与舞蹈学类	航空服务艺术与管理	1. 培养学生具有较高思想政治素质、文化艺术素质、良好形象气质和职业素养，掌握艺术学、航空服务学和管理学的基础理论和基本知识； 2. 培养学生了解航空行业有关政策和法规，熟悉国内外航空服务业务流程和要求，掌握航空服务和管理的基本技能； 3. 培养学生具备较高外语水平（特别是航空服务类专业术语）、沟通协调能力和灵活应变能力、良好的服务意识，成为能在航空业从事航空服务与管理的高端应用型人才	1. 具有良好的道德情操和职业素养，能够强有力地执行与贯彻党的政策方针，紧跟民航业改革发展的步伐，具有正确的三观、法治意识和安全意识； 2. 拥有健康的体魄，具备良好的礼仪形象和艺术气质，熟悉各地区风俗和礼仪文化，能够胜任国际化高端航空服务业的相关工作； 3. 掌握航空服务学、艺术学及管理学的基础理论、专门知识与专业技能，把握行业发展动向，胜任航空企业管理工作； 4. 具有良好的沟通能力、协调能力和应变能力，具备团队协作精神和团队合作能力，有优秀的服务意识； 5. 具有全球化意识和国际视野，有较好的外语水平，拥有自主的、终身的学习能力，能够适应国内外航空服务业形势与环境，实现自身综合能力与专业水平的持续提升
	戏剧与影视学类	播音与主持艺术	1. 培养学生热爱祖国，拥护中国共产党的领导，自觉践行社会主义核心价值观，牢固树立正确的世界观、人生观，养成良好的道德品格、健全的职业人格、强烈的社会职业认同感，具有服务于建设社会主义文化国家的责任感和使命感； 2. 培养学生能够从事广播电视节目编导、纪录片导演、频道与栏目策划、节目采访制作，以及在广播、电视、网络等传媒机构从事播音与主持及其他语言传播工作	1. 拥有良好的道德品质、树立正确的三观，自觉践行社会主义核心价值观，具备强烈的服务社会意识、责任意识及创新意识，具备自觉的法律意识、诚信意识、团队合作精神，具有开阔的国际视野和敏锐的时代意识，有良好的表达能力、沟通能力及协同能力，有较高的人文素养、审美能力和严谨务实的科学作风； 2. 系统掌握广播电视艺术学的基本理论，了解广播电视传播的理论和技术发展最新动态，掌握广播电视专业的思维方法和研究方法； 3. 掌握采、写、编、摄、评、说、播基本技能，掌握广播电视节目的创作方法和制作技巧，能运用广播电视艺术学的理论和方法进行编导与播音主持创作

续表

学科门类	专业类	专业名称	培养目标	人才培养基本要求（业务方面）
艺术学	设计学类	视觉传达设计 环境设计 产品设计 公共艺术 数字媒体艺术	1. 培养学生具有强烈的责任意识、科学精神、领先的审美判断、系统的专业知识； 2. 培养学生掌握相应的设计思维、表达、沟通和管理技能，能从事设计研发、推动专业发展、承担教育、相关研究工作； 3. 培养学生具备自主创业能力，成为适应我国社会主义现代化建设需要的高层次、应用型艺术设计专门人才	1. 拥有良好的道德品质、树立正确的三观，自觉践行社会主义核心价值观，具备强烈的服务社会意识、责任意识及创新意识，具备自觉的法律意识、诚信意识、团队合作精神，具有开阔的国际视野和敏锐的时代意识，有良好的表达能力和沟通能力及协同能力，有较高的人文素养、审美能力和严谨务实的科学作风； 2. 系统掌握设计学的基础核心知识及本专业核心知识，了解设计学研究对象的基本特征和国内外设计学界最重要的理论前沿、研究动态，以及设计学基本的研究方法，能够运用艺术、人文社会科学的理论与方法观察和认识设计问题，具备一定的哲学思辨能力和文学素养，对相关自然科学、工程技术的基本知识有所了解； 3. 了解设计学专业领域的基本理论与方法，并掌握一定的创新创业基础技能，掌握设计创意、表达、沟通、加工的基本方法，掌握文献检索、设计调查、数据分析等基本技能及研究报告、论文撰写基本规范，能够基本胜任本专业领域内一定的设计项目策划、创意、组织及实施，具备相应的外语、计算机操作、网络检索能力，具备制作图形、制作模型、制订方案、运用文献、数字媒体以及语言手段进行设计沟通及学术交流的能力，以及参与社会性传播、普及与应用设计知识的能力

(五) 理学类专业培养目标及基本要求

表 3.2.5　心理学类专业培养目标及基本要求

学科门类	专业类	专业名称	培养目标	人才培养基本要求（业务方面）
理学	心理学类	应用心理学	1. 培养学生具有科学精神、人文素养和社会责任感，具备基本的心理学理论和专业知识，了解研究方法； 2. 培养学生掌握1门外语，能在指导下阅读外文专业文献； 3. 培养学生具备基本的专业写作和交流能力，能在指导下开展研究和应用工作，成为能胜任有关心理学的初级培训、教学工作的高素质专门人才	1. 系统掌握心理学基础知识和基本理论； 2. 掌握心理学研究的实证以及相关的统计、测量技术，掌握心理学实验研究设计、分析方法以及查阅、理解和写作专业文献的方法； 3. 掌握必要的信息技术、能够快速获取、加工和应用国际心理学领域及相关领域的最新信息； 4. 具有国际视野和跨文化交流、竞争与合作能力，具有一定的创新意识和批判思维能力； 5. 初步具备自主学习、自我发展的能力，能够适应科学、经济和社会发展对心理学人才的需求

三、课程体系

任何教育过程都涉及知识、技能、能力、态度或情感等方面的因素，都指向"教什么"的问题。课程即有计划的教学活动，把有计划的教学内容通过教学设计组合到一起，对学生进行知识传承、情感熏陶、能力提升，启发学生对知识进行系统学习和深度思考，并在此基础上进行新知识的孕育和创新。课程体系对上承应培养目标，支撑毕业要求，对下指导教学活动组织与实施，是人才培养方案的核心组成部分，它包括课程平台、课程性质、学分要求、开设学期、教学方式、考核方式等内容，是人才培养方案制定或修订中的"重中之重"。

苏州城市学院课程设置以应用型办学为定位，以立德树人为指导思想，以学生为中心，以构建"价值导向、能力培养、知识传授"三位一体人才培养体系为目标，采用模块化课程结构体系，由通识教育课程模块、专项基础课程模块、专业教育课程模块构成（表3.2.6）。

表 3.2.6　模块化课程结构体系

课程类别		课程性质
通识教育课程	通识必修课	必修
	通识选修课	选修
专项基础课程		必修
专业教育课程	专业必修课	必修
	专业选修课	选修

以苏州城市学院 2024 级人才培养方案为例：

（一）通识教育课程

通识教育课程包括通识必修课及通识选修课。通识必修课主要指思政类、美育类、体育类、劳育类课程；通识选修课包含六大类通识课（表 3.2.7）和跨专业选修课，旨在夯实学生的基础知识，加强科学精神与人文精神的融合，培养学生的认知能力、思考能力、批判性思维能力，在对学生的价值引导、心智培育、人格健全等方面发挥重要作用。

表 3.2.7　通识教育课程平台

模块	类别	科目
通识教育课程	通识必修课	思政类
		美育类
		体育类
		劳育类
	通识选修课	文史经典与文化传承类
		哲学智慧与批判思维类
		科学探索与技术创新类
		生命健康与生态环境类
		艺术创作与审美体验类
		学会学习与快乐生活类
		跨专业选修课

1. 通识必修课

进入新时代以来，德智体美劳全面发展已成为新时代高等教育基本方针，自 2020 年起，学校高度重视"五育并举"，把思想政治教育、体育、美育、劳动教育纳入通识教育课的必修课中，开齐开全思政课、体育课、美育课、劳育课"四育"课程，突出德育实效，提升智育水平，强化体育锻炼，增强美育熏陶，加强劳动教育，培养学生德智体美劳全面发展，成长为新时代中国特色社会主义事业的建设者和接班人。

2. 通识选修课

通识选修课包含两个部分，第一部分是通识通选课程。具体可在人才培养方案的《苏州城市学院通识教育选修课程开设一览表》查看，通识通选课程包括文史经典与文化传承类、哲学智慧与批判思维类、科学探索与技术创新类、生命健康与生态环境类、艺术创作与审美体验类、学会学习与快乐生活类六大类，表 3.2.8 列出了一些代表性课程。通识通选课程主要以"全人"教育为目标，通过跨学科的体系设计，让学生从经典中理解人类的历史与成就，汲取大师的思想与智慧，继承人类遗产中的人文精神与科学精神，拓宽知识基础，培养学生跨领域、多角度思考问题的能力，批判性思维能力，包容性理解能力以及综合运用多学科知识解决现实社会问题的能力。

表 3.2.8 苏州城市学院部分通识通选课程开设一览表

课程类型	代表性课程	学分	开课学期
文史经典与文化传承类	中国民间艺术的奇妙之旅；书法；趣味手工印染；唐诗宋词与人生	2	每学期
哲学智慧与批判思维类	说理；科学思维与研究方法；谈判学；哲学导论；柏拉图的《理想国》	2	每学期
科学探索与技术创新类	物理漫谈；信息社会与人工智能；漫谈工程伦理；数字时代的文档管理	2	每学期
生命健康与生态环境类	环境与人口健康；健康与药物通识；应急救护；大学生恋爱与性健康	2	每学期
艺术创作与审美体验类	苏州非遗手作；服饰与社会；合唱指挥与欣赏；手工针织工作坊	2	每学期
学会学习与快乐生活类	大学论文写作；人格与人生现代社交与礼仪；户外探险与野外生存	2	每学期

通识通选课程教学除了本校名师教授外，还选聘一大批师德高尚、知识渊博、教学水平高的跨院校专家学者、优势行业企业管理者担任授课教师。教学以新生研讨课、讲座、主题论坛、读书报告会等多种形式开展，讲授内容淡化专业领域和知识分类，直面世界科技前沿和经济社会发展等问题，注重通识性和思想性，提倡思辨性和批判性，强调历史眼光和全球视野，彰显多元化、包容性和时代感，引导学生掌握获取知识的能力和方法，用联系和整体的方法论看问题，形成自己的判断力，并能主动陈述自己的观点和选择。

第二部分是跨专业选修课。跨专业选修课，顾名思义，是指选修其他专业的课程，所获学分可作为通识选修课学分。跨专业选修课注重引导学生加强文理交融、专业交叉融合，鼓励人文社科类专业学生选修自然科学类选修课程，理工科类专业学生选修人文素质类课程。学生参加国际交流学习并获得相应学分的课程，学生参加辅修、微专业学习并获得相应学分的课程，经学校认定的第二课堂开展的各类实践活动取得的学分，转专业学生在原专业修读且在新专业中不能进行课程替代的课程学分均可计入跨专业选修课学分。

（二）专项基础课程

专项基础课程包括军事类、职业生涯规划类、心理健康教育类、公共外语类、公共计算机类、公共数学类、公共物理类等课程。这些课程只有必修模块，每一位同学均要修读，相同门类专业原则上统一设课，旨在建立宽厚的学科底蕴，为学生后续课程奠定坚实基础。

（三）专业教育课程

专业教育课程包括专业必修课、专业选修课，旨在系统训练学生的专业素质，使学生掌握本专业的基本理论、知识与研究方法。

1. 专业必修课

专业必修课承担着专业人才培养的基础性任务，是专业课程体系的核心，应按照专业规范标准，体现专业素质培养的基本要求，覆盖专业知识体系中的基础内容。专业必修课含毕业实习和毕业设计（论文）环节，以及专业导论课（含新生研讨课）。

专业导论课在第一学期开设，合计1~2学分，列入专业必修课。主要为了使大学新生了解本专业的内涵特点、本专业与社会经济发展的关系、本专业未来发展趋势、本专业涉及的主要学科知识和课程体系、本专业人才培养基本要求等，帮助学生正确认识就读的专业，加深对所学专业的感情，激发学习本专业的自豪感，从而适应大学学习生活，激发学习动力。

2. 专业选修课

专业选修课强调专业前沿、交叉融合和专业建设特色，紧密对接学生的发展需要和行业的发展需求，旨在帮助学生进一步提升专业素养与实力，包含学术研究型、工程技术型（文科为综合应用型）等选修课程模块，供本专业学生根据自身兴趣及发展志向任意选修。

四、创新创业教育课程

创新创业教育课程是培养学生创新精神、创业意识和创新创业专业能力的重要载体。学校坚持创业教育与专业教育紧密结合，积极开设丰富、各具特色的创新创业教育课程，培养学生勇于创新、善于发现创业机会、敢于进行创业实践的能力。要求各专业开设1~2门创新创业类课程，课程模块和课程类型不限，在人才培养方案的备注栏中注明"创新创业课程"，推进创新创业教育与专业教育的深度融合。

创新创业教育课程主要由三个层次构成：第一层次，鼓励各专业根据专业特点自主开设有代表性的创新创业课程，并在课程设置表中标注"创新创业课程"，一般为旨在培养学生创新创业意识、激发学生创新创业动力的普及课程；第二层次，参照大学生学科竞赛榜单赛事，面向有一定科研基础，敢于面对各种学术挑战，善于利用自己的学科知识去解决问题的学生开设学科竞赛辅导，旨在帮助学生全面提升学科素养与技能，培养具有创新精神和实践能力的高素质创新型人才，如全国大学生电子设计大赛、全国大学生广告艺术大赛等；第三层次，面向有较强创新、创业意愿和潜质的学生开设大学生创新创业训练，旨在积极响应国家"大众创业，万众创新"的号召和教育部中国国际大学生创新大赛、"挑战杯"全国大学生课外学术科技作品竞赛、"挑战杯"中国大学生创业计划竞赛（暨"创青春"全国大学生创业大赛）三大赛展开的创新创业竞赛培训与指导，激发大学生兴趣与潜能，培养大学生创新意识、创意思维、创业能力以及团队协同实战精神，优秀的参赛项目还可以获得投资机会和孵化支持，为创业之路打下坚实的基础。

表 3.2.9 创新创业教育课程体系

课程模块	课程类别
创新创业课程	创新创业通识课
	创新创业专业课
学科竞赛	科技创新类
	学术作品类
	表达应试类
大学生创新创业训练	创新训练项目
	创业训练项目
	创业实践项目

五、课程思政

课程思政是贯穿人才培养方案的"精气神"。各专业要强化专业课程思政，在每一门课程中明确课程思政目标，有机融入思想政治教育元素，形成专业课教学与思政课教学紧密结合，专业育人目标与专业思政目标映射、同向同行的育人格局。在日常学习过程中，经常会听到课程思政这个词语，但什么是课程思政？为什么开展课程思政？怎么来学习课程思政？下文将一一介绍。

（一）什么是课程思政

课程思政就是深入挖掘各类课程内容中蕴含的思想政治教育资源，将思想政治教育理论知识、价值理念以及精神追求等融入到各门课程中去，潜移默化地对学生的思想意识、行为举止产生影响。通俗讲，就是任课教师在开展课程教学过程中，通过润物细无声的方式融入思政元素，让学生通过学习，掌握事物发展规律，通晓天下道理，丰富学识，增长见识，塑造品格，从而树立正确的人生观、价值观以及世界观，具备坚定的理想信念、深厚的爱国情怀、良好的品德修养、广博的科学文化知识和艰苦奋斗精神，更好地为中国特色社会主义事业培养合格的建设者和接班人。

（二）为什么开展课程思政

全面推进课程思政，就是要寓价值观引导于学校教育的知识传授和能力培养之中，帮助同学们塑造正确的人生观、价值观以及世界观，这是高校人才培养的应有之义。开展课程思政，才能落实立德树人根本任务。只有通过课程思政，才能引导和教育学生认清当今世界发展形势，正确认识新时代中国发展趋势；才能增强学生对中国特色社会主义的信念和实现中华民族伟大复兴中国梦的信心，从而促使学生勇于担当时代责任和历史使命；才能培养出社会主义建设者和接班人。因此说，课程思政效果影响甚至决定着接班人问题，影响甚至决定着国家长治久安，影响甚至决定着民族复兴和国家崛起。

（三）课程思政主要内容

课程思政的主要内容（图 3.2.1）包括：

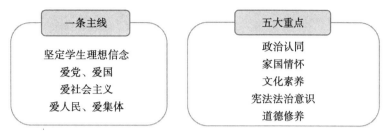

图 3.2.1 课程思政的主线和重点

第一，推进习近平新时代中国特色社会主义思想进教材、进课堂、进头脑。坚持不懈用习近平新时代中国特色社会主义思想铸魂育人，引导同学们了解世情、国情、党情、民情，增强对党的创新理论的政治认同、思想认同、情感认同，坚定中国特色社会主义道路自信、理论自信、制度自信、文化自信。

第二，培育和践行社会主义核心价值观。教育引导同学们把国家、社会、公民的价值要求融为一体，提高个人的爱国、敬业、诚信、友善修养，自觉把小我融入大我，不断追求国家的富强、民主、文明、和谐和社会的自由、平等、公正、法治，将社会主义核心价值观内化为精神追求、外化为自觉行动。

第三，加强中华优秀传统文化教育。大力弘扬以爱国主义为核心的民族精神和以改革创新为核心的时代精神，教育引导同学们深刻理解中华优秀传统文化中讲仁爱、重民本、守诚信、崇正义、尚和合、求大同的思想精华和时代价值，教育引导同学们传承中华文脉，富有中国心、饱含中国情、充满中国味。

第四，深入开展宪法法治教育。教育引导同学们学思践悟习近平全面依法治国新理念新思想新战略，牢固树立法治观念，坚定走中国特色社会主义法治道路的理想和信念，深化对法治理念、法治原则、重要法律概念的认知，提高运用法治思维和法治方式维护自身权利、参与社会公共事务、化解矛盾纠纷的意识和能力。

第五，深化职业理想和职业道德教育。教育引导同学们深刻理解并自觉实践各行业的职业精神和职业规范，增强职业责任感，培养遵纪守法、爱岗敬业、无私奉献、诚实守信、公道办事、开拓创新的职业品格和行为习惯。

面对如此宏大的主题和内容，同学们可能会问，学校教育教学中采用哪些具体的方式来体现思政内容呢？课程思政对于学好专业知识有什么作用呢？下面讲述学校是怎么进行课程思政教育的。

（四）课程思政主要途径

课程思政育人工作是一项长期性、系统性工程，不可能一蹴而就，需要久久为功，细水长流。为此，学校整合调动校内外一切育人因素，发掘校内外一切育人资源，为学生打造全方位、立体式的育人时空，从而实现全员、全过程、全方位育人的"三全育人"格局（图 3.2.2）。

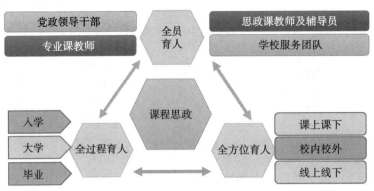

图 3.2.2　苏州城市学院"三全育人"格局

1. 全员育人

（1）党政领导干部。

学校党政领导干部走上讲台倾力讲授思政课，每学期党政一把手都走进思政课堂，带头上好"形势与政策""开学第一课"；同时担任"第一班主任"，把教书育人、立德树人责任落到实处。

（2）思政课教师及辅导员。

思政课教师及辅导员、班主任等是开展大学生思想政治教育的骨干力量。学校为每个班级配备辅导员、班主任，积极回应学生在学习生活中的合理诉求，在关心、帮助、服务中教育学生、引导学生，提升育人成效。

（3）专业课教师。

大学生 80% 以上的课堂学习是专业课学习，专业课教师是大学生学习生活中的密切接触者和重要影响者。专业课教师积极投身思想政治教育第一线，在各门课程中深度挖掘思政资源，形成处处有思政、实施有思政的圈层效应。

（4）学校服务团队。

学校建立"学生事务服务大厅"，实现"一事通办""最多跑一次"；推进学生社区综合管理模式，推进公共服务一站式办理，全面服务于"教、学、研、服、管"需求；完善"线上+线下"学生民主议校工作体系等。通过不断完善管理服务能力，让学校服务团队切实扛起育人职责。

2. 全过程育人

（1）做好入学教育，实现有效领航。

新生入学教育是大学教育的起点，是大学生涯的第一课，在学生成长成才的过程中发挥着"领航"作用。学校党委书记和校长讲授"大学第一课"，引导学生融入大学生活，树立远大志向。如 2022 年，校党委书记芮国强以"答好青春'试卷'，做新时代好青年"为题给 2022 级新生讲授"开学第一课"；校长赵志宏以"认识苏州、走进城院、新生寄语"为题，用丰富的诗句和苏州故事带领新生们进一步认识苏州、认识学校，进而热爱苏州、热爱学校，助力学生成长成才。2023 年，校党委书记芮国强以"学习习近平新时代中国特色社会主义思想,立志做新时代好青年"为题,为2023级新生讲授"开学第一课",帮助新生扣好大学生涯的"第一粒扣子";校长赵志宏继续以"认识苏州、走进城院、新生寄语"引导新生厚植爱国情怀,激发奋进力量,以良好的精神面貌投入新学期的学习生活中。

(2)重视学业指导和综合能力培养,实现有效导航。

大一年级是同学们进入大学生活的身心调适期,这一阶段主要是适应大学环境,逐渐形成对所学专业的认识以及为后续专业学习巩固基础知识。大二和大三年级是大学生学业能力和综合素质培养的关键时期,这一阶段学校主要围绕增长知识见识来开展专业知识学习和各类实践活动,严抓教育教学质量,重视学生习惯的养成,引导学生沿着求真理、悟道理、明事理的方向前进。

(3)严格毕业离校教育,实现有效启航。

毕业季是大学生由校园迈向社会的关键期,加强大学生毕业教育是学校全过程育人的最后一环,也是课程思政教育的重要组成部分。学校在毕业季会围绕职业发展和就业指导、理想信念教育、心理健康教育、感恩诚信教育、安全法治教育等主题进行毕业离校"大思政课",鼓励学生到祖国最需要的地方去建功立业。努力打通大学生离校前的"最后一公里",有效助力大学生尽快融入社会,扬帆起航。

3. 全方位育人

(1)课上课下。

第一课堂教学是进行课程思政教育的主渠道。除了思政课外,在通识教育课程、专业教育课程等模块都把课程思政元素纳入教学目标设计、教学过程实施以及教学评价环节中。学校还高度重视第二课堂建设和实践育人,目前拥有体育运动、传统文化、科技创新、志愿服务等各类社团70余个,注册在籍社员5 500余人,每年开展各类社团活动300余场,为学生参与第二课堂活动创造更多的机会和舞台。用好"文正大讲坛"等各类平台,探索实施"名家进课堂",推进"大家精品进校园",广泛邀请音乐、舞蹈、戏剧(戏曲)、美术、书法(篆刻)、影视等艺术大家,科技、教育、文化、体育、管理等各领域有较大影响的名家,开展讲座和各类交流活动,唱响爱国主义主旋律,引领学生陶冶高尚的道德情操,传承和弘扬优秀传统文化。

(2)校内校外。

当今大学生与社会联系越来越紧密,高校育人更是离不开社会大环境的支持与参与。学校积极利用苏州市优质育人资源,联合苏州团市委、苏州市新媒体联合会推出"苏城融入行动",以"触摸奋斗之脉,感受城市之魅,坚定前行之路"为目标,旨在让学校学生了解苏州、爱上苏州、融入苏州,以拼搏的精神、奋斗的姿态和远大的目标开启自己的大学生涯,成就美好人生、助力苏州发展、勇担复兴大任;紧密联系社会现实,推进以"苏州三大法宝"为典型的有关苏州改革发展"思政文化",引导学生在关注社会中感悟真理思想、坚定理想信念。此外,优秀校友的榜样示范作用也是优质的育人资源,学校通过聘请优秀校友担任兼职教师、邀请他们回母校开展讲座等形式，为年轻一代的学弟学妹们讲述优秀校友成长成才的励志故事，充分发挥榜样作用。

(3) 线上线下。

当代大学生是"网络原住民"，做好大学生思想政治教育工作，必须充分利用好网络端。教学上，融合"互联网+"思维，引进"超星""中国大学慕课""高等教育智慧平台"等网络教学平台，鼓励教师把线上课程资源应用于课堂教学，并通过线上线下相结合的方式，对传统课堂进行翻转。宣传上，学校重视加强与地方重要媒体（苏州广播电视总台、《苏州日报》、引力播）的沟通合作，与各级媒体单位建立良好的互动关系，扩大学校的影响力和美誉度。构建学生新媒体矩阵，严格把关新媒体宣传内容，引领学生创作传播主题鲜明、内容丰富、形式新颖、创意独特的融媒体文化产品。

六、人才培养方案特点分析

(一) 立德树人贯穿学生培养全过程

学校围绕立德树人根本任务，把课程思政融入到思想道德教育、文化知识教育、社会实践和创新创业教育各环节，结合理论与实践、课内与课外、校内与校外多方资源平台，形成全员、全程、全方位育人体系，引导学生在理想信念和价值取向上有更高的追求，成为德智体美劳全面发展的社会主义事业建设者和接班人。

(二) 培养方案结构灵活，学生选择可塑性大

在完全学分制管理体制下，打破专业设置和学生修业年限的限制，鼓励学生按学分选课，学生课程菜单化，一人一课表。人才培养方案中课程模块多样，除了必修课程模块，学生可根据兴趣与爱好，结合专业特色、创新实践需求自主选择修读其他课程模块，设计个性化人才培养方案，达到满足的学分要求即可。

(三) 课程设置模块化，突出实践性和应用性

人才培养方案打破以学科知识为核心设计的课程模块，每一模块课程都是理论性课程与实践性课程相互融合，交叉进行，最大限度将学生学习的理论知识与实践练习相互结合，着重培养学生综合运用知识的能力，凸显应用型导向人才的培养目标。成果导向教育（OBE）理念贯穿学生发展全过程。先确定专业培养目标，再创设多种课程平台，围绕培养目标和毕业要求指标点设计教案，加强课程之间的整体联动，以促进学生掌握知识的深度、广度，让学生尽可能学得多、学得深、学得实用。

(四) 重视实践教学环节，深度开展校企合作

重视实践，将实践融入人才培养环节，提供实践性强的教育，注重从应用角度探讨实际问题的解决方案。聘请专业对口领域内行业企业高管、市场部经理、高级工程师、研发人员作为兼职教师参与授课，采用项目教学、方案教学、工程实习、实验教学以及专业技术实习等课程实施方式，介绍最新专业技术、企业的真实案例、产品的营销方案，并把当前企业公司的技术发展情况、面临的市场挑战以及新产品研发的动向传授给学生，指导学生的实践练习与专业实习，有效保证学生及时把握当前本专

业、本领域发展的最新动态,并提供有针对性的技术指导,使教学直接服务于生产需要,最大限度地满足社会对于应用型人才的需求。

(五) 实施过程清晰,质量标准透明

专业人才培养方案实施过程公开透明,模块内容、实施过程及具体要求都体现在教学计划中,每个学生都可在学校网站上下载。专业人才培养方案对本专业具体的课程模块设置、学分要求、考试形式等作了具体规定,是实施教学活动的依据,也是学生的学习指南,明确规定了专业的常规学习时间、学生学习和考试成绩的认定、撰写毕业论文时间、考试科目、考试要求、考试程序等,每一模块有明确的质量要求与统一的质量标准,使培养人才的质量有保障。

第三节　应用型人才培养

习近平总书记在中国科学院第二十次院士大会、中国工程院第十五次院士大会、中国科协第十次全国代表大会上讲话："当今世界的竞争说到底是人才竞争、教育竞争……，要更加重视青年人才培养，努力造就一批具有世界影响力的顶尖科技人才，稳定支持一批创新团队，培育更多高素质技术技能人才、能工巧匠、大国工匠。"随着新一轮科技革命和产业变革的蓬勃发展，区域经济发展和产业转型升级对高层次、高素质、高质量的应用型专门人才需求日益加剧。什么是应用型人才？应用型人才具有哪些基本特征？如何构建行之有效的应用型人才培养体系？

应用型大学要立足区域优势、支柱产业和人才需求，着眼于培养学生的应用能力（即能够将所学知识快速转化成解决实际问题的能力），同时能够激活学生内在的融贯能力。苏州城市学院自办学以来坚持将应用型厚植于办学理念和师生内心，在学科建设、专业设置、科学研究、人才培养、国际交流与合作等各项工作中全方位凸显应用型的本色，整体推进又有所侧重地履行现代大学职能，精准把握应用型高校始终以"教学为中心，培养特色鲜明、适应社会需要的高素质应用型人才"为发展逻辑。

一、什么是应用型人才？

（一）内涵及分类

我国著名教育家、中国高等教育学科开拓者和奠基人潘懋元先生认为：应用型人才应具有扎实的理论基础和广泛的专业知识，实践能力强，综合素质高，并有较强的科技运用、推广、转换能力等。通俗一点理解就是，应用型人才主要承担着将学术研究的理论成果转化为具体的社会生产劳动实践，为人类社会创造具有使用价值的物质财富或非物质形态财富的责任。应用型人才按职业类型划分为工程应用型人才、技能应用型人才和技术应用型人才三大类。

（1）工程应用型人才是指将科学原理转化成可以直接运用于社会实践的工程设计、工作规划、运行决策等的人才。

（2）技能应用型人才是指在生产第一线或工作现场通过实际操作将图纸、计划、方案等转变成具体产品的人才。

（3）技术应用型人才是介于工程应用型人才和技能应用型人才之间的一种应用型人才类型，他们不是具体的操作者，而是从事组织生产、建设、服务等实践活动，诸如工艺水平的设计，工艺流程的监控，生产工具、机器、设备的运行与维护以及产品、服务的改进和更新等工作的技术服务者与管理服务者。

这一分类方法强调三类应用型人才的不同侧重点：工程应用型人才侧重于发展创新精神和创新意识，技能应用型人才侧重于发展实践能力，技术应用型人才侧重于发展复合能力，即既有创新精神、创新意识，又具备较强的实践能力。潘懋元先生指出:"地方本科院校的培养目标主要指向职业带中的技术员与工程师的交叉区域,它所从事的是技术教育与工程教育在本科教育层次上交叉部分的应用型教育(而非学科教育),主要培养能适应高科技应用和智能化控制与管理一线工作的本科层次的技术工程师、技术师、经济师、经理等应用型高级专门人才。"显然,据苏州城市学院的办学定位和办学层次,当以技术应用型人才培养为主。

(二)知识、能力、素质要求

知识、能力和素质是衡量人才培养成效的基本结构要素,科学划分技术应用型人才的知识、能力、素质结构要素是实施人才培养的前提和基础。湖南怀化学院宋克慧教授等人在《应用型人才的知识、能力、素质结构及其培养》一文中,针对知识、能力和素质结构要素给出了明确的划分(表3.3.1,有改动)。

表 3.3.1 应用型人才知识、能力、素质基本要求

类别	具体划分	具体体现
知识结构要素	专业基础知识	专业必修课
	专业发展知识	专业选修课
	工具性知识	专业基础课
	综合性知识	通识教育课
能力结构要素	公共能力	学习思考能力、价值判断能力、交流沟通能力、身心调适能力、信息处理能力
	专业能力	从事专门领域工作的基本实践能力
	发展能力	能胜任岗位需求并能帮助进行职业转换、迁移的能力
素质结构要素	基础通用素质	基本技能、思维能力、个人品质
	专业智能素质	在专门职业活动中将专业知识与专业能力内化的一种素质
	专业情意素质	专业兴趣、专业动机、专业情感、专业信念、专业责任感等
	综合素质	政治、思想、道德、身心、科学文化、审美、专业等素质的有机融合

结合上述认识,再结合苏州城市学院人才培养实际情况,可以认为技术应用型人才的知识、能力、素质结构要素要求如下:

(1)从知识层面看,技术应用型人才要突出专业学科知识掌握的广度和实用性,需要掌握更加全面的专业基础知识,特别是对管理学、计算机科学和外语等工具性学科基本知识的掌握程度要求较高;

(2)从能力层面看,技术应用型人才侧重于社会生产和产品开发过程中的专业技术维护、咨询、管理、服务等能力;

(3)从素质层面看,技术应用型人才要具有德智体美劳全面发展的综合素质,信念坚定、品德高尚、本领过硬的品质,更需要在专业技术维护、咨询、管理和服务

等方面具有较强的协调沟通管理能力。

(三) 基本特征

应用型人才的基本特征有四种。

(1) 实践性。应用能力是应用型人才最基本的特征。应用能力的关键是学生的实践能力和职业素养。要求其具备专业的实践操作技术，要熟悉和掌握所从事专业或行业的工作原理、程序和方法，能运用专业的知识、原理、程序和方法来处理工作中的实际问题。

(2) 适配性。适配性是应用型人才最典型的特征。适配性主要是指适应区域经济发展的需求与契合学生专业成长的需求。应用型本科高校的办学定位是服务于地方经济社会发展，与所在地区经济文化紧密结合，培养为地方经济发展、文化繁荣、社会文明服务的人才，而且大多数毕业生也留在本地就业。因此，应用型人才要与地方产业紧密联系，从具体职业岗位特征出发，增强专业领域职业素质和专业技能。

(3) 创新性。创新性是应用型人才最重要的特性。创新性是指有寻找市场需求的创意思维、创新精神和创业能力。科技革命推动产业变革进程加快，大数据、云计算、人工智能、数字技术等新技术推进城市传统产业转型升级和新产业引领发展，要求从业者不仅能够对知识和技术进行应用，还要能在实际工作中为经济转型、产业升级以及新产品、新技术的研发作出创新。

(4) 复合性。复合性是应用型人才的必要特征。复合性主要是指具有两种或两种以上的能力。应用型人才应能够对某一（交叉）学科领域或某一特定职业岗位有较为深入的认识和理解，或既具备某职业基本的知识技能还拥有某一类行业从业能力素质。

二、应用型人才培养途径

新时代应用型人才培养要树立人人成才观念，有教无类，促进学生成长成才；要树立多样化人才观念，尊重个人选择，鼓励个性发展，不拘一格培养人才，注重因材施教。苏州城市学院在校生规模保持在 12 000 名学生左右，生源差异较大，每一位同学都具有不同特点。学校在人才培养过程中，注重发展每一个学生的优势潜能，形成体系开放、机制灵活、渠道畅通、选择多样的人才培养途径，为每一位学生提供平等的优质教育和相对差异化的、有针对性的教育，尽最大可能实现因材施教。比如，在共性教育的基础上，选择继续深造的同学不仅需要熟悉专业的范畴，更重要的是要具备学习能力，未来才有可能发展成为更高层次的研究型人才；选择就业的同学，更需要增加实践锻炼机会，引导他们尽早走进企业见习实习，熟悉职业特点和社会需求。

学校对接社会需求的多样性，注重对学生的分类培养，坚持服务于学生的成长成才，尊重学生个性发展，扩大学生学习的自主权、选择权，结合各专业的办学基础和特色优势，为学生规划高质量就业、考研深造、创新创业、国际化培养、复合型发展五种发展途径，给予本科生更多的自主选择权和发展空间。制定出台《苏州城市学院应用型人才培养行动计划（2022—2025）》，并以此为中轴线，串联起应用型人才分类培养的全体系、全领域、全环节的多元化培养路径（图3.3.1）。

（一）高质量就业

大学生高质量就业作为构建稳定社会结构的重要因素，既是国家经济高质量发展的内在要求，也是高等教育高质量发展的根本标志，更是应用型本科高校毕业生的核心追求。高质量就业主要表现为三个方面：一是学校培养的毕业生抢手、企业欢迎、社会口碑好；二是首次就业所在岗位与所学专业基本对口，学生掌握的知识、技能能够满足岗位能力

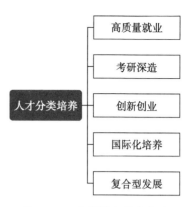

图3.3.1 苏州城市学院人才分类培养路径

要求，并且具有较好的发展前景；三是首次就业所在岗位的工作环境、经济收入、精神满足等方面满足学生需要。为了实现学生高质量就业目标，学校在四年教育教学中注重学生职业方向培养，把就业贯穿育人全过程。主要表现在：

（1）重视职业生涯规划，实现有效领航。通过开设"大学生职业生涯规划和创业就业指导"必修课，让学生了解做好生涯规划的重要性和方式方法；邀请专家来校开设专题辅导讲座提升大学生职业规划能力；邀请成功校友来校做报告，讲述自己求学时期的奋斗过程，激励学生树立职业目标。

（2）重视学业及综合能力素质培养，实现有效导航。深化校企合作，产教融合，通过建立与社会用人单位紧密合作的人才培养机制，联合区域内优势行业企业联合制订人才培养标准，实现课程体系职业化、实践教学系统化，完善就业导向人才培养方案；人才培养过程注重实践性，探索专业与产业职业岗位对接、专业课程内容与职业标准对接、教学过程与工作过程对接、学历证书与职业资格证书对接，以行业企业需求为导向，聘请用人单位直接参与课程设计、开发和教学，全面推行案例教学、项目教学，探索"理实一体化"和"行企定制班"等培养方式；搭建紧密型的校企协同育人平台，推进"双环境"育人。通过建立校外实践教学基地和产教融合基地，深化校企协同，为学生创造更多实践教学和集中实习机会；鼓励学生利用课余时间参加各类技能证书的学习与考核，不断提升职业技能和就业竞争力，如先后与苏州市人才服务中心合作举办会计从业资格培训班、与苏州市会计师事务所合作举办会计实训课程等。

（3）重视毕业阶段就业指导，实现有效启航。对毕业班学生进行系统的就业指导，培训学生求职技巧，让学生了解如何依据自身条件筛选理想的就业单位和就业岗位，掌握基本的面试方法，能够有针对性地推介自己，顺利实现高质量就业。毕业生就业后继续跟进，了解学生岗位适应情况，辅导毕业生尽快适应岗位要求，提升毕业生的成就感、获得感、幸福感。

(二) 考研深造

考研录取率是衡量本科高校办学质量的重要指标之一，它不仅反映了学校的教学质量和水平，也反映了校风、教风和学风。从学生角度来说，考研升学是接受更高层次的教育、丰富自身学识、提高自我价值和社会价值的重要途径。

苏州城市学院生源质量高，为进一步提升对优秀学生的培养要求，从建校之初起就把学生考研工作作为教学重要任务来抓，校领导、职能管理部门、二级学院、专业负责人、班主任都有计划、有策略、有组织、有落实地开展考研一系列工作。主要表现：学程安排上，大三上学期各专业会组织考研意向摸底行动，把握考研学生的目标院校，大三下学期，邀请年度考研上岸的学长学姐做经验分享，把自己成功的学习经验传授给下一届备考的学弟学妹；学业帮扶上，增开考研辅导课程，如"高等数学""普通物理""政治理论选讲"以及一些专业核心课程答疑辅导等；资源保障上，为考研学生提供全天候的考研自习教室，一人一桌，确保复习场所固定；动机引导上，依托苏州大学优质资源，积极开展考研辅导讲座、优秀学生进教授工作室，让学生充分了解考研动向，感受学术研究氛围；激励机制上，制定相关奖励政策，对考取研究生者颁发校长特别奖学金或评选优秀毕业生荣誉。

(三) 创新创业

学校把创意创新创业的"三创"工作作为高素质应用型人才培养的突破口，分类施教，专创融合，推动完善创新创业育人。主要表现：载体搭建上，联合企业搭建三创载体、建设三创中心、成立三创研究实践中心、建设大学生创业园等基础设施；教育教学上，通过选拔有意向参与创业训练或创业实践项目的学生，提供理论指导、项目培育以及实习实践的机会，逐步分层级开展创业实践教学，满足不同专业学生在创新创业教育中的需求；科研竞赛项目上，以学生学术科研小组、大学生创新性实验项目为龙头，以学生科研活动为抓手，着力培养学生的创新能力。

(四) 国际化培养

习近平总书记在全国教育大会上强调："要扩大教育开放，同世界一流资源开展高水平合作办学。"学校始终坚持国际化办学理念，全面深入推进人才培养国际化进程，自2005年开始，学校在省内同类院校中率先成立了省内首家国际合作交流处和国际交流学院，与日本、韩国、美国、英国、爱尔兰、法国、澳大利亚等国家以及中国台湾、中国澳门等地区，约35所高校建立友好校际合作关系，加快引进国（境）外优秀教育资源，致力培养具有宽广国际视野的应用型人才。本书第九章有详细项目介绍。

(五) 复合型发展

当今社会，随着社会环境变迁和知识更新速度不断加快，科学技术综合性增强，社会分工结构与专门性职业系统也始终处于动态调整与变化之中，特别是新技术开创了大范围的新兴潜在职业领域，更加需要具备交叉学科知识的复合型人才。苏州城市学院主动呼应新一轮科技革命和产业革命发展，抢先布局，立足"城市""数字"

"应用",以优势学科为基础,以产业需求为导向,构建高校—行业企业双主体育人共同体,开办文正书院、微专业、辅修专业、职普贯通、现代产业学院、曲艺戏剧类非遗传承创新联合体等特色项目,大胆创新,深化校企合作,优化课程体系和教学内容,注重学科交叉,跨学科专业融合性培养,拓宽学子前路。

总之,苏州城市学院应用型人才培养,重视学生共性和个性的相互融合,在分类培养中确立应用型人才培养的理念、目标、人才培养方案、课程体系、教学评价以及相应的制度,形成具有自己特色的培养体系和路径。

三、应用型人才培养成效

办学以来,苏州城市学院已累计为国家和社会培养本科毕业生逾 50 000 名,向国内外优秀高校输送研究生逾 3 000 名,半数以上的毕业生留在苏州就业发展,为苏州地区经济发展做出了贡献(如表 3.3.2 和表 3.3.3)。更有许许多多的优秀校友在各行各业继续讲述着苏城院的故事,展示着苏城院的风采,弘扬着"文者文章,正者道德"的精神。

表 3.3.2 学校近 10 年毕业生毕业率、学位率一览表

毕业年份	应毕业人数	实际毕业人数	毕业率	获得学位人数	学位率
2015	2 392	2 282	95.40%	2 084	87.12%
2016	2 726	2 552	93.62%	2 389	87.64%
2017	2 664	2 507	94.11%	2 358	88.51%
2018	2 922	2 700	92.40%	2 532	86.65%
2019	3 268	3 052	93.39%	2 889	88.40%
2020	3 190	3 062	95.99%	2 966	92.98%
2021	3 048	2 821	92.55%	2 664	87.40%
2022	3 058	2 903	94.93%	2 874	93.98%
2023	3 005	2 853	94.94%	2 812	93.58%
2024	3 156	2 986	94.61%	2 938	93.09%

表 3.3.3 学校近 10 年毕业生考研升学情况一览表

年份	考取研究生人数	考研率	国内高校人数	国(境)外高校人数	备注
2015	166	6.94%	138	28	
2016	180	6.60%	134	46	
2017	194	7.28%	145	49	
2018	218	7.46%	152	66	
2019	265	8.11%	175	90	
2020	320	10.03%	214	106	

续表

年份	考取研究生人数	考研率	国内高校人数	国（境）外高校人数	备注
2021	301	9.88%	217	84	
2022	322	10.53%	190	132	
2023	334	11.11%	191	143	
2024	377	11.95%	208	169	不完全统计

四、应用型师资培养

习近平总书记指出，"教师是教育发展的第一资源，是国家富强、民族振兴、人民幸福的重要基石。教师工作事关社会主义现代化强国的建设进程，事关教育事业改革发展的成败，事关社会主义建设者和接班人的培养。"想要培养更多具有实践能力和创新精神的高素质应用型人才，实现"人尽其才"发展目标，首先需要建设一支师德高尚、业务精湛、结构合理、专兼结合、充满活力的应用型师资队伍。

（一）什么是"双师型"教师

对于"双师型"教师的内涵，各应用型高校有着不同理解，但是从众多文献资料的梳理中来看，可以主要从职业资格条件、能力要求、专业素养三个方面进行阐释。

（1）职业资格上："双师型"教师指具有较高的教育教学水平和较强的专业操作示范技能，具备教师专业技术职务资格证书和相应职业资格证书或技术等级证书的复合型专业人才。

（2）能力要求上："双师型"教师需要具备专业教学能力，在实践教学方面能够理论联系实际、传授知识、指导实践，担负起培养人才的责任，教学中深化产教融合、校企合作，掌握一定的应用技术研发能力，推动企业技术创新。

（3）专业素养上："双师型"教师是培养面向生产、管理、建设、服务等应用技术型人才的教师，要求其兼具实用与深度的理论知识储备、以技术为核心的专业实践能力、深厚的人文科学素养，满足应用型高校的人才培养需求。

（二）"双师型"教师培养途径

苏州城市学院自2016年起就设立教师发展中心，服务全校中青年教师、课程负责人以及专业带头人，引领并带动他们更新教学理念，提高教学水平。学校培养"双师型"教师的主要途径有：

（1）加大"双师型"教师引育力度。学校招聘采取更加灵活的政策，针对具有多年企业工作经历的行业专家和高技术技能人才，公开招聘时适当放宽年龄、学历限制，畅通"双师型"教师"入口"；健全专兼结合的"双师型"教师队伍，建立校企人员双向流动相互兼职常态运行机制，充分引导央企、国企、大型民企中具有创新实践经验的企业家、高科技人才、高技能人才、能工巧匠、非物质文化遗产传承人等兼任专业实践课教师或实习指导教师。

（2）落实青年教师"导师制"培养制度。新进教师入校第一年先做教书育人助手，学校给青年教师配备老教师作为指导教师，以传帮带的形式进行一年的助教培养，安排听课、被听课、科学研究任务。一年助手工作到期，学校和新进教师所在学院进行联合考核。学校同步结合每两年一次的教师教学竞赛，从教学理念、教学设计、教学效果等方面对参赛教师进行整合评价，有针对性地促进教学方法改革的理论研讨和工作实践，不断提升教师职业素养和业务能力。

（3）多措并举搭建"双师型"教师培养平台。学校不断增加教师培养经费，引导中青年教师参加各级各类研修培训、学术交流活动；同步积极推动专任教师入企挂职锻炼，直接参与企业或生产服务一线工作或提供技术服务。

（4）完善"双师型"教师激励评价机制。将师德师风、技术技能水平、教学实绩、技术创新与实践成果作为职称评审、岗位晋升和绩效分配的主要依据；发挥典型示范引领作用，灵活运用名师引领、尊师表率等方式激励教师自我成长。

(三)"双师型"教师培养成效

打造一支师德高尚、业务精湛、结构合理、充满活力的高素质专业化教师队伍，无疑是一场只有起点没有终点的战役。经过 20 多年的引进、培养和成长，学校教师队伍初具规模。"十四五"期间，力争专任教师中"双师型"师资队伍建设达 100 人以上，应用型学科"双师型"教师认定人数超过 50%。将高水平教师引进课堂教学是提高人才培养质量的有效保证。

教师们矢志立德树人，展现人才培养大作为大担当。在学校，教师们进校以后都有教学任务，把教书育人当作为师之本，扎根教学一线，深耕三尺讲台，尊重学生个性，激发学生潜能，陶冶学生情操，做学生的良师益友。教师们刻苦钻研、严谨笃学，力争成为新时代的"好老师""大先生"。

第四节 专业素质拓展

专业素质是立身之基,专业技能是立业之本。要培养社会主义建设者和接班人,除了具备某一专业领域的核心知识和从业的基本技能,还应当具备什么样的基本素质和精神状态?习近平总书记指出,社会主义建设者和接班人既要有高尚的品德,又要有真才实学。2016年9月,《中国学生发展核心素养》研究成果发布,明确指出中国学生发展核心素养以培养"全面发展的人"为核心,分为文化基础、自主发展、社会参与三个方面,综合表现为人文底蕴、科学精神、学会学习、健康生活、责任担当、实践创新六大素养。新时代新形势下对社会主义建设者和接班人提出了新的更高要求,既包括思想品德、知识学识、创新能力、动手能力,也包括身体素质、艺术修养、人文气质、劳动技能等综合素质。本节将主要介绍专业素质拓展的含义、可以进行专业素质拓展的途径、专业素质拓展学分的构成及认定。

一、什么是专业素质拓展?

专业素质拓展教育是本科生教育的重要组成部分,以学生的专业核心竞争力培养和职业发展为目标,根据学生的个性差异和兴趣爱好,以德智体美劳"五育并举"为基础,通过第一课堂的教育教学和第二课堂的各类实践活动来开展,旨在深入推进全员、全过程、全方位育人,充分拓展学生发展潜能,培养和提升学生的思想道德素质、科学文化素质、自主创业就业能力、运用专业知识解决实际问题的能力和在社会中的综合竞争力。

二、专业素质拓展课程

专业素质拓展可以分为四大内容,即培养学生的身体素质、心理素质、社会交往能力和创新能力。为此,学校开设了丰富的素质拓展课程,主要包括第一课堂开设的德育、体育、美育、劳育、心理健康教育等素质拓展课程;第二课堂开展的各类实践活动,主要包括竞赛、科研、培训考证、社会实践等。希望同学们积极参加这些专业素质拓展课程学习,提升自己的创新、沟通、合作、适应、学习、思考、激励、领导等综合素质,促进全面发展。

(一)第一课堂素质拓展课程

培养德智体美劳全面发展的人始终是人才培养的核心,新时代的"五育并举"教育就是在专业教育的基础上,以发展素质教育、拓展学生发展潜能、实现学生完整生命为目标。为了实现这一目标,学校在第一课堂人才培养过程中开足开全德育、体育、美育、劳育、心理健康教育等素质拓展课程(表3.4.1),并针对不同学段的内容、知识、思想、经验,以适合学生发展的方式将其有机融合为一体。

表 3.4.1　第一课堂素质拓展课程一览表

项目	学习内容	学分
德育课程	思想道德与法治	3
	中国近现代史纲要	3
	马克思主义基本原理	3
	毛泽东思想和中国特色社会主义理论体系概论	2
	习近平新时代中国特色社会主义思想概论	2
	党史、新中国史、改革开放史、社会主义发展史	1
	形势与政策（一）（二）（三）（四）	2
	思想政治理论社会实践（上）（下）	2
体育课程	体育1、体育2、体育3、体育4	4
美育课程	大学生美学素养	2
劳育课程	劳动1、劳动2	2
心理健康教育	大学生心理健康教育	2
职业生涯规划	大学生职业生涯规划（实践）	1

（二）第二课堂素质拓展课程

第二课堂素质拓展课程分为竞赛、科研、培训考证、社团活动、社会实践五大类。学校鼓励学生在低年级积极参加社会实践类以及竞赛类（团学竞赛、专业竞赛），进入高年级后，鼓励学生在夯实专业基础知识和通识知识的基础上，积极参加专业资格证书培训考证，并投身科研项目、科研竞赛活动。

表 3.4.2　第二课堂素质拓展课程一览表

类别	项目	学习内容	学分
竞赛	团学竞赛	体育竞技、艺术竞技等	认定学分
	专业竞赛	大学生英语竞赛、高等数学竞赛、大学物理竞赛等	
	科研竞赛	大学生电子设计竞赛、中国高校智能机器人创意大赛、蓝桥杯等榜单赛事	
科研	创新创业竞赛	大学生创新创业"三大赛"	
	科研项目	大学生创新创业训练计划项目、课外学术科研基金项目等	
	论文发表	省级以上正式出版物发表的学术论文、中外文核心期刊（以北京大学《中文核心期刊要目总览》为准）发表的学术论文	
	专利	发明、实用新型、外观设计等	

续表

类别	项目	学习内容	学分
培训考证	职业资格证书	详见《苏州城市学院学生技能证书学分认定管理办法》（苏城院教〔2021〕9号）	认定学分
	从业资格证书		
	专业技能证书		
社团活动	社团活动	详见《苏州城市学院学生社团管理办法（试行）》（团苏城院委〔2022〕1号）	—
	艺术团	详见《苏州城市学院学生艺术团管理办法（暂行）》（苏城院学〔2021〕17号）	认定学分
	礼仪队	大型赛事志愿者、礼仪小姐等	—
	体育运动队	橄榄球队、乒乓球队、羽毛球队等	
社会实践	志愿服务	"三下乡"、支教、义卖、志愿者服务等	评奖评优
	社会公益		
	社会调查		
	劳动实践		
	美育实践	美育竞赛、文艺演出等	

三、专业素质拓展课程学分认定

第一课堂的德育、体育、美育、劳育、心理健康教育课程是纳入人才培养方案全过程的，属于通识教育必修课程模块，学生修完课程，考试合格，获得相应的学分。

第二课堂开展的各类实践模块是学生根据自身的兴趣爱好，有选择地自主参加。同学们参加这些活动后，可获得相应的证书或证明，并可参照《苏州城市学院学生技能证书学分认定管理办法》《苏州城市学院学生学科竞赛管理办法》《苏州城市学院大学生创新创业训练计划项目管理办法（试行）》《苏州城市学院艺术团管理办法（暂行）》等规章制度申请学分认定。下面就参加第二课堂活动进行外专业选修课学分认定和成绩登记标准进行简单介绍。

（一）竞赛类

对在学科竞赛中表现优异的学生，学校将给予非本专业选修课学分认定，具体认定标准见表3.4.3。

表3.4.3 竞赛类学分认定标准一览表

类别	竞赛等级	认定学分	课程成绩	类别	竞赛等级	认定学分	课程成绩
国家级	特等奖	2学分	100分	省级	特等奖	2学分	95分
	一等奖		95分		一等奖		90分
	二等奖		90分		二等奖		85分
	三等奖		85分		三等奖		80分
	优胜奖		80分		优胜奖		—

（二）科研类

对于参加国家级、省级大学生创新创业训练计划项目研究的学生或以第一作者身份在国内外正式出版的学术刊物上发表学术论文，取得发明专利、实用新型专利的学生，经相关部门审核后给予非本专业选修课学分的认定，认定情况见表3.4.4。

表3.4.4 科研类学分认定情况一览表

类别/等级	科研项目	认定学分	课程成绩
科研项目	国家级	2学分	优秀结项，成绩登记95分 合格结项，成绩登记85分
	省级	2学分	优秀结项，成绩登记95分 合格结项，成绩登记85分
	校级	2学分	优秀结项，成绩登记90分 合格结项，成绩登记80分
论文	核心期刊	4学分/篇	成绩登记100分
	省级期刊	2学分/篇	成绩登记90分
专利	负责人	2学分/项	成绩登记90分
	团队成员		—

（三）艺术团活动

苏州城市学院学生艺术团是由全校爱好文艺并有一定艺术专长的学生组成的大学生艺术团体。艺术团成员参加各类表演、比赛，经考核合格每学年认定1个学分，每位艺术团成员在校期间最多可认定3个学分。

表3.4.5 艺术团活动学分认定情况一览表

类别	服务时长	认定学分	课程成绩
艺术团成员	1年	1学分	① 考评优秀"艺术实践"课程成绩计90分 ② 考评合格"艺术实践"课程成绩计80分 ③ 获得省级特等、一等、二等、三等奖，"艺术实践"课程成绩分别计100分、100分、95分、90分
	2年	2学分	
	3年	3学分	

（四）社会实践类

同学们利用寒暑假开展以社会实践、社会调查、志愿服务、社会公益为基本内容的实践活动，可以参加优秀团队、先进个人和优秀调研报告等荣誉评选。

1. 优秀团队

优秀团队主要表彰能够围绕活动主题，深入城乡基层，为服务地方经济社会发展、服务青年学生成长成才开展的卓有成效的实践活动；活动一般有比较周密的活动计划，活动时间满足实践要求，宣传效果佳且范围广，通过特色实践活动，在某一方面取得比较显著的成效。

2. 先进个人

先进个人主要表彰在暑期社会实践中表现突出的学生：活动组织者要指导思想明确，工作积极负责，活动安排周密，实践成效显著；活动参加者要全程参加实践活动，实践目的明确，工作积极主动，用所学知识为社会服务，在活动中有较大收获和贡献。

3. 优秀调研报告

优秀调研报告须为原创，应体现解放思想、实事求是、与时俱进，有新观点、新思路；坚持理论联系实际，对实际工作有指导作用和借鉴作用，能提出建设性的意见和建议；报告内容观点鲜明，贴合实践主题，调查科学，数据真实，结构合理，条理清晰，文字通畅。

获评校级社会实践优秀团队、优秀个人或优秀调研报告荣誉的同学，学校会颁发获奖证书，并从中择优推荐省级荣誉的评选。

四、专业素质拓展实践案例

（一）社会实践类

图3.4.1 学生劳动实践课活动现场

图3.4.2 学生"大爱微行"实践团队下乡支教

（二）创新创业类

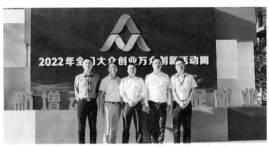
图3.4.3 学生参加创新创业活动

图3.4.4 学生参加学科竞赛

（三）体育艺术类

(a)

(b)

图3.4.5 学生文艺表演

图 3.4.6 高雅艺术进校园

(四) 志愿服务类

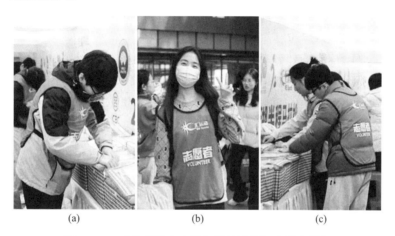

图 3.4.7 "苏州环金鸡湖半程马拉松"志愿者服务

图 3.4.8 "苏迪曼杯"志愿者服务

第五节 评教评学

学生对本专业的认可度、对专业教育教学的满意度是检验学校办学质量和人才培养成效的重要标准。那么同学们可以通过哪些途径来表达自己的学习感受呢？本节将为同学们重点介绍。

苏州城市学院始终坚持"以学生为中心"的现代观念，以不断提高学生学习的满意度为宗旨，不仅关注"教得好"，更关注"学得好"。学校学生参与评教评学的途径有：课程评教、教学督导反馈、教学信息员反馈和民主议校平台等途径。

一、课程评教

课程评教主要是指大学生对授课教师的教学过程和教学效果进行评估和判断的一种活动。对于教师而言，课程评教结果在自己考核、聘任、晋级、评优等方面具有重要的参考价值甚至具有决定性意义。打个比方：教师甲若要申报副高职称，那么教师甲在本学年内所授课程的评教结果必须是良好及以上，如果出现"中"或者"差"，管理部门会进行实际考察，如果确认教师甲教学态度和教学能力较差，职称评审中会履行一票否决制。对于学生而言，参与课程评教是学生权利表达的具体途径之一。同学们在评教时一个很重要的出发点是看这门课程的任课教师教学态度如何，有没有尽心尽力为学生付出。

（一）学生该怎么行使评教权利？

每学期选课前，教务处会在选课系统中内嵌课程评教问卷，评价方式采用百分制，学生通过每一题的打分对教师的教学态度、教学内容、教学方法以及教学效果进行评价。同学们提交的每一份评教数据，教务处都会进行认真的整理和分析，最后会将得出的课程评教结果反馈给相关教师，让他们及时了解自己课程的教学优点、弱点及存在的问题，调动教师的积极性，促使教师不断改善课程、改进教学方式，提高课程教学满意度。

评教具体方法：同学们登录教务网站，选择"教学评价"—"学生评价"，在左侧选择要评价的教学班，右侧显示需要评价的对象和内容，填写或选择评价内容后，点击最下面的"提交"按钮提交数据。

（二）学生评教中需要注意什么？

（1）行动上积极参与。参与课程评教既是同学们的权利，也是义务。课程评教结果在影响教师教育教学行为的同时，也在影响学生自己及后来学生所接受的教育教学质量。

（2）态度上客观公正。同学们选择评教的课程，必须是自己在本学年内修读的课程，根据自己修读的感受对任课教师课堂教学的态度和水平做出客观、真实、公正、合理的评判，切不可代评、错评、乱评。

（3）内容上真实具体。同学们在进行课程评教时，一方面给予一个客观的优、良、中、差结论，另一方面在主观评价中需要指出这个教师获得"优"或"良"的主要表现是什么，获得"中"或"差"的主要问题是什么。有了这些具体的建议和意见，教师们会有针对性地进行改进和完善。

图 3.5.1　学生评教操作指导图

二、其他评教评学

或许还有同学有这样的疑问，学习满意度调查问卷和课程评教都是有时间节点的开展，如果在学习过程中，有一些学习疑问，或者学习建议和意见需要及时反馈，可以通过什么途径来反馈？学校坚持"一切为了学生"，为了畅通学生的表达反馈渠道，建立教学督导组、教学信息员、师生座谈会、民主议校平台等多种组织来保障学生参与教学质量监控管理，从不同角度来了解学生在校学习体验和学校人才培养情况。

（一）教学督导

学校设立教学督导工作制度，聘请 11 位授课和管理经验丰富的教师担任教学督导工作。教学督导组深入教学一线，每天有专人值班，根据教学信息反馈情况进入课堂听课，了解教学活动开展情况，及时准确地向教务处或学院教务秘书反馈教学质量信息。同时每周撰写教学督导简报，及时与学校分管教学领导进行交流，为学校教学发展和人才培养建言献策。在课堂上，同学们会时不时看到督导老师们的身影，他们会根据课堂氛围、教学效果对本节课做出客观评价，针对讲课效果不佳的，会当场跟任课教师或同学进行交流，而课堂教学效果好的，他们也会记录下来进行表扬推广。同学们如果对所学课程及任课教师有任何意见或建议，可以通过各个学院的教务秘书老师来联系学院的督导老师，告知督导老师自己的想法和思考，督导老师会把同学们的意见和建议及时传达给相关人员。

（二）教学信息员

教学信息员是为学校提供教学信息、督查并提高班级学风的组织，主要负责教学第一信息与反馈，包括教学改革、课堂教学、专业设置、学校建设、学风建设、考风建设、教师教学态度与水平、实践教学环节、学生的学习情况及考试情况等环节的信息、意见和建议等，是学校了解教学一线信息的"眼睛"。学校教学信息员由各二级学院选拔 2 名成绩优秀，关心热爱教学事务，具有一定组织、协调、语言表达能力的学生担任。教学信息员负责向每个班级的学习委员收集汇总教师教学、学生学习、教学管理、教学设施等方面的教学信息。学习委员每周都会通过观察、面谈、短信、电子邮件、qq、微信等方式搜集教学信息至学院教学信息员，教学信息员要汇总主要信息反馈至教务处，教务处分类汇总后通过教学质量监测报告系统上报信息（"数字门户"—"一站式服务大厅"—"教学质量监测上报"—"我要办理"）反馈至各个相关部门或教学单位，相关部门会进行调查整改后填写处理意见和建议，通过系统反馈给教务处，教务处整理后会将相关信息反馈给各学院教学信息员，教学信息员将处理情况传达至相关班级或学生个人，形成教学信息沟通反馈"回路"，切实保障学生提出的问题或建议落实整改到位，基本流程如图 3.5.2 所示。

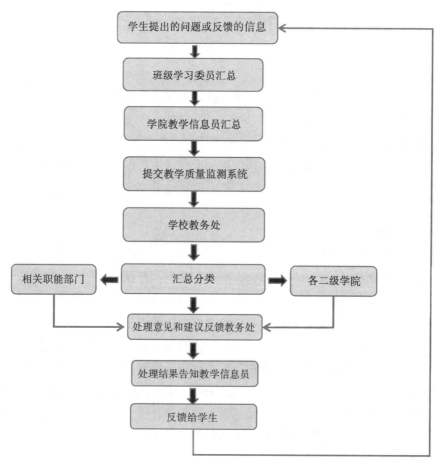

图 3.5.2　学生教学信息反馈指导图

同学们如果想更清楚地知道校级教学信息员选拔条件、工作职责以及当选教学信息员对个人学习发展的作用，可仔细阅读《苏州城市学院教学信息员工作办法》。

（三）课程助教

大学英语课程是所有专业必修的基础课程，英语课程绩点直接与学位证书获取相关。学校为了保障大学英语课程教学质量，自 2013 年 9 月起，设立大学英语课程助教，为大一年级大学英语课程教学服务。每一位大学英语主讲教师选配一位课程助教，负责两个大学英语教学班的课堂辅助教学工作。助教根据主讲教师要求进行随堂听课，协助教师完成学生课堂笔记、作业、阶段性测试卷的批改、成绩记录、课外个别辅导等工作，同时做好学生学习信息及数据的收集、整理与反馈，成为教师与学生之间的桥梁。

同学们如果想更清楚地知道大学英语助教选拔时间、选拔条件、工作职责以及当选助教对个人学习发展的作用，可仔细阅读《苏州城市学院〈大学英语〉课程学生助教工作管理办法》。

（四）师生座谈会

教务处每学期第 9 周~第 11 周，会组织开展学期期中教学检查，届时专业负责人、辅导员、班主任及任课教师代表会组织召开多层面的师生座谈会，每个班级遴选 3~5 名学生代表，通过师生面对面的方式来了解学生近期学习感受、遇到的问题以及相关意见建议。学生代表们踊跃发言、积极沟通，表达他们对课程设置、课堂教学、学习效果、学生管理、升学与就业等方面的建议和意见，参会的教师或管理人员都会认真倾听学生的诉求、意见、建议，上下联动解决学生"急难愁盼"问题，满足学生成长成才需求，提升学校管理育人、服务育人的针对性与实效性。

（五）民主议校平台

民主议校平台指大学生可以通过网络渠道来表达和强化自身在高校治理中的话语表达与利益诉求，从而有力地推进大学民主管理。为提高民主议校平台事项流转办理时效和实效，夯实"校—院（部）—班"三级学生权益保障服务体系，完善学生权益保障渠道，学校搭建并维护网上议校平台，促进学生与学校之间的沟通和交流，对相关问题进行跟踪及反馈。目前，"民管发布平台"和"网上民主议校平台"已经正常运行，形成了提问—答办—公开工作闭环。通过"网上民主议校平台"，学生可以直接向相关职能部门进行投诉、提出建议等，相关部门会及时给予回复。

电脑端进入方法："数字门户"—"办事目录"—"民主议校"。

手机端进入方法："企业微信"—"工作台"—"民主议校"。

（六）学生民主议校沙龙

学生民主议校沙龙是学校以学生为本进行民主管理的有效途径，践行"以学生为中心"理念，深入了解学生诉求，广泛倾听学生心声，是师生面对面互动的有效平台。学生民主议校沙龙围绕一定的主题每学期召开一次，面向全校学生开放，并邀请与讨论主题相关的学校分管领导、相关部门负责人一起参与讨论，把服务学生成长成才作为一切工作的出发点，坚持围绕学生、关照学生、服务学生，多措并举倾听学生心声、回应学生关切，不断增强学生对学校的认同感和归属感，为学生成长成才保驾护航。

第六节　学习满意度

大学生学习满意度是引导高校学生成长成才的着力点，是"办人民满意的教育"的关键抓手，对构建中国特色高等教育体系具有积极作用。大学生学习满意度指的是大学生对自己的学习过程、学习成果以及学习环境的满意程度，是大学生对参与学习结果的评判指标，不仅反映了大学生学习的主观体验效果，也反映出学生群体对高等教育质量的感知，是全面提升高等教育质量的突破口。本节从在校生满意度和毕业生满意度两个方面来呈现学校人才培养质量。

一、在校生满意度

学校教务处每年秋季学期（9月~12月）会在网站上发布《关于开展在校生学习满意度问卷调查的通知》，面向大一至大四年级，内容主要包含专业认同、学习内容、学习资源、学习方式、学习管理、学习效果6个维度，合计45题。问卷主要采用五点式等级评价量表填写：（1）非常不满意/非常不同意（1分）；（2）不满意/不同意（2分）；（3）一般满意/一般同意（3分）；（4）满意/同意（4分）；（5）非常满意/非常同意（5分）。

同学们拿到问卷后，以自己最真实的想法来填写。学校会根据同学们填写的数据进行综合分析，针对同学们认可的地方，继续倡导推广，针对同学们不满意/不同意的地方，强化改进服务，坚持服务需求，成果导向，切实提升同学们在校期间的学习满意度和获得感。为了让同学们直观看到学姐学长对专业学习满意度情况，表3.6.1展示了近四年（2020年、2021年、2022年和2023年）在校大学生专业学习满意度平均值。

表3.6.1　近四年在校大学生专业学习满意度平均值

年份	问卷人数	专业认同	学习内容	学习形式	学习资源	学习管理	学习效果
2020	2 753	4.16	4.03	4.07	4.17	4.19	4.16
2021	2 315	4.21	4.05	4.04	4.15	4.28	4.01
2022	2 875	4.23	4.25	3.91	4.37	4.22	4.03
2023	3 073	4.15	4.32	4.22	4.01	4.38	4.19

学生对专业学习各维度满意度的平均值在3.5~4.5之间，这说明学生对本专业学习的总体满意度较高。其中学生对"专业认同""学习内容""学习资源"三个维度的平均值呈现递增的趋势；"学习形式"和"学习效果"满意度的平均值呈现波动。针对同学们满意度下降的现象，学校委托专业负责人和班主任对同学们进行了了解，经分析是因为2021年和2022年受到新冠疫情影响，学校多次采取线上授课，线

上学习形式单一，学习效果不如课堂教学。自 2023 年全面恢复线下课堂教学开始，学习效果变好。

二、毕业生满意度

（一）整体印象

为快捷了解学生对学校的整体印象，调查问卷设置了开放性问题"请给苏州城市学院写一个您认为合适的标签"。将学生填写的标签输入热词统计软件，并运用软件对高频热词制作标签云图（图 3.6.1）。分析发现有评价性的前 10 个热词分别为环境（339）、优美（245）、优秀（153）、美丽（152）、舒适（89）、自由（55）、博学（51）、和谐（34）、严谨（33）、浓厚（31），可见学生对学校的整体印象是校园环境优美、环境舒适、校园美丽、自由独立、自强博学、文明和谐、教学严谨、学风浓厚。

图 3.6.1　毕业生对母校整体印象标签云图

（二）对母校的教学满意度

学校每年秋季学期会组织开展当年度毕业生培养质量评价工作，委托麦可思数据（北京）有限公司（简称麦可思公司），开展应届毕业生培养质量与社会需求调研，采用邮件（短信）和公开链接网址两种方式进行，毕业生可任选其中一种完成调查问卷。

以 2022 届毕业生样本为例，他们对母校的教学满意度为 95%，高于全国新建本科 2022 届平均水平，说明学校教学工作得到绝大多数毕业生认可。

（三）就业满意度

对于大多数同学来说，大学毕业后能找一份自己满意的工作，并且得到用人单位的认可和重用才是专业学习价值的最重要体现。学校高度重视毕业生就业工作，每年都会联合江苏省高校招生就业指导服务中心开展"江苏省普通高校毕业生就业调查问卷""用人单位满意度调查问卷"和麦可思公司开展的"毕业生培养质量与社会需求调研"三方调查，用最真实的数据来分析毕业生就业状况。

整体而言，学校毕业生就业岗位适应性较强，对就业现状的满意度较高。本校

2022届毕业生有77.7%的毕业生服务于长三角地区社会经济发展，就业城市以苏州为主，其他主要就业城市包括上海、无锡、南通、常州等。就业满意度达到77%，与全国新建本科2022届毕业生就业满意度（76%）基本持平，就业感受较好。本校毕业生的就业岗位适应性在九成以上（93%），在制造业就业的比例较高（34.7%），服务教育业（8.4%）、信息传输/软件和信息技术服务业（7.8%）次之，岗位适应性较强；平均离职率为26%，就业稳定性较好。毕业生的月收入（6 091元）明显高于全国的新建本科（5 399元），毕业生就业竞争力具有优势（见表3.6.2）。综合来看，学校毕业生就业整体质量较好。

表3.6.2 2022届毕业生就业质量主要指标

指标名称	本校2022届	全国新建本科2022届
月收入/元	6 091	5 399
就业满意度/%	77	76
就业岗位适应性/%	93	92
离职率/%	26	26

数据来源：《苏州城市学院2022届毕业生培养质量评价报告》

就业满意度能直观地反映出学校专业设置与社会需求的契合程度及社会对学校人才培养质量的认可程度。学校非常重视学生就业质量，以就业需求促进人才培养方案修订和培养模式改革，强化职业生涯规划课程建设与就业指导，努力构建"招生—培养—就业"联动机制，增强专业建设与社会需求的良性互动，为毕业生提供全方位、立体化、精准型的就业指导服务。

实习实践　锻炼技能

第一节　实习实践概要

实习实践是按照专业培养目标要求和人才培养方案安排，由学校安排或者经学校批准学生自行到企（事）业等单位实务部门进行专业技能培养的实践性教育教学活动。

一、实习实践的目的

实习实践的目的是深化课堂教学，帮助学生了解社会，接触生产实际，获取、掌握生产现场相关知识的重要途径，培养学生实践能力、创新精神，帮助其树立正确的劳动观和就业观，增强其对职业的热爱和责任感，培养其良好的职业道德素质。

二、实习实践课程分类

根据学校应用型人才培养的定位，实践教学学分比例文科类专业一般不低于20%，理工科类专业一般不低于30%。实习实践包含三种类型：认识实习实践、专业实习实践和毕业实习实践。

（1）认识实习实践：指学生由学校组织到实习实践地点参观、观摩和体验，形成对专业的初步认识的活动，一般在大学一、二年级实施。

（2）专业实习实践：指学生具有一定专业知识后，通过运用专业知识解决特定问题，加深对专业知识理解和运用的活动，一般在大学二、三、四年级实施。

（3）毕业实习实践：指学生具备一定实践岗位工作能力后，在专业人员指导下，辅助或相对独立参与实际工作的活动，一般在大学四年级实施。

在本校专业人才培养方案中，实习实践主要包括专业导论（认识实习实践）、专业劳动、校内外专业实践、专业实验、课程设计、金工实习实践、技能实训、生产实习实践、毕业实习实践等，各学科相关专业情况不一，但就每个专业而言，其实践环节环环相扣，教学内容层层递进，分步分阶段培养专业能力，帮助学生逐步掌握今后发展所需要的知识和能力。

经济学相关专业实习实践通常包括：专业导论（认识实习实践）、社会实践、专业实验和实训、专业实习实践、毕业实习实践等。让学生参与银行、证券、外贸等实务岗位，熟悉中国经济运行与改革实践，掌握现代经济学的基本方法。

法学类相关专业实习实践通常包括：专业导论（认识实习实践）、社会实践、专业实验和实训、模拟法庭、毕业实习实践等。通常是在教学过程中改革教学方法，强化案例教学，来增加理论教学中模拟训练和法律方法训练环节，实习实践环节通常安排学生到法院、检察院、律所等单位，让学生在实习实践过程中了解立法、行政执法、审判、检察、律师、公司法务及其他法律服务工作的基本流程，强化法学专业实务能力训练。

理工科类相关专业实习实践通常包括：专业导论（认识实习实践）、社会实践、各类课程设计和综合实验、金工实习实践、生产实习实践、毕业实习实践等。学校注重与企业合作，开展实习实践，为学生提供参加企业生产、管理等实际业务的锻炼平台。同时鼓励学生围绕工程实际问题展开教学活动，探索项目化实习实践，培养学生的工程意识、协作精神以及综合应用所学知识解决实际问题的能力。

管理类相关专业实习实践通常包括：专业导论（认识实习实践）、社会实践、专业实验和实训、毕业实习实践等，让学生在实习实践过程中强化运营管理、生产管理、人力资源管理、销售管理等方面技能训练，验证专业所学基础理论和基本技能，培养和提升个人综合素质能力。

文学类相关专业实习实践通常包括：专业导论（认识实习实践）、社会实践、专业实验和实训、对外交流、毕业实习实践等，学校鼓励学生参与社会调查、志愿服务、公益活动、勤工助学、支教等实习实践活动，让学生在实际工作中，强化语言写作、交流、沟通等能力训练，拓宽视野。

艺术类相关专业实习实践通常包括：专业导论（认识实习实践）、社会实践、专业实验和实训、设计软件应用实践、设计市场与企业实地考察、文化及艺术品市场研究、外出写生采风活动以及毕业实习实践等。这些实习实践紧密结合产业部门的实际生产、科研与开发工作，使学生在实践中亲身体验、深入研究，并通过文字清晰表达其研究成果和设计思路。通过这样的实践训练，学生不仅能够积累艺术鉴赏与创作的专业知识，还能初步培养从事相关专业研究、教学、编辑及市场推广的工作能力。

三、实习实践组织形式

在校内开展的实习实践，通常由任课教师根据课程教学内容需要，集中安排在专业实验室等实践场地开展。在校外开展的实习实践，则包含两种实习实践组织形式：集中实习实践和分散实习实践。

集中实习实践，系指学校统一规划与组织的实习活动，其实习时间与地点均有所集中。

分散实习实践，则为学生自行联系且经过学校正式审批与认可的实习项目，其实习时间与地点相对灵活。

四、实习实践的方式

实习实践是提高学生实践能力和综合素质的重要环节，其方式多种多样，包括虚拟、模拟、现场和线上四种方式。每种方式都有其独特的特点和适用场景，下面将分别进行详细的论述和分析。

(一) 虚拟实习实践

虚拟实习实践是在利用信息技术和虚拟仿真等手段建设的虚拟工作场景中进行的实践教学活动。这种方式通过构建逼真的工作场景，让学生在虚拟环境中进行实习实践，从而提高学生的实践能力和综合素质。例如，在医学领域，虚拟实习实践可以帮助学生模拟真实的医疗场景，提高临床技能和应对突发情况的能力。学生可以在虚拟的手术室中模拟手术过程，了解手术步骤和操作技巧，提高手术操作的熟练度和准确性。在工程领域，虚拟实习实践可以让学生模拟真实的工程项目，从而更好地掌握工程设计和施工等方面的知识。学生可以在虚拟环境中模拟工程项目的规划、设计、施工等全过程，了解工程项目的运作流程和管理方法，提高工程实践的能力。

(二) 模拟实习实践

模拟实习实践是在模拟法庭等拟真环境中进行的实践教学活动。这种方式通过模拟真实的场景和过程，让学生在模拟环境中扮演不同的角色，从而了解实践中的操作流程和规则。以模拟法庭为例，学生可以在虚拟的法庭环境中扮演律师、法官、检察官等角色，通过模拟真实的庭审过程，了解法律程序和司法实践。通过这种方式，学生可以更加深入地了解法律实践中的各个环节和角色，提高法律实践的能力和素质。

(三) 现场实习实践

现场实习实践是在真实的工作场景中开展的实践性教育教学活动。这种方式让学生亲身参与到实际工作中，通过实践操作和观察，了解工作的流程和规则，提高实践能力和综合素质。例如，在企业实习中，学生可以亲身参与到企业的生产和经营活动中，了解企业的运作和管理，提高职业技能和综合素质。在现场实习实践中，学生可以接触到真实的工作环境和任务，了解工作的实际情况和需求，从而更好地适应未来的职业发展。

(四) 线上实习实践

线上实习实践是通过远程办公方式开展的实践性教育教学活动。这种方式利用现代信息技术的优势，让学生在家中或其他地点进行实习实践，既保证了学生的安全，又使得学生可以更加灵活地安排自己的时间。例如，在软件开发领域，学生可以通过远程办公的方式参与到软件项目的开发中，了解软件开发的流程和技术，提高软件开发的能力。在线上实习实践中，学生可以通过网络会议、远程协作等方式与实习单位进行沟通和协作，提高沟通和协作的能力。

综上所述，虚拟、模拟、现场和线上四种实习实践方式各有特点和适用场景，可以根据不同的专业和实践需求进行选择和应用。同时，实习实践应该注重实践性和综合性，提高学生的实践能力和综合素质，为学生未来的职业发展打下坚实的基础。

第二节　如何开展实习实践

实习实践工作由学校教务处统一协调与管理，具体由院系及专业建设负责人根据专业性质、专业特点、实习实践要求等，对各专业采用集中、分散或其他相应的方式，有组织地进行实习实践工作。文科类（含艺术）专业的实习实践一般采取自行联系的分散形式或者采用小组集中的管理形式，实习实践单位或实习实践岗位的要求是专业对口或相近以及就地、就近的单位，具体要求以各专业实习实践教学大纲为准；理工科类相关专业根据教学计划和相关专业学习的要求，进行有组织的小组集中实习实践，或者整班集中实习实践。

一、实习实践开展流程

学校根据教学计划和课表安排，提前梳理实习实践计划，组织专人负责实习实践教学活动，实习实践工作程序一般包括三个阶段：

（一）准备阶段

1. 组织准备

（1）成立实习实践指导小组。

（2）制订实习实践计划。

（3）落实实习实践单位和实习实践任务，并分好实习实践小组。

2. 思想准备

召开实习实践动员大会，明确实习实践的意义和要求，提高学生的思想认识，并进行实习实践纪律、安全、保密等教育。

3. 知识准备

（1）了解国家相关政策和法规，掌握相关行业规范，熟悉基本操作技能。

（2）理解专业基本理论，掌握资料检索方法。

（3）明确实践主题，选择定性和定量等实践方法。

（4）了解实习单位相关信息。

4. 岗位准备

（1）自行联系。

大学生利用 BOSS 直聘、前程无忧等主流招聘平台，或积极参与地方举办的人才交流活动、招聘会，寻求合适的实习岗位机会。

（2）集中安排。

学校联系落实实习单位，统一组织学生定点实习。

（3）学校推荐。

学校积极利用校外实践教学基地资源，提供实习生岗位信息，发布实习生招聘公告，通知学院组织学生报名，学生填写实习生申请表，经班主任、家长同意后递交学院汇总，教务处审核筛选材料后，报用人单位并组织考核面试，确定录用名单，反馈学生所在学院（图4.2.1）。学校也会通过举办实习生专场招聘会、企业宣讲等方式推荐实习岗位。

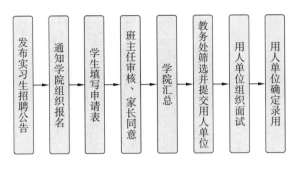

图 4.2.1　实习生选拔流程

（二）实习实践阶段

各实习实践小组在教师指导下，选择一个实习实践单位和工作岗位（或实践项目），拟定实习实践计划。

学生赴实习实践地点进行现场观察、访问、实习实践，由指导教师指导实习实践计划，通过观察、讨论、实践后提出问题，并通过资料参考，运用定性和定量方法，分析问题，进而提出解决措施。

（三）评价和交流阶段

(1) 实习实践结束，学生返校，并提交实习实践日志和总结。

(2) 召开总结交流会，组织实习实践指导小组成员、部分教师、实习实践指导教师和实习实践学生共同参加，分析和评估实习实践工作的成效和存在的问题，研讨今后的实习实践工作改革措施。

(3) 实习实践指导小组核定实习实践学生成绩，评选和表彰优秀实习实践学生。

根据学校教学计划安排，大部分专业实习实践从第六学期开始至第八学期第10周结束，各专业实习实践实际时长按照教学计划执行。其管理流程具体安排见表4.2.1。

表 4.2.1　实习实践管理流程

序号	工作安排	负责人	完成对象	参考日程
1	成立实习实践指导小组，确定指导教师，制订实习实践计划	教学院长、专业负责人	教学院长、专业负责人、专业指导教师	实习实践前一个月
2	编制手册	教学院长、专业负责人	专业负责人、教务秘书	实习实践前三周
3	发放材料	教务秘书	学生	实习实践前三周

续表

序号	工作安排	负责人	完成对象	参考日程
4	召开班委动员会	教务秘书、辅导员、班主任	教务秘书、辅导员、班主任、各班班委	实习实践前两周
5	召开专业动员会	实习实践指导小组、专业指导教师	专业指导教师、辅导员、班主任、学生	实习实践前两周
6	联系落实实习实践单位	实习实践指导小组、专业指导教师	学生、实习实践指导小组	实习实践前一周
7	进行实习实践	实习实践指导小组、专业指导教师	学生	依各专业实习实践计划安排表执行
8	汇总实习实践单位信息	实习实践指导小组、专业指导教师	学生、班主任、专业指导教师	实习实践开始后一周
9	巡回指导	各专业实习实践指导小组、专业指导教师、专业负责人	专业指导教师	实习实践开始后一周至实习结束前
10	提交报告材料	辅导员、教务秘书	学生	实习实践结束后一周
11	复核材料	教务秘书	教务秘书、专业指导教师	实习实践结束后一周
12	成绩评定及总结	专业负责人、专业指导教师、实习实践指导小组	专业负责人、专业指导教师	实习实践结束后两周
13	推荐优秀实习实践学生	实习实践指导小组	学院分管领导	实习实践结束后两周
14	评定优秀实习实践学生	教务处	教务处相关人员	实习实践结束后三周
15	材料归档	教务秘书、教务处相关人员	教务秘书	实习实践结束一个月

二、实习实践材料怎么写？

实习实践结束后，每位学生要交：实习实践日志、实习实践成绩评定记载表、实习实践报告及其他一些材料。

（一）实习实践日志怎么写

实习实践日志是积累实习收获的一种重要方式（图4.2.2），是实习实践成绩考核的一部分，学生根据实习实践要求每天记录当天工作情况和学习心得体会。实习实践日志要求如下：

（1）记录每天实习实践工作内容和完成情况。

（2）记录实践心得体会、发现的问题和有关改进措施的建议。

（3）做好资料积累工作，便于撰写实习实践报告时参阅，培养独立观察和搜集资料的能力。日志内容除文字记录外，必要时可附上实习实践工作中独立或与他人合作完成的策划文稿、工作报告等原始资料。

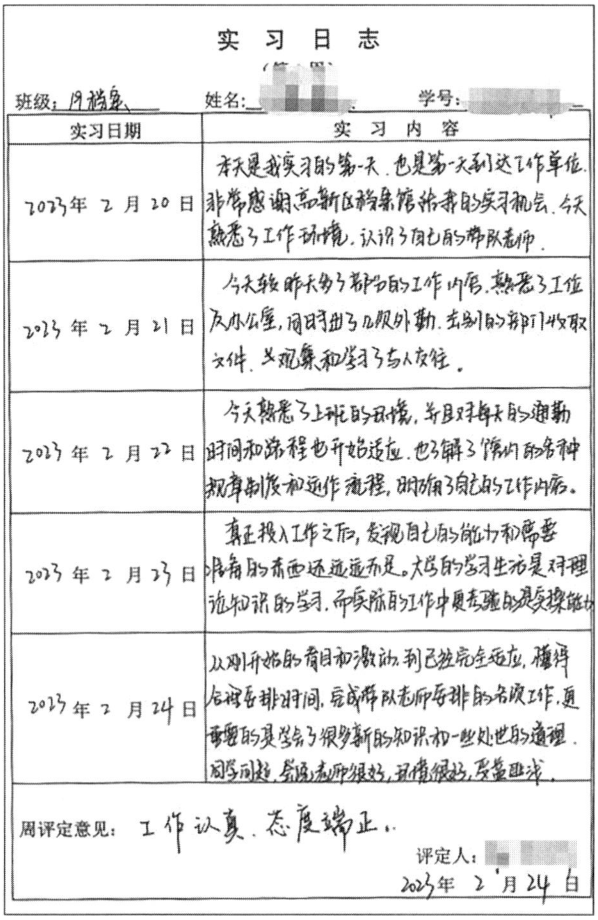
实习日志

班级：19档案　姓名：　学号：

实习日期	实习内容
2023年2月20日	今天是我实习的第一天，也是第一天到达工作单位。非常感谢高新区档案馆给我的实习机会。今天熟悉了工作环境，认识了自己的带队老师。
2023年2月21日	今天较昨天多了部分的工作内容，熟悉了工位及办公室，同时出了几次外勤，去别的部门收取文件，并观察和学习了与人交往。
2023年2月22日	今天熟悉了上班的环境，并且对每天的通勤时间和路程也开始适应，也了解了馆内的各种规章制度和运作流程，明确了自己的工作内容。
2023年2月23日	真正投入工作之后，发现自己的能力和需要准备的东西还远远不足。大学的学习生活是对理论知识的学习，而实际的工作中更考验的是实操能力
2023年2月24日	从刚开始的盲目和激动，到已经完全适应，懂得合理安排时间，完成带队老师安排的各项工作，更重要的是学会了很多新的知识和一些处世的道理。同学间友好，带队老师很好，环境很好，受益匪浅。

周评定意见：工作认真，态度端正。

评定人：

2023年2月24日

图 4.2.2　实习日志

（二）实习实践成绩评定记载表及实习实践报告怎么写

实习实践成绩评定记载表是评定实习实践成绩的重要依据（图 4.2.3）。实习实践结束后学生要按照要求，对实习实践的全过程进行分析和总结，及时撰写实习实践报告，与实习实践日志一并交予实习实践指导教师审阅。实习实践报告内容要求如下：

（1）基本情况概述。对实习实践时间、实习实践单位、实习实践岗位等基本情况进行概述。

（2）对实习实践内容的总结。根据专业的特点和实习实践企业的情况，结合自己实习实践的岗位内容、特点等进行全面深入的总结。

（3）主要收获。从个人的思想进步、业务锻炼和团队合作等方面总结。

（4）自我评价。梳理自己在实习实践过程中的优点和缺点，发现自己的不足之处，明确今后的努力方向。

（5）对实习实践管理工作的意见和建议。

（6）实习实践报告旨在对实习实践内容进行深入的理论反思和实用性总结。参与实习实践的学生需针对实习期间所遇到的专业问题，结合当前的工作实际状况与存在的问题，运用所学的理论知识进行全面细致的分析。此外，报告还可以提出对学校教学组织的有益建议。

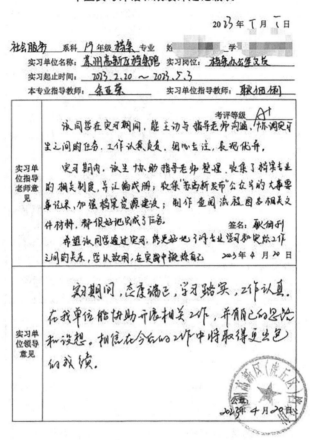

图4.2.3　毕业实习评语和成绩评定记载表

（三）实习实践材料提交要求

实习实践结束后，学生须按照以下顺序自上而下排列后提交材料（图4.2.4）：

（1）实习实践单位接收函或加盖公章的实践教学基地建设协议书、集中实习实践名单（学院提供）；

（2）实习实践成绩评定记载表（含实习实践单位鉴定意见评语，并加盖单位公章）；

（3）实习实践日志（依专业教学计划周数填写即可。日志内容除文字记录外，在符合单位保密工作条件下，必要时可附上实习实践工作中独立或与他人合作完成的策划文稿、工作报告等原始资料）；

（4）实习实践报告；

（5）实习项目成果；

（6）提前实习实践申请书；

（7）延长实习实践申请表；

（8）变更实习实践申请表；

（9）延缓实习实践申请表。

注：目录中（1）（2）（3）（4）（5）材料必须上交，（6）（7）（8）（9）材料将根据个人实际情况，确有发生则上交。

名称	修改日期	类型	大小
1 实习单位接收函	2024/4/1 13:54	DOC 文档	9 KB
2 实习成绩评定记载表	2024/4/1 13:55	DOC 文档	9 KB
3 实习日志	2024/4/1 13:55	DOC 文档	9 KB
4 实习报告	2024/4/1 13:55	DOC 文档	9 KB
5 实习项目成果	2024/4/1 13:55	DOC 文档	9 KB

图 4.2.4　以某专业某学生实习材料为例

三、实习实践怎么考核

实习实践结束，学生返校提交材料后，学校将组织实习实践综合考核。这里要强调的是：学生必须完成全部实习内容，方可参加实习综合考核，缺席三分之一以上者（含病事假），根据情况令其补足或重修，否则不能参加综合考核。综合考核以现场答辩形式为主开展，旨在帮助学生更好地理解实习过程中的知识运用，锻炼自己的表达和沟通能力，展示自身的实习成果，为未来的职业发展打下坚实基础。

（一）实习实践答辩目的

实习实践答辩的主要目的是提供一个展示学生实习成果的机会。在实习实践过程中，学生将所学的理论知识应用于实际工作中，通过实践锻炼自己的专业技能和综合素质。而实习实践答辩则为学生提供了一个舞台，让他们能够将自己的实习经历、所学所得以及遇到的问题和解决方案进行分享和交流。这不仅有助于学生对实习过程进行总结和反思，还能够加深他们对专业知识的理解和应用。

（二）实习实践答辩流程

（1）会前准备：各学院在制定实习计划的同时，制定综合考核方案并公布给学生，内容包括考核形式、考核内容、打分标准、考核人员、考核时间及成绩占比等方面，通常学生在实习结束后一周向实习实践指导教师提交实习报告和展示材料。在这个阶段，学生们需要对实习过程进行回顾和总结，提炼出实习过程中的亮点和成果，为后续答辩做好准备。

（2）答辩过程：在答辩现场，学生们需要按照预定的顺序进行展示。可以通过PPT、视频等多种形式展示实习经历和成果，并回答评委和观众的提问。在答辩过程中，学生们需要充分展示自己的表达能力、逻辑思维和应变能力。

(3) 评委点评：答辩结束后，评委们会对每位学生的表现进行点评。他们会对学生的实习报告、展示内容和答辩表现等方面进行评价，并提出改进意见和建议。这些点评对学生们来说是非常宝贵的反馈，有助于他们进一步提升自己的专业能力和综合素质。

(4) 成果展示：答辩组织通常会将优秀学生的答辩成果进行展示和推广。这不仅可以激励其他学生积极参与实习实践答辩活动，还能够让更多的人了解学生的实习经历和成果，为他们未来的职业发展提供更多机会。

(三) 实习实践答辩活动的意义

实习实践答辩活动对于学生的职业发展具有重要意义。首先，通过参与实习实践答辩活动，学生能够更好地理解所学专业的实际应用场景和发展趋势，他们可以在实习过程中将理论知识与实际操作相结合，加深对专业知识的理解和掌握。其次，实习实践答辩活动有助于提升学生的综合素质和能力水平。在答辩过程中，学生需要展示自己的表达能力、逻辑思维和应变能力等多方面的能力，这些能力对于他们未来的职业发展至关重要。最后，实习实践答辩活动还为学生提供了一个展示自己才华和能力的平台，通过展示自己的实习经历和成果，学生可以吸引更多人的关注和认可，为未来的求职和职业发展打下坚实基础。

四、实习实践纪律要求

学生在实习期间应尊重指导教师，服从实习单位和指导教师的安排，虚心向前辈请教学习，严格遵守实习实践单位及借宿单位的规章制度，严格执行请假制度，遵守相关守则和规定，增强安全意识，严格执行操作规程，防止发生意外，努力完成实习实践的各项任务。具体要求详见《苏州城市学院实习教学安全、保密规定》和《苏州城市学院学生实习守则》。

以下是往届学生在实习期间未遵守学校规章制度受到相应处罚的典型案例：

案例一：安全意识淡漠

警惕等级：★★★★★

学校2014级某毕业生，未办理任何提前实习实践手续，未告知班主任，擅自在校外租房，开始实习。安全意识淡漠是这位学生在实习过程中最大的隐患。身处陌生的社会环境中，他未能充分意识到潜在的风险和挑战。遇到社会纠纷时，由于缺乏经验和正确的处理方法，做出了不当的处置，导致实习过程中发生了不可挽救的事件。

这一事件不仅给这位学生本人带来了沉重的打击和深刻的教训，也为其他学生敲响了警钟。实习实践要始终把安全意识放在首位。

案例二：擅自变更实习单位

警惕等级：★★★★☆

学校2015级某毕业生，在实习期间未经许可擅自更换了实习单位，既未向班主任和专业指导教师报告，也未在学校进行相应备案。学校在实习教学例行检查中，发现该生并未在规定的实习岗位实习。学校依据相关规定，给予该生实习旷课处罚，并在实习成绩评定时给予扣分。

案例三：擅自缩短实习时长

警惕等级：★★★★★

学校2016级某毕业生，未遵循教学计划所规定的时间表进行实习实践，擅自缩短实习时长，任课教师无法对学生的实习成果进行有效评估，给予实习成绩不及格，进而影响了该生按时毕业。

案例四：擅自离开实习岗位

警惕等级：★★★★★

学校2019级某毕业生，在实习期间未按学校要求办理任何手续擅自离岗。实习单位发现后向学校反映了该情况，由于该生的行为严重违反了实习单位的纪律，实习单位终止了该生的实习。根据学校纪律规定，给予该生实习记过处分，并要求其重新完成实习任务。

案例五：实习材料弄虚作假

警惕等级：★★★★★

学校2019级某毕业生，在实习实践过程中，杜撰实习内容，抄袭网络资料，对实习过程进行不实陈述。最终被指导教师识破，并给予实习成绩不及格，进而影响该生按时毕业。学校坚决反对任何形式的学术不端行为，呼吁广大学生自觉遵守学术规范，诚信完成学业任务。

学校近年来严肃处理了数十起实习期间的违纪行为，这些不当行为给学生带来了深刻的教训。部分学生因违纪行为影响了毕业资格审核，未能如期完成学业。学校将持续加强实习纪律教育，确保学生实习期间的行为规范。

五、弹性实习实践

为满足学生就业、深造等个性化发展需求，学校建立学生提前、延长或延缓、变更实习单位的弹性实习实践管理制度，帮助学生更好地完成实习实践任务，学生可根据个人实际情况，合理安排实习实践进程。其申请流程如下：

（一）提前实习实践

学生因考研、就业等原因，在已获得除毕业实习和毕业设计（论文）以外的所有学分基础上，已落实实习单位，且实习内容与专业培养目标一致或相近相关，并征得家长同意后，可向专业所在学院提出提前开展毕业实习。其办理流程具体如下：学生填写《提前实习申请书》（图4.2.5）附实习单位接收函或实习协议（合同）—班主任（辅导员）初审—学院审核—教务处备案。

提前实习申请书

教务处：

  本人是_____级_____专业的_____学生，学号为_____。

  目前已修完除毕业实习、毕业设计（论文）外所有学分，因_____原因，经家长同意后，现将毕业实习提前至_____年____月____日开始，为期_____周，于_____年_____月_____日结束，所在实习单位为_____，实习岗位是_____。在实习期间，我保证做到以下几点：

  1．保持通信畅通，自觉遵守学校和公司的一切规章制度；

  2．注意实习过程中的个人安全并维护好自身利益，若因为自身操作不当或违反法律法规所造成的人身安全及其他不良后果，一切责任自行承担，与学院无关；

  3．实习结束后，于_____年____月____日返校，按照学院安排完成学业任务及其它有关毕业事宜；

  4．若因工作需要延长实习时间，则先返校再办理相关手续。

  特此申请。

申请人：_____

年　　月　　日

班主任（辅导员）意见：_____

日期：　　　年　　月　　日

院（系）意见：_____

日期：　　　年　　月　　日

图 4.2.5　提前实习申请书

（二）变更实习实践单位

  学生因就业、实习实践岗位、时间安排等因素需变更实习实践单位时，须在教学计划规定时长期限的前三分之一时间内办理实习实践单位变更手续，办理流程如下：学生本人填写《变更实习单位申请表》（图4.2.6）—班主任（辅导员）初审—学院审核并备案。

变更实习单位申请表

姓　　名		学　号		专　业	
年　　级		联系电话		指导教师	
转出实习单位名称		实习起止具体日期		单位电话	
接收实习单位名称		实习起止具体日期		单位电话	
转出单位解除实习意见	签字（盖章）　　年　月　日				
转入单位接收实习意见	签字（盖章）　　年　月　日				
班主任意见	签字（盖章）：		专业指导教师意见	该生所转实习单位的工作岗位是□（否□）符合本专业毕业实习课程要求。签字（盖章）：	
学院意见	签字（盖章）　　年　月　日				

注：须在规定实习期限的前三分之一时间内填写此表，办理变更实习单位手续。

图 4.2.6　变更实习单位申请表

（三）延长实习实践

为满足学生就业需求，学生可申请延长实习实践时间，并在班主任（辅导员）处备案。延长实习实践手续办理流程如下：学生填写《延长实习申请表（教学计划外）》（图 4.2.7）—班主任（辅导员）初审—学院审核并备案。

延长实习申请表（教学计划外）

学 号		姓 名		专 业		年 级	
单位名称		岗 位		联系人		联系电话	
接收单位意见							签字（盖章）： 年　月　日
已修学分				学位绩点			
延长实习起止时间	年　　月　　日　　至　　年　　月　　日						
延长实习原因							
班主任意见						签字（盖章）： 年　月　日	
学院意见						签字（盖章）： 年　月　日	
本人承诺：本人自愿延长实习时间，并已与父母协商告知。实习期间保证做到以下几点：1. 保持通信畅通，自觉遵守学校和公司的一切规章制度；2. 注意实习过程中的个人安全并维护好自身利益。若因为自身操作不当或违反法律法规所造成的人身安全问题及其他不良后果，一切责任自行承担，与学院无关。 　　　　　　　　　　　　　　　　本人签名： 　　　　　　　　　　　　　　　　联系电话： 　　　　　　　　　　　　　　　　　　　　年　月　日							

注：延长实习时间最长截至毕业证书发放前。

图 4.2.7　延长实习申请表（教学计划外）

（四）延缓实习实践

学生若因身体等不可抗力因素，不能在规定的时段内完成实习实践任务，须提前书面说明原因，提出延缓实习实践申请，办理流程如下：学生填写《延缓实习申请表（教学计划内）》（图 4.2.8）—班主任（辅导员）初审—学院审核—教务处备案。

延缓实习申请表（教学计划内）

学　号		姓　名		专　业		年　级	
延缓实习原因				签字： 　　　年　月　日			
拟安排实习时间	年　　月　　日　至　　年　　月　　日						
班主任意见				签字（盖章）： 　　　年　月　日			
专业指导教师意见				签字（盖章）： 　　　年　月　日			
学院意见				签字（盖章）： 　　　年　月　日			
教务处意见				签字（盖章）： 　　　年　月　日			

注：延缓实习可能会影响个人毕业资格审核工作，请务必考虑清楚后再填写此表。

图 4.2.8　延缓实习申请表（教学计划内）

六、实习实践问与答

（一）问：参加课程教学助教、团委兼职副书记或处长助理等校内实践岗位的同学可否认定实习实践？

答：经相关部门选拔聘任的课程教学助教、团委兼职副书记或处长助理的同学，参照专业人才培养方案，按照专业实习实践教学大纲要求，提交相应材料，经专业指导教师同意后，可抵充实习实践教学任务。

（二）问：出国（境）学生毕业实习实践怎么认定？

答：出国（境）学生指参加学校校际交流项目赴国（境）外学习的学生，分带薪实习实践和出国（境）学习期间自行实习实践两种情况。

1. 带薪实习实践

按国际合作交流处与合作单位签订的带薪实习实践合作协议执行。国际合作交流处将同意参加实习实践的学生名单交教务处备案。带薪实习实践项目时长不得少于该专业教学计划中实习实践时长的三分之二，否则不予认定，学生回国后须按人才培养方案要求补足毕业实习实践。

2. 出国（境）学习期间自行实习实践

学生需提前向国际合作交流处提出申请，经审批后实施，国际合作交流处按下列条件予以审核：

（1）获得国（境）外大学许可的实践课程（经历）。

（2）实习实践具体要求参照该专业实习实践大纲执行。

其学分认定工作流程如下：

（1）学生将符合专业实习实践大纲要求的材料提交国际合作交流处初审。

（2）国际合作交流处将初审通过后的相关材料递交所在学院评定成绩。

（3）国际合作交流处完成学分认定后，送教务处备案。审核未通过的学生，须重新参加人才培养方案规定的毕业实习实践工作，要求与当届毕业班同步。

七、优秀实习感悟与优秀实习报告

（一）优秀实习感悟

在实习期间，优秀实习生应做到虚心好学、刻苦钻研，能较好地将专业所学理论知识应用于实践，出色完成规定的实习任务，态度端正，能严格遵守实习生守则和实习单位的各项规章制度，无违纪行为，尊重指导教师，服从实习单位的安排，积极主动地做好各项工作，受到实习单位的肯定与好评。实习结束，能够认真完成实习日志和报告，报告内容能对实习内容进行全面、系统的总结，并能运用学过的理论对某些问题加以分析。

优秀实习生的品牌效应，可以为学弟、学妹们竖立较好的口碑，同时也会进一步带动提高学校的毕业实习质量，为学校增加实践教学基地共建合作机会。

以下为几位优秀实习生的感悟。

分享专业：播音与主持艺术专业

推荐等级：★★★★★

2019级陈同学表示："校内实验室已为我们提供了基础性的实训设备，而在电视台我们看到的则是更加完善且种类繁多的专业器材，在台里的实习直接近距离接触综艺节目与新闻节目的录制，拓展了我的眼界、知识面，提高了专业能力。

"通过校外实习，我的语言组织能力、镜头表现能力、现场表达能力在实习实践环节都得到了锻炼。在出外景、录口播、给新闻配音时，我都能做到在短时间内将我的所见所闻所感描述完整，逐渐适应镜头，更自信。

"感谢学校提供给我们这样的机会，在实习过程中，我认识到自身知识储备还是远远不够的。面对不同的采访类型，也许是道路交通，也许是人工智能，又或者是养老体系，我都需要站在观众的视角面对镜头表达出来，而这些行业背景及专业知识我都需要提前做大量功课。"

分享专业：电子信息科学与技术专业

推荐等级：★★★★★

2018级李同学认为："此次实习，我作为一名艾迪迪电气（苏州）有限公司员工，对从学习工作技能到掌握工作流程，再到熟练完成工作的过程中发生的点滴都有深刻印象，也从中学习到了许多知识，体会到很多在校园中体会不到的东西，相信此次经历对我而言是人生中一个重要的转折点。

"艾迪迪电气（苏州）有限公司是目前国内专业从事电弧故障保护、消防电弧故障报警、电气火灾监控系统软件及成品开发的企业，同时开发电力控制类产品。公司拥有专业软件研发团队40多人，高级工程师10多人。公司定位于研发科技型企业，为客户提供安全可靠的电弧故障保护器、消防电弧故障报警器、电气火灾监控系统的故障电弧检测方案及故障电弧集成电路控制模块。

"电工实习，是以自己动手，掌握一定操作技能并亲手设计、制作、组装与调试为特色的。它将基本技能训练、基本工艺知识和创新启蒙有机结合，培养我们的实践能力和创新精神。作为信息时代的大学生，作为国家重点培育的高技能人才，仅会操作鼠标是不够的，基本的动手能力是一切工作和创造的基础条件和必要条件。

"在这次电工实习中，我学到了很多东西。首先是团队合作。一个人的'视线'毕竟有限，不可能考虑到每一方面，这就需要团队合作。在每个同事的共同努力下，每次实验都能在较短时间内完成并顺利通过考核。其次，这次实习使我更深刻地了解到了实践的重要性。通过实习，我们更加体会到了'学以致用'这句话中蕴涵的深刻道理。理论说得再好，如果不付诸实际，那一切都是空谈。只有应用于实际，我们才能了解到两者之间的巨大差异。开始实习的时候，老师对电路进行介绍，我还以为电工实习非常简单；直至自己动手时才发现，看时容易做时难，人不能轻视任何事。连接每一根电线，都得对自己、对工作、对他人负责，这也培养了我们的责任感。"

（二）优秀实习报告

优秀实习报告应包括对实习单位及所在行业的了解和分析、对此次实习工作的回顾与总结，并重点阐述运用专业所学知识解决实际工作问题的路径和方法，以及通过本次实习对自我成长的促进作用。

以下为2018级王同学的优秀实习报告。

分享专业：档案学专业

推荐等级：★★★★★

毕业实习是极为重要的实践性学习环节。数月的专业性实习，为我之后离开校园走向社会从事档案工作积累了充足的经验。在大学里，档案学的专业课程主要是档案管理的理论知识，经过实实在在的实习，我才发现自己的不足和缺漏，更加深刻地理解档案工作的本质，在实践中结合理论加深对专业知识的认识，从而更好地将所学的理论知识运用到工作中去，为以后毕业走上工作岗位打下必需的基础。

我所在的实习单位是苏州工业园区苏航档案服务有限公司（简称苏航公司），这是一家有着10多年档案服务经验和工作信誉，获得档案行政管理部门认可的档案专业服务公司，公司依托苏州大学档案数字化研究所、档案数据保全研究所的技术力量和人才优势，面向社会提供全方位、高质量的档案服务。苏航公司的业务主要为工程档案的整理、立卷、归档；档案扫描与数字化处理；档案移交；进馆代理；档案业务咨询等。这与我的本专业（档案学）所学知识高度契合，尤其是本专业开设的档案实训课程，相当于是实习工作的模拟，我学习到的很多档案实操内容经过对应工作的需要稍作调整是可以直接投入到作业中去的。

就我实习期间的观察，苏航公司在苏南地区是极具市场竞争力的，主要体现在以下方面：苏州大学档案数字化研究所所提供的技术力量和人才优势，使得苏航公司在档案管理系统开发和档案数字化扫描方面远超同侪；由于地处经济发达的苏州地区，当地公司单位对于档案的重视程度相当高，因此对于档案服务的需求量较大，故而拥有大量稳固的用户需求，使得苏航公司在档案数据备份、寄存和保全服务工作中更加系统化，公司还在苏州新区建立了标准的档案寄存中心。

苏州地区对于档案服务的需求量大，苏航公司会承接许多档案外包的工作，由于新冠疫情的影响，加上工作的需要，我的实习一共分为了三个部分，分别是在苏州国家高新区档案馆、江苏电力技师学院以及广融大厦的实习工作。2021年7月中旬，我开始了在苏州国家高新区档案局的实习工作。单位的档案库房以及档案的收纳保管制度都比较完备，实习工作主要为按照档案的保管年限以及档案类别对库房中档案进行重新整理排列、对轻微损坏的档案进行修复以及对档案进行制作装订。这一阶段的实习难度不大，属于档案工作中最基础的部分，主要是需要我对于工作的认真和专注。工作的时间十分固定，为早上九点至下午五点，在三周左右的实习过程中，我一共完成了8 000余件档案的整理排柜工作，参与了300余件档案的制作。八月初，因为苏州新冠疫情的原因，实习工作暂停，直到十一月初苏航公司给我安排了新的工作任务，即在江苏电力技师学院进行实习，这一部分的实习工作和之前相比有了一定程度的变化。由于工作单位性质的变化，在该地的工作主要为档案的录入、实物档案的整理扫描这两方面，其中档案录入工作占比较大，内容量较多，在此实习的一个月左右的时间中，我将江苏电力技师学院自1970年以来的未录入的永久以及长期档案全部录入完毕，并对之前录入档案中的一些错误进行了纠正，这部分工作的难度也不大，更多的是对于办公软件使用的熟练程度要求以及对年代较早的档案格式的统一。实物档案的整理扫描工作对我来说是一个全新的领域，之前大学课程中只有文字的解释和学习，实操课程中并没有进行相关训练，因此我在开始这项工作时效率比较低，但是在一两天的熟悉后也变得得心应手，在一周的时间里完成了对江苏电力技师学院历年奖状、证件、海报等实物档案的扫描工作。第二部分工作结束后，我应苏航公司工作的要求来到广融大厦进行实习一直到学校实习计划时间结束，广融大厦的档案工作多是和工程相关联的，比如工程合同、招投标文件、相关请示批复等。和前两个单位不同，广融大厦的文件分类比较散乱无序，因此在前几天的工作中主要都是厘清文件种类、筛除无用的复印件等，后续工作主要为将这些整理好的文件制作成档案并进行录入工作。由于第一次接触工程类文件、档案，在工作中会出现很多不确定性，好在通过与经理和单位工作人员的沟通后基本解决，最后如期完成了单位10余年的档案整理工作。

  我在实习期间的工作基本圆满完成，工作态度端正，无迟到、缺勤、旷工、违纪等纪律性问题出现。总时长两月余的实习给了我十分多的收获，帮我完成了从学生向一个社会人的过渡，为我在不久毕业后正式步入社会进行工作提供了很大的帮助；不仅如此，实习也将我在书本中学习到的知识变成了真正的技能，从理解变为了应用；更重要的是，实习让我发现了自身的很多不足之处，这是在学校生活中无法或者说很难察觉的，在实习过程中的每一项工作内容都或多或少使我进步，改正了比如粗心、自我等缺点，同时锻炼提高了我的适应能力和学习能力。

  学院对于我所在的专业的实习安排是可以选择集中实习的，这是我觉得很好的一个方式。由学校发起和安排的工作岗位可以更好地与所学理论知识契合，避免造成学非所用的尴尬境况。对于苏航公司来说，我建议在实习工作的安排上可以更多样化一些，让实习生在掌握档案的基础工作后可以做一些更有专业性和更有难度的工作，这样既可以使学生在毕业后更具有竞争力，也可以使公司能吸引更多人才。

第三节　实践教学基地

一、实践教学基地建设概况

实践教学基地可以说是实践教学在现实中实际运用的一种物化可观的载体，也可称为实践教学的主要场所，是实体管理的形式之一。实践教学基地通常有广义和狭义之分，广义上就是指为提高实践教学水平，满足实践教学的需要，专门为开展实践教学活动设置的平台与场所，包括企业的实践实训基地，政府部门、各事业单位的培训机构等。狭义的实践教学基地主要是指依照上级政府主管部门的政策及文件规定，成立的供高校开展实践教学的场所。

实践教学基地是培育应用型人才的主要着力点，学校不仅重视校内实训平台建设，还重视校外实习实践基地建设，围绕落实立德树人根本任务，坚持"资源共享、互惠互利、平等合作、共同发展"合作宗旨，主动与接收实习实践学生的单位保持联系、开展协作，分类建设了近300家校外实践教学基地，聘请基地兼职教师近300名，建立了长期、稳定的高服务效能实践教学基地，创造实习实践教学条件，方便满足学生实习实践需求。2022年，学校启动产教融合基地建设工作，积极引进先进理念和优质资源，不断深化基地建设内涵，定量细化校企合作项目任务指标，与阿特斯阳光电力集团股份有限公司、北京广慧金通教育科技有限公司（简称北京广慧金通教育集团）、苏州华电电气股份有限公司、苏州日报社等合作共建20个校产教融合基地培育点，与苏州华电电气股份有限公司合作共建的智能光电检测技术产教融合基地，2023年获批江苏省产教融合重点基地。

以下是各专业建设的校外实践教学基地大概情况（基地数量统计更新截至2023年3月）：

经济学相关专业以中国建设银行苏州分行、苏州恒展进出口有限公司等单位为代表建设了5家相对紧密合作的校外实践教学基地。

法学类相关专业以苏州市吴江区人民法院、苏州市吴中区人民检察院、北京盈科（上海）律师事务所等单位为代表建设了12家相对紧密合作的校外实践教学基地。

理工科类相关专业以晶端显示精密电子（苏州）有限公司（简称晶端显示）、苏州贝克微电子股份有限公司、纽威数控装备（苏州）股份有限公司等单位为代表建设了35家相对紧密合作的校外实践教学基地。

管理类相关专业以上海肯耐珂萨人力资源科技股份有限公司苏州分公司、苏州国家高新区档案局、苏州市广济医院等单位为代表建设了20多家相对紧密合作的校外实践教学基地。

文学类相关专业以苏州更广科技文化传播有限公司、江苏联纵传媒股份有限公司等为代表建设了15家相对紧密合作的校外实践教学基地。

艺术系相关专业以苏州睿智嘉创广告有限公司、苏州金螳螂企业（集团）有限公司、苏州一甲文化艺术有限公司、丽水市在水一方写生创作中心等单位为代表建设了20多家相对紧密合作的校外实践教学基地。

二、优质校外实践教学基地介绍

下面从公司概况、近三年校企合作情况、留用校友情况和对实习实践学生的工作建议四个方面展开介绍学校部分优质校外实践教学基地情况。

（一）苏州方寸心理发展有限公司

适用专业：应用心理学、汉语言文学、人力资源管理、劳动与社会保障、档案学、市场营销等。

1. 公司简介

苏州方寸心理发展有限公司，是在苏州市心理健康协会从始至终的严格指导和监督下，建立的社会心理服务规范化实践基地，同时也是天下布医"大健康"联盟心理卫生服务主席单位。

该公司作为一个大型创新型互联网+心理综合服务平台，由科学技术与大数据研究院、社会服务中心、行政运营中心三个分支机构组成。服务涵盖了婚恋情感、情绪压力、亲子教育、个人成长、职业发展等多个心理专业领域。

该公司长期聘请临床精神医学与心理学专家作为团队专业督导和核心带领者，以严格的服务管理体系为依托，不断提升整个团队的工作效能、服务质量、伦理素质与安全水平。

2. 近三年校企合作情况

（1）实习实践实训：为学生提供实习实践实训机会，帮助学生更好地了解心理学相关行业知识。

（2）就业指导：为学校学生提供就业指导，帮助学生制定更有利于个人成长的职业生涯规划。

（3）人才培养：企业的专业人才输送到学校，进行专业技能培训，增强学校师资力量。

（4）资源共享：企业与学校还进行了较多的资源共享，如教材、设备等，为学校的教学提供支持。

3. 留用校友情况

从成立到现在，该公司陆续接纳苏州城市学院应用心理学专业实习实践学生50余人，最终转正、落实就业的有4人。实习实践学生们深度见习、实习实践了10余种岗位，积累了丰富的工作经验；同时，该公司还提供贯穿整个实习实践期间的专业培训、个人成长资源，供实习实践学生们按需选择，为其最终顺利就业提前积蓄力量。

4. 对实习实践学生的工作建议

（1）学习心理学的基础理论知识，包括心理学的历史、理论和方法，以及专业概念。

(2) 熟悉心理学的各种实践技能，比如心理测试、心理谘商、心理咨询、家庭心理治疗等。

(3) 在实习实践过程中，要坚持正确的工作态度，积极配合实习实践导师，既要有责任心，又要勇于探索新的领域。

(4) 要遵守纪律要求，无论是在实习实践场所还是实习实践中，都要保持良好的行为习惯，包括着装、文明礼貌、有效的沟通等。

(二) 苏州市广济医院

适用专业：应用心理学、汉语言文学、人力资源管理、劳动与社会保障、档案学、市场营销、机械电子工程等。

1. 公司简介

苏州市广济医院（苏州市精神卫生中心、苏州市心理卫生中心、苏州大学附属广济医院），是中国最早成立的专科精神病院之一，现为三级甲等精神病专科医院。有省级临床重点专科 2 个，市级重点学科 4 个、临床重点专科 6 个，市级学科重点实验室 1 个，现为苏州市精神疾病临床医学中心、苏州市心境障碍临床医学中心。核定床位 1 200 张，目前开放床位 800 张，建有医学心理科、儿少精神科、睡眠障碍科、老年精神科、康复中心等多个病区，有生物精神医学研究中心，拥有 3.0 T 西门子超导磁共振、经颅多普勒血流分析仪等设备仪器，具有良好的科研平台。

2. 近三年校企合作情况

自 2020 年以来，苏州市广济医院每年秋季（9 月底）稳定接收苏州城市学院心理学专业实习实践学生，每年 2 批次，每批次 10 人左右，实习实践周期为 10 周。

实习实践内容包括心理咨询、心理评估、精神科基本知识、病区查房见习、心理与精神学科专业讲座等版块。实习实践内容较为对口，为学生未来踏入工作岗位打下坚实基础。

3. 留用校友情况

2019 级应用心理学专业的实习实践学生陆倩，在 2022 年的实习实践工作中表现优秀，现留至该医院工作。

4. 对实习实践学生的工作建议

(1) 基础理论知识：建议学生更加熟练和牢固地掌握心理学相关专业的基础知识和基本技能，例如，心理测量学、心理与行为统计学、变态心理学、发展心理学等。

(2) 专业实践技能：建议学生能够灵活将书本知识转化为实践，能够以通俗易懂的表达方式对患者、来访者及家属开展工作。

(3) 工作态度：要尽快转变意识，转换身份，以一名医务工作者的身份来要求自己，耐心、专业地帮助病人，积极主动、高质量地完成实习实践工作。

(4) 纪律要求：实习实践期间，要遵守医院规章制度，遵守上下班时间，注意形象，遵守科室规范。

(三) 北京广慧金通教育科技有限公司

适用专业：航空服务艺术与管理、汉语言文学、汉语国际教育、英语、日语等。

1. 公司简介

北京广慧金通教育科技有限公司创立于 1997 年，总部设在北京。是国内较早开办本科、专科学历层次民航类专业的联合办学单位，现已与 61 所本科院校、52 所高职院校、34 所中职和高中学校合作办学。截至 2023 年，已为民航产业发展、培养、输送了 10 万余名优质人才，其中向国内外航空公司输送民航乘务员和安全员 4.4 万名。

北京广慧金通教育集团 27 年专注民航人才培养事业，坚持走"专业共建、人才共育、成果共享、发展共赢"的产教融合、校企合作发展之路，打造被业内赞誉的"民航人才教育培养的领导品牌"。集团与国内外航空公司等用人单位签订"订单定向培养协议"，建立了稳定畅通的就业渠道；集团研发并拥有知识产权的本科、高职民航类专业系列教材 42 本，被全国高等院校普遍使用，被列入"十四五"规划教材；2018 年，集团与合作本科院校联合申报的本科航空服务艺术与管理专业，获得教育部批准，填补了我国航空服务类本科专业的空白。

图 4.3.1　北京广慧金通教育集团概况

2. 近三年校企合作情况

学校与北京广慧金通教育集团已有 11 年的合作历史，期间双方合作顺利，取得了丰硕的成果，学校空中乘务专业学生保持了较高的就业率和升空率，校企之间开展了丰富多样的交流互动，本着"优势互补，资源共享，互惠双赢，共同发展"的原

图4.3.2 员工合照

则，校企双方将建立长期、紧密的合作关系。

3. 对实习实践学生的工作建议

随着我国航空业的不断发展，实习实践学生应不断增强思想政治修养、文化素质、专业素质和身体素质，精通国内外航空服务业务，能够熟练掌握所学专业技能，用理论知识武装自己的头脑，指导实践，科学地研究、思考和解决工作中遇到的问题，使自己能够在脚踏实地追求理想的实践中，不断提高自己。成为民用航空事业需求与发展的空乘、地勤等领域的高级服务和管理人才。

（四）江苏久信律师事务所

适用专业：法学、汉语言文学、人力资源管理等。

1. 公司简介

江苏久信律师事务所是经江苏省司法厅批准设立的专业化律师事务所（图4.3.3）。事务所坐落在苏州市工业园区领汇商务广场高端写字楼，办公环境优美。事务所引入先进管理软件和经验，实行律师专业化分工，培养各领域专业化律师。事务所设立公司法律事务部、婚姻家事部、刑事辩护部、民事诉讼部四个部门，重点推进公司法律顾问服务和商事诉讼两项服务。事务所始终坚持"诚信、敬业、合作、发展"的办所宗旨，着手培养了一支"实战能力强、理论水平高"的一专多能的专家型律师团队，为客户提供高质量的法律服务。

图4.3.3 江苏久信律师事务所

2. 近三年校企合作情况

江苏久信律师事务所作为苏州城市学院教学实践基地，自双方建立合作关系以来，每年都会接收学校选送的5名大四学生到律所进行2个月的

图4.3.4 实习实践学生照片

实习实践。由学校聘任的律师作为兼职教师负责学生的毕业论文指导，举办案例研讨会等活动帮助学生更好地理解和应用法律知识，律所也会选派律师根据学校需要赴校以授课等方式与学校保持密切的交流合作。

3. 对实习实践学生的工作建议

律师行业对于个人的综合素质要求较高，既要有法学专业知识、处理实务的能力，还要有一定的社会阅历、心理素质。以后准备做律师的同学，要从基础做起，一步步地去成长。基础包括知识储备、技能训练。同学们经过四年的学习，专业知识没有太大问题，但实务技能比较欠缺，尤其是在律师这个行业，需要拿出有效的解决方案去解决当事人的法律纠纷问题。

（五）苏州市吴江区人民法院

适用专业：法学等。

1. 公司简介

苏州市吴江区人民法院（图4.3.6）成立于1951年12月，位于吴江区太湖新城。2011年以来，在苏州市中级人民法院对下考核中始终处于第一方阵，被授予全国优秀法院、为群众办实事示范法院、人民法院司法警察先进集体、全省人民满意的公务员集体、全省法院先进集体等荣誉称号，党建、执行、破产审判、审判管理等各项工作均获省级表彰。

图4.3.5　苏州市吴江区人民法院

2. 近三年校企合作情况

为加强和促进法院与高校的合作与发展，推动法学专业人才培养与司法实践紧密结合，2019年11月，该法院与苏州大学文正学院共建实践教学基地，每年接收法学专业学生进法院开展实践锻炼，共同促进司法审判实务与法学理论教育的资源共享和优势互补。

近年来，该法院本着"互补共享、共同发展"的原则，不断加强自身建设，完善合作机制，在教学实践中注重学生法律思维的培养和业务技能的提升，切实发挥了校外实践教学基地的作用，为助力高校培养更多的复合型、高质量人才作出积极贡献。2020年12月，该法院被评为苏州大学文正学院优秀校外实践教学基地。

（六）晶端显示精密电子（苏州）有限公司

适用专业：光电信息科学与工程、信息工程、电子信息科学与技术、机械电子工程等专业。

1. 公司简介

晶端显示精密电子（苏州）有限公司成立于1996年，主要生产、加工、销售车载液晶显示屏，主要客户为欧、美、日一线汽车厂商。公司始终秉承企业与社会同发展、共成长的经营理念；在取得经济效益的同时，自觉为地域发展尽企业社会责任，得到了社会各界的好评。该公司荣获高新区二十周年十佳纳税企业；连续多年成为高新区、狮山街道经济突出贡献企业；连续十年荣获苏州市劳动关系和谐企业荣誉称号。

图4.3.6　留用校友袁佳豪
（2015级电子信息科学与技术）

2. 近三年校企合作情况

该公司和苏州城市学院的前身苏州大学文正学院在2007年就签订了校企合作协议，开展了多方位合作活动。公司作为学校的实训基地，为学校学生提供了诸如生产、技术、品质检验、设备维护等众多实习实践岗位。学院每年会选派50名左右的学生利用寒暑假时间到公司进行实习实践活动；公司根据学生的专业和个人需求，安排合适的实习实践岗位，并有专人进行指导；实习实践结束前公司会安排公司领导、学校领导、实习实践学生、实习实践部门所在领导进行座谈，对实习实践活动进行总结。

3. 留用校友情况

"苏州城市学院学生，基础扎实，专业知识、专业技能较为显著，工作独立有担当，能够较快适应企业的要求"，这是该公司管理者对学校学生的普遍评价。对于参加实习实践活动的优秀学生，今后有意向加入晶端显示的，公司按照优先的原则予以录用，截至目前有5名学校毕业的同学在该公司工作。

图 4.3.7　留用校友刘晓丹　　　　　　　图 4.3.8　留用校友张存民
（2009 级电子信息科学与技术）　　　　　（2009 级电子信息科学与技术）

4. 对实习实践学生的工作建议

学生在保持现状的同时，可以考虑在增强主观能动性和团队合作方面做出更多努力。

（七）苏州工业园区苏航档案服务有限公司

适用专业：档案学、人力资源管理等。

1. 公司概况

苏州工业园区苏航档案服务有限公司是一家积 10 多年档案服务经验和行业信誉，获得档案行政管理部门认可的档案专业服务公司，拥有档案职称的专业技术人才近 30 人。公司依托苏州大学档案数字化研究所的技术力量和人才优势，面向社会提供全方位、高质量的档案服务。

公司立足档案行业，致力信息化建设，坚持科学研究、技术开发和工程服务相结合，先后完成了十多项国家级和省部级档案信息化课题，承担了大量地方和行业的档案信息化工程。

2. 近三年校企合作情况

自 2012 年起，公司先后与苏州大学社会学院、苏州城市学院（原苏州大学文正学院）签订战略合作协议和产教融合基地共建协议，成为两个档案学专业的校外实践教学基地和研究生工作站。2022 年苏航公司被列为苏州城市学院产教融合基地培育点。目前，苏航公司已与两所高校档案学专业老师合作完成国家档案局、江苏省档案局科研课题 3 项，共同研发档案专利技术 3 项，各类档案软件产品 10 多个。公司有 4 位专业技术人员受聘为苏州城市学院的校外讲师。与苏州城市学院共同开展的"'三方协同、四链结合'——档案学专业卓越应用人才培养的探索与实践"课题获得 2022 年苏州市教育教学成果奖（高等教育类）特等奖。

3. 留用校友情况

公司目前在岗的苏州城市学院档案学专业毕业生 12 人，均为公司技术骨干或中高层管理人员。其中代孟严校友已经升任为分管公司声像档案部和设备、行政、保密工作的公司副总经理，刘佳艺、张焘、夏梦怡、谢静、薛进、张云翔、袁洋等为部门经理或项目经理。

4. 对实习实践学生的工作建议

学生应巩固档案学专业思想，加强档案学专业技术训练，与就业环境相适应，与工作团队相融合，切实设定自身的职业目标和发展方向，脚踏实地，循序渐进，本分为业，方得高远。

（八）苏州瑞立思科技有限公司

适用专业：计算机科学与技术、物联网工程等。

1. 公司概况

苏州瑞立思科技有限公司（简称瑞立思）创办于 2018 年 9 月，是一家以复杂网络技术、信息安全、云原生、云计算、大数据、人工智能为技术基石，以大数据传输加速、游戏泛娱乐、实时协作软件、软件代码管理为产业导向的技术研发型企业。

团队的旗舰产品主要为协码啦（xiemala.com）、元码（yuancode.co）、灵缇互娱（lingti.com）。瑞立思（及旗下子公司）共有网络底层技术、大数据分析处理等领域发明专利 16 项（已授权 12 项）；外观专利 6 项；软件著作权 86 项。公司持有中华人民共和国增值电信业务经营许可证国内互联网虚拟专用网业务许可（B1-20200664），具有全国范围内虚拟专用网络经营能力和出海网络应用开发及运营能力。

2. 近三年校企合作情况

近三年，该公司安排指导学校实习实践学生人数近百人，并选派富有实践经验的技术专家担任实习实践学生的指导教师，负责对学生进行业务教学指导，并指导学生参与省级科研项目《基于机器学习的文件协同操作系统网络安全关键技术研究》（江苏省网络空间安全工程实验室 SDGC2129 号）的研发工作。公司高度重视学生的工程能力、协作能力培养，指导学生参与开源项目十余项，其中多款开源项目已应用于腾讯、阿里、脸书等知名科技公司，并被美、日、意等国媒体进行报道。同时，公司法定代表人冯杰为学校兼职讲师，多次来学校开展讲座及课程，为在校学生提供职业规划经验分享与学业技术交流。

图 4.3.9　实习实践学生工作照片

3. 对实习实践学生的工作建议

（1）基础理论知识要扎实，能融会贯通。

（2）多参与各种研发项目，积累实战经验。

（3）工作态度要积极主动，不懂就问。

(4）上班不迟到早退，遵守单位工作制度。

（九）伊之密机器人自动化科技（苏州）有限公司

适用专业：机械工程、机械电子工程、电气工程及其自动化等。

1. 公司简介

伊之密机器人自动化科技（苏州）有限公司成立于2015年，坐落在苏州市吴江区，是广东伊之密股份有限公司（A股代码：300415）的控股子公司。作为机器人自动化系统的制造商，该公司以为全球客户创造更佳的投资回报和客户体验为宗旨，专注于在工业生产过程提供成熟先进的机器人自动化制造系统及周边设备，并提供相关技术支持与服务的自动化应用解决方案，拥有超过10年丰富行业经验的技术团队和完备的研发团队。

图4.3.10　伊之密机器人自动化科技（苏州）有限公司

2. 近三年校企合作情况

该公司与多家高校开展密切的校企合作，有浙江大学、河北工业大学等，项目涉及机械研发设计及相关软件开发等。

图4.3.13　实习实践学生照片

3. 留用校友情况

表 4.3.1　留用校友名单

姓名	性别	单位名称	岗位	中心名称	部门名称	毕业时间
曹振飞	男	注塑机事业部	电气工程师	二板机产品线	二板机技术部	2017-06-01
蒋 璇	女	注塑机事业部	助理工程师	二板机产品线	二板机技术部	2021-06-30
陈鹏飞	男	注塑机事业部	助理工程师	二板机产品线	二板机技术部	2021-06-30
井 松	男	注塑机事业部	助理工程师	二板机产品线	二板机技术部	2021-06-30
韩 磊	男	注塑机事业部	助理工程师	二板机产品线	二板机技术部	2021-06-30
李涛涛	男	注塑机事业部	助理工程师	二板机产品线	二板机技术部	2021-06-30
许涛涛	男	注塑机事业部	助理工程师	二板机产品线	二板机技术部	2021-06-30
马成琛	男	注塑机事业部	助理工程师	二板机产品线	二板机技术部	2021-06-30
陈高远	男	注塑机事业部	工艺工程师	二板机产品线	二板机生产部	2021-06-30
姚鑫宇	男	注塑机事业部	助理工程师	二板机产品线	二板机技术部	2021-06-30
马成琛	男	注塑机事业部	助理工程师	二板机产品线	二板机技术部	2021-06-30
王 丹	女	机器人事业部	机械工程师	压铸岛项目部	—	2022-06-30
沈毅磊	男	机器人事业部	机械工程师	压铸岛项目部	—	2022-06-30
周德瀚	男	机器人事业部	技术支持工程师	市场部	市场业务组	2022-06-30

4. 对实习实践学生的工作建议

毕业进入社会是每一位大学生都会经历的转折点，其中有人欢喜有人悲伤，步入社会意味着同学们需要将在学校学到的理论知识与实践相结合，这是一个挑战，而如何去迎接这个挑战，需要大家提前做好以下准备。

（1）思想准备："凡事预则立，不预则废"，在实习实践之前，应该做好充分的思想准备，树立良好的实习实践信心。面对实习实践，每一个同学都要有自己的打算和希望，知道应该付出什么，又应该从中收获什么。

（2）端正学习态度：实习实践期间，同学们要抱着虚心求学的态度，虚心向同事和领导请教，实习实践单位的每一位同事都将是同学们的老师，他们有着丰富的经验，向他们学习可以加快自己学习的脚步。

（3）明确实习实践目的：实习实践的目的是实现理论知识与实践相结合，用心去把每一件事情做好。明确了实习实践的目的，就知道自己应该做什么，不应该做什么。

综合以上各单位的建议，在此提醒参加参与实习实践的同学关注以下六点。

（1）明确学习目标：明确自身实习实践目标，即希望通过这样的锻炼学习机会，借助校内外教师的指导资源，提升自己哪方面的能力和水平。

（2）转变个人身份：及时切换个人身份定位，要以准职业人的工作状态开展实习实践任务，端正工作态度，遵守学校、实习单位的规章制度，注意言行举止符合单位工作规范要求。

（3）强化理解运用：实习实践不仅是知识的复现过程，更是理解知识、应用知识解决实际工作问题的过程，同学们在实习实践过程中要养成善于观察、主动思考、不断总结的好习惯。

（4）虚心学习请教：实习实践的工作内容复杂，很多时候负责人布置工作时不仅是想锻炼同学们某一方面的能力，还可能会考察同学们对工作流程的熟悉程度等，同学们要虚心请教，在工艺、设备、工序等基层岗位上沉下心学习，形成正确的就业观。

（5）学会沟通技巧：融入职场，转变学生身份，学会职场中向上汇报、与同事协调、向下落实的沟通技巧和说话艺术。

（6）积累成果作品：以成果为导向，注重实习过程工作内容成效的积累，形成个人工作内容的代表作，提升就业核心竞争力。

第五章

毕业设计（论文）

第一节 毕业设计（论文）是什么？

一、什么是毕业论文？

本科毕业论文是高等院校应届本科毕业生独立完成的一篇总结性的学术论文，是毕业生总结性的独立作业，需要在本科阶段写作、获取学士学位前完成并提交的论文，它是学生在本科教育阶段的综合学业成果，是本科学生基本学术规范和基本学术素养的综合体现，也是培养学生运用所学理论知识和专业技能进行科研的初步探索，是提高学生综合实力的重要实践环节，更是培养应用型人才非常重要的教学环节。毕业论文要充分体现专业人才培养目标的要求，符合《普通高等学校本科专业类教学质量国家标准》相关专业的规定，具有思想性、科学性、创新性、专业性和应用性，一般安排在学业的最后一学年进行。学生须在教师指导下，选定课题进行研究，撰写并提交论文。

毕业论文的目的在于培养学生的科学研究能力，加强综合运用所学知识、理论和技能解决实际问题的能力，从总体上考查学生学习所达到的学业水平。

毕业论文是应用型本科高校人才培养过程中贯穿始终、不可缺少的重要组成部分，也是应用型本科教育培养目标重要的综合性实践教学环节，能促使大学生们提高探索真理、承担社会服务意识、做好科研相关训练工作的能力，继而使他们形成良好的实践经验与综合素质，以适应社会对应用型人才培养的需求。

二、完成毕业论文的意义

毕业论文对于提升学生的学术素养、综合能力和职业发展具有十分重要的意义。通过认真撰写毕业论文，学生可以将所学专业知识更好地运用到实践中，做到活学活用，在培养创新思维和解决问题能力的同时，更好地为将来的学术研究和职业发展奠定坚实的基础。

首先，毕业论文是检验学生综合运用所学专业知识、理论联系实际、独立分析问题和解决问题能力的重要途径。在撰写过程中，学生需要将所学的专业知识、理论和方法应用到实际问题中，通过文献综述、实验设计、数据分析和结果讨论等环节，培养自己的批判性思维、创新能力和解决问题的能力。

其次，毕业论文是学生毕业前必须完成的一项学习任务，也是评定毕业成绩的重要依据。通过撰写毕业论文，学生可以全面回顾和总结自己大学四年的学习成果，展示学术素养和综合能力，为顺利毕业和未来的职业发展打下基础。

再次，毕业论文的撰写还有助于培养学生的学术道德和学术规范意识。在撰写论文的过程中，学生需要严格遵守学术规范，尊重他人的知识产权，避免抄袭和剽窃等行为，培养诚信意识和道德观念，这些都为其走向工作岗位奠定了一定的基础。

最后，毕业论文也是学生展示自己学术成果和综合素质的重要平台。通过撰写毕业论文和答辩，学生可以展示自己的研究成果、创新思维和综合水平。这也是学生走向职场所需要的核心素质，能让学生在激烈的就业竞争中脱颖而出。

三、什么是毕业设计？

毕业设计是高等学校工、农、林科等各专业教学计划中一个重要的综合性实践教学环节，是学生在教师指导下，独立进行的解决某一实际问题的实践过程，也是对学生综合运用所学知识，分析和解决实际问题能力的一次全面、系统的训练和检验。

毕业设计，旨在培养学生综合运用所学基础理论、专业知识和基本技能，分析与解决实际问题的能力，使学生受到工程师的基本训练。毕业设计也是对学生独立思考能力及工作能力的一次培养和检验，是学生将所学知识系统化、综合化并运用到解决实际问题中去的重要过程。这一过程对学生的学习能力、实践能力、创新意识和综合素质的提高起着重要的作用。

毕业设计通常包括确定设计课题、收集资料、确定设计方案、完成设计计算、绘制图纸等步骤。在这个过程中，学生需要独立思考，运用所学知识进行分析、计算、设计、经济论证及合理化建议等，并在指导教师的指导下不断完善和优化设计方案。

毕业设计不同于毕业论文，它的组成部分不是一篇学术论文。以机械专业毕业设计为例。随着科技发展的进步，高校对机械专业毕业设计的内容提出了一定的要求，2004 年以前设计内容一般包括：毕业设计图纸及说明书，2005 年以后国家教育部门提出了新的要求，结合工厂需求加入了三维设计、模拟仿真及程序分析研究。这充分说明做出一份优秀的毕业设计是要付出一定努力的。

四、毕业设计与毕业论文的区别

毕业设计和毕业论文，它们既存在区别又相辅相成，各有侧重。毕业论文更侧重于对科研能力的培养，毕业设计则更注重对实践能力的锻炼。两者都是高等教育中重要的教学环节，旨在全面提升学生的综合素质和能力。

首先，从目的上来看，毕业论文要求学生通过独立研究，深入探究某一专业领域的问题，掌握专业知识和研究方法，撰写出一篇具有一定意义的论文。而毕业设计则更注重于检验学生综合运用所学理论、知识和技能解决实际问题的能力，它是一个实践性的教学环节，要求学生通过设计、计算、绘图等步骤，完成一个具体的工程或产品。

其次，从形式上来看，毕业论文主要是一篇写作论文，学生需要围绕自己的研究课题，撰写背景综述、研究目的、研究方法、研究结果及讨论等内容。而毕业设计通常是一个实践项目，学生需要解决一个实际问题，并最终形成一个产物，如硬件或软件等。

最后，两者的评价标准也有所不同。毕业设计的评价主要侧重于成果，即所设计的产品或方案是否达到要求。而毕业论文的评价则主要侧重于研究的内容和质量，如研究是否有深度、研究方法是否合理、结论是否有理论和实用价值等。大多数毕业论文以毕业设计为基础，在此基础上进行深入研究，最终形成一篇研究性论文，学校大多数专业的人才培养方案将毕业设计和毕业论文进行整合，以"毕业设计（论文）"的形式进行综合评分。

表5.1.1 学校本科生获江苏省普通高等学校优秀本科毕业设计（论文）一览表（2019年以来）

序号	获奖等级	获奖年份	专业	设计（论文）名称	学生	指导教师
1	三等奖	2019	国际经济贸易	中国旅游服务贸易竞争力评估与影响因素研究	董 浩	周 俊
2	二等奖	2019	汉语言文学	清代嘉道年间苏州寿苏会研究	王 丰	周生杰
3	三等奖	2019	英语	语音水平对中国英语专业大学生交际意愿的影响	张 可	王海贞
4	三等奖	2020	英语	语言景观视角下苏州公示语的英译研究	吴佳颖	孙少华
5	三等奖	2020	汉语国际教育	"修竹与清湍，君家旧风流"——王心一对"归田园居"植物艺术的建构	袁 梦	茆 萌
6	三等奖	2021	人力资源管理	H公司技术型人才流失原因分析及对策研究	何佳楠	丛培栋
7	三等奖	2021	环境设计	基于改善心理疾患的室内空间色彩设计研究	纪 艺	马 路
8	三等奖	2021	英语	拉斯韦尔传播学理论视角下中国时政话语翻译研究——以2019年《政府工作报告》英译为例	李思睿	彭文青
9	三等奖	2021	英语	论"丰裕"视角下林黛玉的语言艺术	朱文霞	袁 影

续表

序号	获奖等级	获奖年份	专业	设计（论文）	学生	指导教师
10	优秀团队奖	2021	法学	法院审判引用宪法条款之实证研究	陈爱娟 刘承影 芮心月 施浩然 费佳辰	上官丕亮 周小羊 陈晓君 黄芹 钮建峰 林化美
11	三等奖	2022	汉语国际教育	"凌波微步，罗袜生尘"——以《洛神赋图》见魏晋时期绘画对文学的转化	卞嘉傲	季品锋
12	三等奖	2022	英语	On Chinese Cultural Elements in Bao：A Multimodal Perspective 论多模态视角下《包宝宝》的中国文化元素	顾陈	孙少华
13	三等奖	2022	电子信息科学与技术	光学4f成像系统中的空间相干性调控的研究	沈悦晨	吴丹 陈亚红
14	三等奖	2023	汉语国际教育	"着笔老苍，意趣清远"——从《杜甫诗意图》看石涛对杜诗的图像阐释	林宇媚	季品锋
15	三等奖	2023	英语	评价理论视角下对灾难性新闻报道的生态话语分析	张竞婧	衡仁权
16	三等奖	2023	产品设计	桃花坞木板年画元素在现代装饰品设计中的运用研究	王心怡	刘咏清
17	二等奖	2024	英语	生态翻译学视角下康达维英译《文选》（赋卷）之不可译性与补偿策略研究	姚慕晴	叶雅颖
18	三等奖	2024	汉语言文学	苏秦形象新探——以《史记》《战国策》《战国纵横家书》为探讨依据	保天淳	何映涵
19	三等奖	2024	电子科学与技术	基于树莓派与轨迹识别的循线小车	张程浩	郑君媛
20	三等奖	2024	产品设计	海宁皮影戏元素在现代纺织品设计中的应用	季莎莎	王虹

第二节　毕业设计（论文）怎么做?

一、重要时间节点

毕业设计（论文）工作进程重要时间节点见表 5.2.1。

表 5.2.1　毕业设计（论文）工作进程重要时间节点一览表

序号	工作程序及要求	参考日程
1	各学院成立毕业设计（论文）教学指导小组，组织专业教师申报课题并审核	第七学期期初
2	各学院召开全体毕业生毕业设计（论文）动员会，做好思想动员工作并公布毕业设计（论文）工作要求、评分标准、纪律等有关规定	第七学期第 8 周
3	组织学生选题，确定指导教师，各班填写《苏州城市学院本科生毕业设计（论文）选题汇总表》于第 11 周周五前发至二级学院教务老师邮箱	第七学期第 9 周至第 12 周
4	导师下达毕业设计（论文）任务书，指导学生撰写开题报告，毕业设计（论文）环节开始运行	第七学期第 13 至第 15 周
5	各学院检查开题情况、教务处组织专家随机抽查	第七学期第 16 周
6	中期检查：各专业检查日程在第八学期第 6 周前报教务处备案，教务处组织专家随机抽查	第八学期第 3 周至第 5 周
7	各学院收齐毕业设计（论文）正稿，由指导教师给出评阅意见后，交评阅老师评阅论文，并写好评语	第八学期第 10 周
8	答辩：由答辩委员会及答辩小组按照各专业答辩日程进行答辩，答辩当天做好答辩记录，并给出答辩成绩及论文总成绩	第八学期第 11 周至第 12 周
9	毕业设计（论文）归档	答辩结束后 1 周内
10	毕业设计（论文）第二次答辩（获优秀等级者）	第八学期第 13 周
11	推荐评选校级优秀毕业设计（论文）和校级优秀指导教师，填写评优推荐表	第八学期第 14 至第 15 周
12	毕业设计（论文）第二次答辩（答辩不符合要求者）	第八学期第 16 周
13	推荐评选省级优秀毕业设计（论文）	第八学期第 16 周至第 17 周
14	各学院总结毕业设计（论文）工作，并上交书面报告至教务处	第八学期第 18 周
15	学校公布校级优秀毕业设计（论文）和优秀指导教师名单，颁发荣誉证书	第八学期期末

二、各时间节点做什么？

学校注重毕业设计（论文）工作的过程管理，按照各专业的教学大纲规定，毕业设计（论文）工作应该在第八学期进行，但是为了提高毕业设计（论文）质量，学校在实际的管理过程中，早在第七学期甚至第六学期就已经开始了毕业设计（论文）的准备工作，具体管理过程包含：毕业设计（论文）动员阶段、选题阶段、开题阶段、中期检查阶段、相似度检测阶段、答辩阶段、材料归档提交阶段、评优管理阶段等。

（一）毕业设计（论文）动员阶段

毕业设计（论文）动员是一个非常重要的环节，它能够帮助学生明确毕业设计（论文）的目标和要求，激发他们研究的兴趣和动力，为毕业设计（论文）工作的顺利开展打下坚实的基础。

为保证毕业设计（论文）的质量，各学院一般在第七学期期初为学生开展不同主题的毕业设计（论文）动员大会，详细布置毕业设计（论文）的安排。主要向学生明确撰写毕业设计（论文）的目的、工

图 5.2.1　毕业设计（论文）动员大会现场

作要求、工作进程安排，激发学生研究的兴趣和动力，强调学术道德和诚信意识，以及提供必要的支持和帮助等，让学生充分做好毕业设计（论文）工作心理上、概念上的准备，确保毕业设计（论文）工作能有效地开展。届时，教务处会做好各学院毕业设计（论文）动员大会的检查和督促工作。

（二）毕业设计（论文）选题阶段

选题是保证毕业设计（论文）质量的首要因素，是开展毕业设计（论文）工作的前提，其重要性不言而喻。毕业设计（论文）选题务必要符合本专业的培养目标，充分体现学科特点，有一定的创新性，通过社会中的热点问题以及学生参与社会实践中发现的问题来科学设定选题。同时，毕业设计（论文）选题要结合应用型本科高校的办学特点，注重应用性，注重校企合作，提高在实验、实习、工程实践和社会调查等社会实践中完成的比例，因此，在选题阶段要求学生要提高应用性选题的比重。在毕业设计（论文）撰写工作开始一段时间后，学生若确需变动选题的，须在毕业设计（论文）管理系统进行申请，报指导教师、各学院教学负责人批准。在毕业设计（论文）整体工作进程期限过半后，原则上学校不再允许更改题目。在这一阶段，教务处会加强与各学院的对接，做好选题和选题变动工作的不定期检查与监督工作。

选题程序：公布选题范围（逐年修订）—学生初步选题—确定指导教师—师生

商定题目—汇总选题，初步划分—明确指导教师与学生的分配。

系统选题具体操作流程：进入教务系统—点击"毕业设计（论文）管理"菜单，进行学生选题维护，具体如图5.2.2所示。

图 5.2.2　毕业设计（论文）管理菜单

（三）毕业设计（论文）开题阶段

选题阶段过后，学生在指导教师的指导下进行毕业设计（论文）的前期资料准备工作，该阶段学生要查阅相应的文献资料、撰写文献综述、确定毕业设计（论文）任务研究或解决的问题和拟采用的方法，教务处和相应的学院会监督学生在规定时间内完成开题报告。

学生在这一阶段应注意的事项具体如下：

（1）撰写开题报告并通过是过程管理的重要部分，也是顺利进入毕业设计（论文）撰写及答辩阶段的重要前提，开题报告确定的题目要求与毕业设计（论文）最终题目基本一致，原则上不得随意更改。

（2）应合理安排时间，在指导教师的指导下按时完成资料的收集、整理、调查和研究等工作。撰写开题报告务必要遵循学术规范，确保开题报告的质量。

（3）应采用适合的研究方法，积极采用问卷调查、实证分析、文献研究、数据统计分析、案例分析、实验、比较分析等研究方法。

（4）开题报告撰写完成后，需及时提交至毕业设计（论文）管理系统等待指导教师的审核。

（四）毕业设计（论文）中期检查阶段

中期检查分指导教师自查、学院检查等形式。教务处与各学院毕业设计（论文）管理小组做好协同检查管理工作，不定期进行抽查。具体检查学生对于毕业设计

（论文）的工作态度、工作质量；有无改变课题内容；有无更换指导教师；论文撰写进度是否延期；如与某些项目或课题相关的，还要检查其所做工作能否达到毕业设计（论文）要求；已完成任务和还未完成任务的情况；存在的问题及解决方法；以及在校外实习地做毕业设计（论文）的具体情况等。各学院根据检查情况，分析毕业设计（论文）进展过程中存在的问题并形成书面报告提交至教务处备案，同时要求学生加强与指导教师的联系，就检查中存在的问题进行针对性的修改。

（五）毕业设计（论文）形式规范符合性检测环节

毕业设计（论文）质量是衡量教育教学水平、认定学生毕业和学位资格、教学评估的重要依据。毕业设计（论文）是形式与内容的统一，毕业设计（论文）撰写需遵循撰写规范及相关国家标准，教育部要求从2021年开始对本科毕业设计（论文）进行抽检，形式规范也是重要的抽检评议要素。

为培养学生的学术规范意识，提升毕业设计（论文）的规范性，学校开展了毕业设计（论文）形式规范符合性检测。凡申请学位的毕业设计（论文）（不包含涉密学位论文）在提交导师初审前，即应自行检测、按要求修改错误直至合格并提交"检测合格证明"，答辩及归档等后续环节如有修改，均应重新检测并提交"检测合格证明"，学校会对最终版本进行批量统一检测。相关注意内容如下：

1. 指导检测依据

《苏州城市学院本科生毕业设计（论文）打印格式》、《学位论文编写规则》（GB/T 7713.1—2006）、《科技文献的章节编号方法》（CY/T 35—2001）、《信息与文献—参考文献著录规则》（GB/T 7714—2015）、《标点符号用法》（GB/T 15834—2011）、《出版物上数字用法》（GB/T 15835—2011）。

2. 系统操作方法

登录系统网址：https://szcu.lun51.com/jwc。

使用方法：账号为学号，默认密码为姓氏拼音首字母大写加上学号后6位，如张三的学号是2017123456，则默认密码为Z123456（Z是姓的首字母大写，123456是学号后六位），首次登录后请修改密码。

学生登录后点击右上角的"提交论文"，选择对应的模板后上传论文即可。如果检测人数较多，系统会自动排队，可以在"检测报告"菜单下载结果。

检测合格后，在"检测报告"页面点击"检测合格证明"，下载PDF证明并打印上交学院，方可参加答辩，否则不予答辩。

3. 检测结果认定及处理

论文规范性自动检测系统是毕业设计（论文）的辅助检查手段，检测结果可以作为毕业设计（论文）形式审查的参考依据。毕业设计（论文）原则上不应该存在形式规范错误，一般以差错率低于万分之五为合格，即每万字留存错误不超过5个为合格。

系统会以提醒的形式指出论文中存疑的部分，提醒不算错误，不计入差错率。同学们应根据具体情况，如系统提醒的问题属实，进行修改。

"论无忧—学位论文检测机器人"系统可以自动分析学位论文格式是否符合学校的撰写规范以及相关的国家标准，支持文本、插图、表格、代码、算法和参考文献等上百个检测项，并将发现的不符合项以批注的形式在原稿中自动标注，可用于指导学生修订相关规范性错误。

检测平台不收录论文，多次提交检测只会保留最后2次的检测报告，检测报告在平台最多只保留4天，所以需要同学们及时下载，报告下载后同学们也可以在平台上实时手动删除。

（六）毕业设计（论文）内容相似度检测阶段

毕业设计（论文）答辩实行答辩准入制度，学生必须满足相应条件才能获得答辩资格，其中最重要的条件就是在学校指定平台上的文本复制检测报告单（图5.2.3）中"总文字复制比"不能超过相应的要求（不超过30%），对于超过要求的要结合文本复制检测报告单内容进行论文修改。未参加内容相似度检测或者是检测不合格的学生不能取得参加毕业设计（论文）答辩的资格。

图5.2.3　毕业设计（论文）文本复制检测报告单

各学院毕业设计（论文）管理老师会及时查阅毕业设计（论文）相似度检测系统，筛选出不符合相似度检测要求的学生名单通知给指导教师。学生从个人毕业设计（论文）相似度检测系统也会第一时间查询到毕业设计（论文）的总文字复制比，对于超出标准的，要与指导教师主动沟通，做好论文的调整与修改工作。同时指导老师会督促相应同学对论文相似度再检测，直到符合答辩要求为止，整个过程需在学校指定的论文相似度检测系统平台上进行。

（七）毕业设计（论文）答辩阶段

学生必须提供一整套完整的毕业设计（论文）后才能参加答辩。参加答辩后才可得到毕业设计（论文）答辩成绩。每位学生的答辩时间大体相同，基本安排在每年 5 月上旬，具体需要结合学科性质和撰写论文具体情况确定。答辩时，答辩教师会就课题的研究内容和研究中遇到的问题进行提问。

图 5.2.4　毕业设计（论文）答辩现场

毕业设计（论文）总成绩由指导教师、评阅教师、答辩小组三部分组成。三部分给出的分数在学生的最终成绩中占有的权重分别为 30%、30%、40%。因此，各学院在答辩阶段会提高监督门槛，主要监督中期检查意见是否落实整改，毕业设计（论文）质量是否达到要求，与往届相同（近）的课题撰写内容是否雷同，毕业设计（论文）评阅、答辩环节各项工作是否规范等。

1. 答辩准备安排

答辩小组：答辩小组每组不少于 3 名教师，安排答辩秘书 1 名，协助处理答辩有关事宜。一般每个小组参加答辩学生数量低于 20 人。

答辩准备：

（1）答辩前各学院会向学生明确答辩工作总体方案；

（2）论文评阅教师会在答辩前一周完成毕业设计（论文）评阅工作，并汇总不具备答辩资格的学生名单于答辩前三天报相应二级学院；

（3）答辩小组教师在答辩前会预先审阅参加答辩学生的毕业设计（论文）并做

好提问准备；

（4）答辩小组始终坚持学术标准，公平公正对待每位学生，详细记录答辩情况，充分讨论，认真评定每位学生的成绩；

（5）参加答辩的学生须着装整齐，仪态仪表大方得体，提前15分钟进入相应教室等待；

（6）答辩秘书提前公布答辩顺序，通知学生做好准备；

（7）答辩过程中学生应服从答辩组长的安排，有序进行答辩。

2. 学生毕业设计（论文）答辩准入制度

毕业设计（论文）答辩实行准入制度，学生必须同时满足以下两项条件，才可获得答辩资格。

（1）要进行毕业论文形式规范符合性检测，原则上不应该存在形式规范错误，以差错率低于万分之五为合格；

（2）学校指定平台的文本复制检测报告单中"总文字复制比"不超过30%。

3. 答辩要求

每位学生必须提供毕业设计（论文）所要求的全部材料后方能参加答辩。每位学生必须经过答辩环节才可取得毕业设计（论文）成绩。每位学生的答辩时间可视学科性质确定。一般为30分钟左右（其中：学生报告时间不超过15分钟，答辩教师提问15分钟左右）。答辩教师提问会围绕该课题的研究内容质询关键性问题。如遇争议性的学术问题，会提交答辩委员会协商解决。

（八）毕业设计（论文）材料归档提交阶段

学生需提交毕业设计（论文）纸质版和电子版归档材料各一份至相应二级学院存档。归档材料要长期保存，由各学院专人负责管理。

1. 内容要求

电子文件和相应的纸质文件包含11项材料，纸质文件按如下顺序装订，电子文件按如下顺序和规则命名（图5.2.5）：（1）封面（图5.2.6）；（2）独创性声明；（3）使用授权声明；（4）论文；（5）开题报告；（6）外文文献原文及中文翻译；（7）任务书；（8）中期检查表；（9）答辩记录表；（10）成绩评定表；（11）大学生论文检测系统文本复制检测报告单。其中需要签字的材料务必取得相应老师的签名。

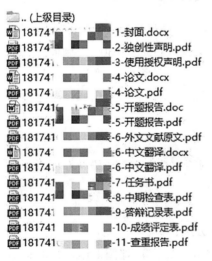

图5.2.5　毕业设计（论文）电子版归档材料

2. 排版要求

根据第七学期发放的学生毕业设计（论文）手册中《苏州城市学院本科生毕业设计

（论文）打印格式》进行排版。

3. 提交要求

电子文件：将所有排好版的电子材料放在一个文件夹中，文件夹以"班级+学号+姓名"的格式命名。班长或学习委员收齐全班学生的电子版材料后交给相应二级学院。

纸质文件：班长或学习委员收齐排好版并装订好的纸质材料后，以班级为单位统一交给相应二级学院。

（九）毕业设计（论文）评优管理阶段

1. 校级优秀毕业设计（论文）（团队）推荐

（1）推荐要求：按照《苏州城市学院本科生毕业设计（论文）工作条例》相关要求推荐。

图 5.2.6　毕业设计（论文）纸质版归档材料封面

（2）推荐比例：校级优秀毕业设计（论文），各专业按该届答辩学生人数 3% 左右的比例推荐，被推优论文的文本复制检测报告单中的"总文字复制比"原则上不超过 15%。校级优秀毕业设计（论文）（团队）由各学院根据本院的实际情况推荐，每个学院可推荐 0~1 个团队。

（3）提交材料情况：需提交《苏州城市学院本科生毕业设计（论文）学生评优推荐表》或《苏州城市学院本科优秀毕业设计团队推荐表》电子档及纸质稿；论文浓缩稿或团队总报告电子档。以上材料电子档按"一个学生一个文件夹"的规则保存，文件夹以"班级+学号+姓名+校优（个优或团优）"的格式命名。

图 5.2.7　毕业设计（论文）评优答辩现场

2. 省级优秀毕业设计（论文）（团队）推荐

（1）推荐比例：各学院按前期报教务处培育名单的基础上推荐。

（2）提交材料情况：《江苏省普通高等学校本专科优秀毕业设计（论文）推荐表》或《江苏省普通高等学校本专科优秀毕业设计团队推荐表》电子档和纸质稿。

（十）毕业设计（论文）抽检阶段

教育部于2020年底印发了关于《本科毕业论文（设计）抽检办法（试行）》的通知（教督〔2020〕5号）（图5.2.8），与此同时，启动了本科毕业设计（论文）抽检试点工作，旨在督促高校落实立德树人根本任务，推动高校加强培养过程管理，进一步提高人才培养质量，把好毕业出口质量关。毕业设计（论文）抽检不仅是确保学生论文质量的重要手段，也是促进教学改革、提高教育质量、保障学生权益和维护学术诚信的重要途径。

图5.2.8 《本科毕业论文（设计）抽检办法（试行）》

根据《本科毕业论文（设计）抽检办法（试行）》通知内容划重点如下：

区别于博士、硕士学位论文抽检重点考察研究生创新性和科研能力，本科毕业设计（论文）抽检重点考察本科生基本学术规范和基本学术素养，它是一种"合格性"考察。

本科毕业设计（论文）将进行每年一次的抽检，抽检对象为上一学年度授予学士学位的论文，抽检比例原则上应不低于2%。这也说明每一位本科生的毕业设计（论文）都会有一定的概率被抽中，因此，毕业生在撰写毕业设计（论文）时务必要高度重视。毕业生在撰写毕业设计（论文）的过程中，要积极与导师进行沟通，按时进行查重工作，确保自己的毕业设计（论文）能够顺利完成并具备答辩资格。

省级教育行政管理部门采取随机抽取的方式确定抽检名单，抽检论文覆盖本地区所有本科层次普通高校及其全部本科专业。对涉嫌存在抄袭、剽窃、伪造、篡改、买卖、代写等学术不端行为的毕业设计（论文），高校要按照相关程序进行调查核实，对查实的应依法撤销已授予学位，并注销学位证书。

所以，在这里也要提醒各位学生，在撰写毕业设计（论文）的时候不要存在任何的侥幸心理，一定要按照自己的实际情况认真撰写，文章要通过自己的思考、分析和论证得出新的见解，讨论的问题要有新角度或者新发现，切记不得生搬硬套。

第三节 毕业设计（论文）检测系统

为规范学术道德，推进学风建设，有效遏制本科生毕业设计（论文）的作假行为，保证本科生毕业设计（论文）质量，根据江苏省教育厅在毕业设计（论文）抽检工作中需提供被抽检论文的论文抄袭检测报告的要求，每位同学毕业设计（论文）定稿后，须登录学校指定的大学生论文检测系统（简称检测系统）进行检测，下文以"中国知网"大学生论文检测系统为例，进行说明。

一、检测系统入口

进入学校官网—"教育教学"—"本科生教育"—"毕业论文（设计）系统"—"'中国知网'大学生论文抄袭检测系统（点击进入）"。

二、账号设置及检测方法

学生用户名为学号，初始密码届时会在学校官网通知，初始密码务必及时修改。检测系统的使用方法如下（具体参见学校官网发布的查重相关通知附件《"中国知网"大学生论文管理系统使用手册（学生）》）。

（一）登录系统

首先，选择自己所在的学校（图5.3.1）。点击学校名称输入框空白处，在弹出的对话框中选择自己所在的学校。系统中有两种方法可供选择，一种是根据地区选择；另一种是直接在输入框内输入学校名称进行检索并选择。

图 5.3.1　学校检索

然后，学生需要输入用户名和密码，选择身份后，点击"登录"按钮进入系统。

（二）提交论文

学生可以点击"提交新论文"按钮进入提交新论文页面（图5.3.2），系统显示论文状态为"待提交"，同时显示提交次数。

（三）选择指导教师

如图5.3.3所示，学生第一次登录系统后需要选择指导教师，具体操作是点击"选择指导教师"在空白框内输入教师姓名（如遇同名教师还需根据工号进行选择）。

图 5.3.2　论文提交

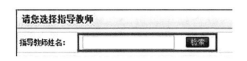

图 5.3.3　选择指导教师

（四）填写论文基本信息

需要填写篇名、关键词、创新点、中英文摘要（图 5.3.4）。

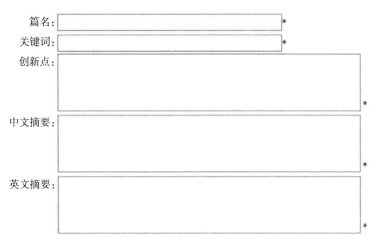

图 5.3.4　填写论文基本信息

（五）上传待检测论文

如图 5.3.5 所示，学生需要点击"浏览"按钮选择所需要检测的论文，然后点击"提交"按钮上传。

图 5.3.5　上传待检测论文

（六）查看所提交的论文

在已提交论文的页面，学生可以查看到已上传论文的检测结果。

三、检测次数及时间安排

每位学生共可进行 3 次检测，具体开放时段如下（具体会在学校官网提前通知）：

第 1 次检测开放时段：4 月上旬至中旬内的一周；

第 2 次检测开放时段：4 月中旬至下旬内的一周；

第 3 次检测开放时段：4 月下旬至答辩前的一周。

四、检测结果的性质认定及其处理

（1）"中国知网"大学生论文检测系统是学校本科生毕业设计（论文）的辅助检查手段之一，检测结果将作为学生毕业设计（论文）水平评价的参考依据之一。

（2）学生毕业设计（论文）检测结果"总文字复制比"≤30%，并经指导老师同意的方可参加答辩，否则不予答辩。

（3）推荐为校级及以上等级的优秀毕业设计（论文）检测结果"总文字复制比"原则上应≤15%。

（4）第一次检测开放全文报告单，检测结束后请及时下载报告单并认真修改论文。从第二次检测起，开放简洁报告单，当检测结果"总文字复制比"≤30%时，即可打印出文本复制检测报告单（简洁），一式两份，一份提交指导教师评阅，另一份作为附件装订在毕业设计（论文）正稿后。

五、特别提醒

（1）每位学生在同一次检测开放时段内只可检测一次。已参加本次检测的，需待下一次检测开放后方可再次检测；过期未检测的，本次检测机会自动作废，不累计。

（2）请学生务必在毕业设计（论文）全部完成后再提交检测。充分合理使用每一次检测机会，尤其使用好第一次的开放全文报告单的检测，及时通知指导教师查看检测结果，并根据检测结果及指导教师意见认真修改自己的毕业设计（论文）。

（3）检测系统只能用于学生自己毕业设计（论文）的检测工作。所有使用人员在系统使用过程中，须对自己的用户信息、检测内容、检测结果等严格保密，严禁使用该系统进行收费检测或用作其他论文检测等违规检测操作。

第四节 毕业设计（论文）评分

在前面三节内容中，同学们对毕业设计（论文）是什么、怎么做以及防抄袭的要求已经有所了解，那么毕业设计（论文）如何评分呢？同学们早一些了解毕业设计（论文）评分细则，既能让毕业设计（论文）撰写少走弯路，也对于写出一篇高质量的论文有很大的帮助。

一、评分构成

指导教师、评阅教师、答辩委员会（小组）成员在评分中坚持严格要求和实事求是的原则，根据学生在毕业设计（论文）中独立完成的实际情况和评分标准作出评定。

毕业设计（论文）的成绩采用百分制计分，90~100分（优秀）、80~89分（良好）、70~79分（中等）、60~69分（及格）、60分以下（不及格）。

采用"结构分"进行成绩的综合评定，结构分的构成包括指导教师的评分、评阅教师的评分、答辩小组的评分，分别占总分的30%、30%、40%。

二、评分细则

表 5.4.1 毕业设计（论文）评分细则

序号	评分内容	分值
（一）	指导教师评分	100
1	毕业设计（论文）方案设计、文献检索、阅读及综述能力、进度等情况	25
2	毕业设计（论文）质量和工作量	50
3	科学素养、学习态度、纪律表现等情况	25
（二）	评阅教师评分	100
1	毕业设计（论文）文字书写	20
2	毕业设计（论文）质量	40
3	工作量情况	20
4	毕业设计（论文）创新及分析问题、解决问题能力	20
（三）	答辩小组评分	100
1	毕业设计（论文）介绍表达情况	20
2	回答问题表现	40
3	毕业设计（论文）水平和工作量	40

表 5.4.1 列出毕业设计（论文）的评分细则，更加详尽的《苏州城市学院本科生毕业设计（论文）评分细则》请参照第七学期学校发放的学生毕业设计（论文）手册。

第五节 毕业设计（论文）的"雷区"

一、重视程度不够

大部分高校的毕业设计（论文）启动工作始于第七学期，但有些同学对待论文工作存在拖沓、不重视等现象，还有个别学生会以考研、找工作、实习等原因未能按照学校和指导教师的要求开展论文准备工作，导致不能按时完成论文的撰写以及短时间突击和简单堆砌等情况的发生，从而降低了论文的质量，也影响了自己的学业；也有个别同学认为论文等课程不重要，对自身放低了要求，甚至出现放纵自己抄袭论文等学术不端的现象。

> **小提示**：一分耕耘才有一分收获，学校不会因为考研、实习、考证等原因而降低毕业设计（论文）考核标准，请同学们务必重视毕业设计（论文）这门课程。学生如未能取得这门课程的相应学分是无法取得学士学位的，同时应该投入更多的时间和精力参与科研项目，积累科研成果，为毕业设计（论文）的撰写打好坚实的基础。

二、联系导师不够

大学的管理模式不可能像中小学一样，大学生的学习是以自主学习为主，毕业设计（论文）也并不例外。但基于毕业设计（论文）课程安排在学生实习和找工作比较忙碌的学期这样一个客观原因，个别学生并没有拿出一定的时间来主动与指导教师联系，从而不能将产生的问题及时解决，问题堆积影响了论文撰写的质量和完成论文的效率。同时，这些学生也没有把精力放在科研项目的参与上面，导致实验数据不足、科学依据缺乏的情况产生。

> **小提示**：学生要培养自己的主动意识，积极主动与指导教师取得联系，要提前做好规划，论文培育应贯穿整个大学阶段，要有意识从入学开始培养自己的科研素养。在撰写论文阶段，每周除了指导教师规定的指导时间外，建议学生要按时主动联系导师，可以以小组为单位，由小组长统一协调好小组所有成员的时间，再约指导教师多次开展论文讨论和指导工作，以提高论文撰写质量。解决不了的难题要及时与指导教师沟通，保证问题不积压。好的毕业设计（论文）的呈现一定需要主动投入的时间、精力和良好的科研素养。

三、抄袭现象较突出

一直以来，毕业设计（论文）的借鉴和抄袭情况是各高校较为突出的问题，大多数高校都是采用大学生论文检测系统检测文章的重复率以确保毕业设计（论文）的质量。但对于学习能力不强的个别学生来说，学校提供的正规渠道查重机会如未能满足他的查重需求，会不惜高价去自行寻找查重机会，最后上当受骗，耽误了答辩。

> **小提示**：大多数学生认为论文查重的目的仅仅是为了查出复制的内容有哪些，根据查重报告好好修改并降重就可以了，事实上论文查重的初衷是为了尽可能地杜绝抄袭并加强创作，更好地提升学生的综合素质和专业能力。学生要紧跟论文写作的节奏，一般在毕业设计或问卷调查完成后，要制订论文写作流程图，根据流程图的设计，围绕主题衍生出分论点和小论点，再用自己的语言进行论证创作，这样创作的文章思路较为清晰，论证也更加严谨。千万不要仅仅是文字的复制粘贴和简单的文字堆砌，这样的文章往往逻辑性不强，没有研究价值，更没有创新性。学生在查重过程中遇到任何问题请第一时间与学院取得联系，从学校等正规渠道获得查重机会并修改论文，切勿擅自在外部平台查重，避免上当受骗。

四、应用性和创新性不强

本科学生撰写论文经验尚浅，对于毕业设计（论文）的规范性和要求相对陌生。他们仅仅把毕业设计（论文）当成毕业的一种手段，这种消极态度严重影响了毕业设计（论文）的质量，导致了所撰写的部分文章在研究内容上的应用性和创新性不强，文章大篇幅用于对概念、内涵和定义的界定，逻辑检验的篇幅不多，缺少支撑文章观点成立的论据；文章内容和要求不明确，选题偏离专业方向，与生产实践脱钩，导致所撰写的文章空洞化、低质化，创新性不强。

> **小提示**：学生可以通过以下几方面来提高文章的创新性。
> 首先是选题，选题是体现学生论文创新性至关重要的一步，选题要紧跟当前形势，结合科技动态，深入生产实践，注重学科交叉和应用型特点。
> 其次是积累材料的能力，学生要从大学入学起培养自己积累和消化材料的能力，只有吃透材料，将材料内化为自己的东西，在撰写论文时才能信手拈来，才能有思路提出新颖的观点，才能提高论文的创新性。
> 最后是加强学生论文写作练习，学生从大学一年级开始一定要多动笔，多写，多练，多总结。要想论文有一定的创新靠的不仅是材料的积累，还需要写作水平的积累，写论文本身就是创作，论文创作的过程也是学生创新性活跃的过程，只有将两者很好地结合，才能更好地提高学生的创新能力。

五、答辩内容空洞

毕业设计（论文）答辩实际就是一场重要的考试，前面论文撰写的整个过程就好比考试前的准备工作，所以只有把准备工作做实做细，才能在最终的考试中取得优异成绩。毕业设计（论文）撰写的周期较长，个别同学在答辩前如果没有做好充分的"复习"工作,在答辩过程中就会对论文表现出陌生、理解不深,回答问题模棱两可等情况,进而影响最终成绩。

> **小提示**：在毕业设计（论文）答辩前期一定要对自己的论文深入研究,确定论文中所有观点、推论都有一定的来源和依据,论文的逻辑要清晰,每一节、每一段都应与结论呼应,这样对于答辩老师提出的问题才能做到对答如流,才有机会取得好成绩。

第六节 毕业设计（论文）注意要点

通过前文的介绍，同学们已经对毕业设计（论文）是什么、如何做、如何评分以及如何避免踩雷都有所了解，本节将往年学生经常提出的毕业设计（论文）相关问题进行汇总并予以解答，供同学们学习参考。

（一）毕业设计（论文）何时启动？

毕业设计（论文）一般从第七学期期中的毕业设计（论文）动员后开始实施（个别外语类专业提前至第六学期开始），主要工作是：根据本专业指导教师毕业设计（论文）动员要求，申请和确定选题，与指导教师见面、互留联系方式，根据指导教师确认的论文选题搜寻资料，开始构思初稿等。以上这些工作应该在第七学期期末前完成。

（二）毕业设计（论文）答辩何时进行？

一般毕业设计（论文）答辩工作拟于第八学期第12周前结束（具体答辩时间、地点、分组等情况另行通知），论文答辩前一周需做好论文打印和答辩准备。

（三）毕业设计（论文）打印几份？如何装订？是否需要电子文档？

毕业设计（论文）打印至少一式两份，其中正稿一份，含统一发放的封面、各类附件表格、文本复制检测报告单，供评分和归档用；副稿一份或根据本专业要求的份数，用于本人或指导教师备用。另需以班级为单位上交论文电子文档一份，以备各学院存档。

（四）毕业设计（论文）正稿中附件如何装订？

需装订在毕业设计（论文）正稿中的附件有5项，分别是：（1）《苏州城市学院本科生毕业设计（论文）任务书》；（2）《苏州城市学院本科生毕业设计（论文）中期进展情况检查表》；（3）《苏州城市学院本科生毕业设计（论文）答辩记录表》；（4）《苏州城市学院本科生毕业设计（论文）成绩评定表》；（5）《"中国知网"大学生论文检测报告（简洁版）》。为方便打分、装订和检查，上述5份表格一律依次装订在论文相应位置。以上5项表格已在学生毕业设计（论文）手册中标出，相应电子版可至学校官网本科生教育中的下载中心下载。

（五）毕业设计（论文）正稿何时交指导教师和评阅教师？

毕业设计（论文）正稿应在论文指导结束后（一般为答辩前一周）交指导教师转评阅教师并做好答辩准备（副稿份数根据本专业要求准备）。

（六）毕业设计（论文）答辩准入制度是怎样规定的？

毕业设计（论文）答辩实行准入制度，学生必须同时满足以下两项条件，才可获得答辩资格：（1）要进行毕业论文形式规范符合性检测，原则上不应该存在形式规范错误，以差错率低于万分之五为合格；（2）"中国知网"大学生论文检测报告中

"总文字复制比"不超过30%。

（七）校级优秀论文如何产生？比例是多少？评上后还需做哪些工作？

根据学校规定，校级优秀论文在专业优秀论文中通过二次答辩产生，比例为专业人数的3%，被推优论文的"中国知网"大学生论文检测报告"总文字复制比"原则上不超过15%，评上后还需完成：① 填写《评优推荐表》；② 报两千字左右的电子浓缩稿；③ 复制一份本人毕业论文正稿（含原五项附件及参与二次答辩的《答辩记录表》）。

（八）如何提早准备毕业设计（论文）？

从本科入学开始要树立正确的学习态度，提前做好学习规划，充分依托各类教学科研平台，积极参与学校老师的各类项目，参加各类竞赛，树立毕业设计可以与所参与的项目和竞赛相结合的意识，积极凝练相关毕业设计题目，即便教师给出不同的新选题，对于做好准备工作的这部分学生来说也能轻松驾驭。同时可以利用专业课程，进行毕业设计（论文）的相关训练，例如，进行文献查阅和小论文撰写的训练，这样在近三年的准备时间里，学生不仅仅学习了书本上的专业知识，也做好了相应的实践训练，培养了自己良好的实践能力、创新思维和设计理念，从而为毕业设计（论文）做足了准备工作。

（九）针对教师在答辩现场提出的论文问题，学生是否要做相应的修改？

答辩后，学生的毕业设计（论文）都需要根据答辩教师的建议作相应的修改，即便个别学生看到自己的答辩成绩已超过70分。因为学生最后的毕业设计（论文）成绩是需要审定的，这就包含学生按照答辩教师提出的修改意见做好论文修改，学院审核无误后才能审定成绩通过。因此，对于学生而言，并不是答辩完就无事可做了，后期材料的修改和提交也是十分重要的，只有所有环节都按要求完成，才能取得最终的毕业设计（论文）成绩。

（十）毕业设计（论文）成绩不合格怎么办？

答辩完成后，毕业设计（论文）审定成绩评定为低于70分的学生，须按照答辩教师和指导教师的要求认真修改论文，并按时参加第二次答辩，如二辩成绩仍未达到70分的，按照学士学位授予工作实施细则规定不能授予学士学位，需于下一年重修毕业设计（论文）。

第六章

"三创" 育人　加持未来

第一节　走近创意创新创业

在飞速发展的 21 世纪，创新已成为引领时代变革的核心动力。从硅谷的科技创新到中国的"大众创业，万众创新"，无数梦想者通过独特的视角和不懈的努力，将创意转化为社会价值。创意创新创业（简称"三创"）不仅是经济发展的新引擎，更是社会进步的催化剂。它激发了人类的无限潜能，推动了社会生产力的跨越式发展。接下来让我们一起走近"三创"，认识"三创"，体验"三创"。

一、创意创新创业是什么？

（一）什么是创意？

创意就是指在对现实存在事物的理解以及认知基础上，所衍生出的一种新的抽象思维和行为潜能。

创意的附加值就是在产品原有价值基础上，通过生产过程中有效劳动创造的新价值，即附加在产品原有价值上的新价值。附加值的实现在于通过有效的营销手段进行联接。创意的附加值分为硬性商品价值和软性商品价值。硬性商品价值指的是商品实际能提供给消费者的功能，比如手机中的拍照功能、观影功能等丰富和拓展了原有的即时通信功能。软性商品价值是指能满足消费者感性需求的某种文化，比如形式多样的手机壳（图 6.1.1），通过在原有手机壳上搭配各种新奇的图案或者饰品赋予了手机壳的观赏价值。

图 6.1.1　手机壳创意图

（二）什么是创新？

创新含有更新、创造新的东西、表示改变等意思，去改变原有的某些东西，去重新定义在人们脑海中固化了的事物。创新的类型包括盈利模式创新，比如从传统实体购买转向网络购物；产品系统创新，比如对传统行业接入智能化系统提高生产效能；产品性能创新，比如移动硬盘的容量和大小的改变；结构创新，比如手机通信功能向拍照游戏多功能集成；流程创新，比如增加/减少生产流程进行创新；服务创新，比如现在看病可以足不出户网上就诊开药等。生活中的创新案例有很多，比如可以"骑行"的行李箱，兼具摄像和拍照功能的无人机，省力的订书机，等等。

图 6.1.2　生活中常见创新图

创新的形式有很多，关键在于要有创造性思维，要将传统固化思维向创造性思维进行转化。创造性思维是一种开拓人类认识新领域、开创人类认识新成果的思维活动，往往表现为发明新技术、形成新观念、提出新方案、创建新理论等。创造性思维具有新颖性、灵活性、艺术性和风险性四个特征，可以通过理论思维、多向思维、侧向思维、逆向思维、联想思维和形象思维来体现。

（三）什么是创业？

狭义的创业就是指创办一家企业；广义的创业指通过发现和捕捉机会并由此创造出新颖的产品或服务和实现其潜在价值的复杂过程，也可以引申为创造个人的事业。创业行为存在于各种组织和各种经营活动中，强调的是主体在能动性的社会实践中所体现的一种特定的精神、能力和行为方式。创业者在创业过程中要不甘于资源约束的现状，努力通过资源整合来达到创业目标，同时要努力识别商业机会，进行价值的创造。

根据创业动机的不同，可以将创业分为生存型创业和机会型创业。生存型创业是指创业者除了创业外，别无其他更好的选择，因此不得不参与创业活动以解决一些生存问题的形态，常见的就是一些大学生因为暂时找不到工作而进行的创业；机会型创业是指创业活动出于抓住现有机会并实现价值的强烈愿望，例如马云创建的淘宝。当然，也存在复合型的创业，这种创业既是出于自身生存的需要，同时也是抓住了市场机遇。根据创业主体的不同，创业又可以分为个体创业和公司创业。个体创业是指不依附于某一特定组织而开展的个人或团队的创业活动，常见的有个体户、工作室的形式；公司创业，又叫企业内创业、组织内部创业，是指已有组织发起的组织创新活动，这些创业活动是由组织中工作的个体或团队发起，比如深圳市腾讯计算机系统有限公司创立的天美工作室群等子公司。根据创业价值，创业又可以分为复制型创业、模仿型创业、安家型创业和冒险型创业。在当前时代下，创业又衍生了新的内涵，比如注重社会效应、解决社会问题的公益创业以及对公共政策和管理进行改革创新实现公共服务价值最大化的政策型创业。

二、创意创新创业的路径

(一) 如何拥有创意思维?

创意是一种独特而富有价值的思考方式,能够产生新颖、有吸引力的想法和解决方案。要进行创意,可以从以下几个方面着手:一要激发好奇心和探索欲,保持对周围事物的好奇心,积极探索未知的领域。通过阅读、观察、交流等方式,不断拓宽自己的知识视野,为创意提供丰富的素材。二要打破思维定式,避免陷入固定的思维模式,勇于挑战传统观念。尝试从不同角度思考问题,寻找新的解决方案。通过逆向思维、发散思维等技巧,激发创意的火花。三要敢于自由联想,允许自己的思维自由驰骋,不受限制地进行联想。从一个概念、一个词语、一个图像出发,联想出与之相关的各种想法和情境,这种自由联想有助于发现新的创意点。四要实践与创意相结合,将创意付诸实践,通过不断尝试和摸索,找到可行的解决方案;同时,保持对实践的反思和总结,从中发现新的问题和机会,进一步推动创意的发展。五要培养创意习惯,将创意融入日常生活和工作中,形成一种习惯,例如,定期参加创意训练、与创意人群交流、记录自己的创意想法等,这些习惯有助于保持创意的敏锐度和活力。

总之,创意需要不断激发好奇心、打破思维定式、鼓励自由联想、实践与创新相结合及培养创意习惯。通过这些努力,我们可以不断提升自己的创意能力,为生活和工作带来更多的惊喜和价值。

(二) 如何进行创新?

创新,是一种对生活的不断探索和超越,它让我们的生活更加丰富多彩,更加有趣。在日常生活中,创新无处不在,从细微的生活细节到重大的科技突破,都体现了创新的魅力。要在生活中创新,首先,要保持好奇心和求知欲。好奇心是推动我们探索未知世界的驱动力,而求知欲则是我们获取知识、理解世界的工具。当我们遇到不懂的问题时,不要害怕,而是要去寻找答案,去尝试解决它。这种探索的精神,就是创新的重要一环。其次,我们要学会从不同的角度看待问题。很多时候,我们面对的问题看似无解,但如果能换一个角度去思考,可能就会找到新的解决方案。这就是创新的思维方式,它让我们能够突破传统的束缚,找到新的可能性。再次,还要勇于尝试和实践。创新不仅仅是理论上的探索,更重要的是要将理论转化为实践。我们要敢于尝试新的方法、新的技术,甚至是新的生活方式。只有通过实践,我们才能真正理解创新的内涵,才能真正体验到创新的乐趣。最后,要保持开放的心态。创新往往伴随着失败和挫折,但我们不能因此而放弃。要勇于接受失败,从失败中吸取教训,然后再次尝试。这种开放的心态,是在创新过程中必不可少的。

总之,创新是一种生活方式,是一种精神追求。只要我们保持好奇心,敢于尝试,勇于实践,保持开放的心态,就能在生活的每一个细节中找到创新的乐趣,让生活变得更加美好。

(三) 如何开始创业?

创业是一项充满挑战与机遇的冒险,首先,要明确创业目标。这包括我们想要解决的问题、我们希望达到的市场份额、商业模式等。明确创业目标能够帮助我们在创业过程中保持方向感。其次，要进行市场调研，在明确创业目标之后，我们需要进行市场调研，了解我们的目标市场、竞争对手以及潜在客户的需求，这将帮助我们制订合适的商业策略。再次，制订商业计划，商业计划是我们的创业蓝图，它应该包括我们的创业目标、创业策略、营销计划、财务预测等。一个好的商业计划可以帮助我们吸引投资者，也可以帮助我们在遇到困难时找到解决方案。接着，要组建团队，创业往往不是一个人能够完成的事情，我们需要找到一群志同道合的伙伴，共同为我们的创业目标努力。在选择团队成员时，要注重他们的能力、经验和价值观。此外启动资金也是必不可少的，创业需要资金，我们需要考虑如何筹集到足够的资金来支持我们的创业计划。这可能包括自筹资金、寻求投资者、申请政府补助等。最后，就是执行并调整计划，我们需要坚定地执行创业计划，并在执行过程中不断进行调整。创业是一个不断试错和学习的过程，我们需要勇于面对挑战，不断学习和成长。

总的来说，创业需要勇气、决心和毅力。只有不断学习和调整，才能在创业的道路上取得成功。

三、创意创新创业的价值和意义

习近平总书记指出，"创新是社会进步的灵魂，创业是推动经济社会发展、改善民生的重要途径"，"人的创造力是个人、民族、国家发展的最大动力源，创新创业创造能够为经济社会发展催生新供给、释放新需求、激发新活力"。党的二十大报告提出，"必须坚持科技是第一生产力、人才是第一资源、创新是第一动力，深入实施科教兴国战略、人才强国战略、创新驱动发展战略，开辟发展新领域新赛道，不断塑造发展新动能新优势。"

创意创新创业在当今社会中的价值和意义，已经远远超越了经济层面，它们成为推动社会进步、文明发展、文化繁荣的重要动力。这三者相互关联、相互促进，共同构建了一个充满活力、创造力与梦想的新时代。

一是推动社会的进步。创新是社会进步的源泉。在科技领域，每一项新技术的诞生都代表着生产力的提高和社会发展的巨大飞跃。例如，互联网的普及极大地改变了人们的生活方式，从购物、支付到教育、医疗，各行各业都因此得到了极大的便利和发展。在社会治理领域，创新的政策、管理模式和服务理念，也提升了社会的运行效率和民众的幸福感。

二是促进文化的繁荣。创意是文化繁荣的根基。创意产业的发展，不仅为人们提供了丰富多彩的精神食粮，还成了新的经济增长点。电影、音乐、美术、设计等领域，都需要不断的创意注入，以满足人们日益增长的精神文化需求。同时，创意还能推动传统文化的传承与创新，使传统与现代在碰撞中绽放出新的火花。

三是激发创业的热情。创业是实现个人价值和社会价值的桥梁。在创业的道路上，人们将自己的梦想、热情与智慧付诸实践，创造出无数令人惊叹的成果。创业不仅带动了就业，还促进了技术的转化和应用，推动了社会的经济发展。更重要的是，创业精神激发了全社会的创新活力，为社会的可持续发展注入了强大的动力。

四是推动社会公平正义。创意创新创业在推动社会公平正义方面也发挥着重要作用。创意能够推动文化的多元化，让不同群体的声音得到更多的关注和表达；创新能够打破传统行业的垄断，为中小企业和个人提供更多的发展机会；创业则能够带动就业机会的增加，帮助更多人实现经济独立和自我价值。这些都有助于缩小社会贫富差距，促进社会公平正义的实现。

五是提升国家竞争力。在全球化的今天，一个国家的竞争力很大程度上取决于其创意创新创业的能力。一个充满创新活力、文化繁荣、创业氛围浓厚的国家，往往能够吸引更多的人才、资本和资源，从而在国际竞争中占据有利地位。因此，推动创意创新创业的发展，对于提升国家竞争力、实现民族复兴具有重要意义。

综上，创意创新创业在推动社会进步、促进文化繁荣、激发创业热情、推动社会公平正义和提升国家竞争力等方面都具有深远的意义和价值。它们不仅为个体提供了实现梦想的平台，更为整个社会的可持续发展注入了强大的动力。因此，我们应该大力支持和鼓励创意创新创业，为构建更加美好、和谐的社会贡献力量。

四、创意创新创业案例

（一）娃哈哈和宗庆后

娃哈哈，这个名字在中国可谓家喻户晓，它是中国最大的饮料生产企业之一，也是中国最具影响力的民族品牌之一。杭州娃哈哈集团有限公司（简称娃哈哈）始创于1987年，总部位于浙江杭州，如今已发展成为一家涉足食品、饮料、保健品、医药、生物工程、农业、房地产等多个领域的大型企业。

娃哈哈的成功，离不开其独特的企业文化和先进的经营理念。娃哈哈致力于为消费者提供健康、美味的饮品。娃哈哈的产品线丰富多样，包括著名的 AD 钙奶、纯净水、营养快线、格瓦斯等多个知名产品，深受消费者喜爱。娃哈哈不仅在国内市场取得了巨大成功，还积极拓展海外市场，产品远销至全球多个国家和地区。娃哈哈不断提升产品的国际竞争力，为中国饮料行业树立了良好的国际形象。

此外，娃哈哈还积极参与社会公益事业，致力于改善民生、促进社会和谐。企业多次捐款捐物，支持教育、扶贫、环保等公益事业，展现了良好的企业形象和社会责任感。

提到娃哈哈，就不得不提它的创始人宗庆后，这位中国饮料行业的传奇人物，他的创业经历充满了艰辛与辉煌。1945 年，宗庆后出生于江苏宿迁一个普通的家庭。他从小就展现出了非凡的商业头脑和勤奋刻苦的精神。在改革开放的浪潮中，宗庆后敏锐地捕捉到了市场的变化，决心投身饮料行业。1987 年，宗庆后用自己的积蓄和借款，加上借来的设备，创办了娃哈哈前身——杭州市上城区校办企业经销部，开始了他的创业之旅。他凭借对市场的深刻洞察和对消费者需求的精准把握，推出了娃哈哈 AD 钙奶，迅速占领了市场，取得了初步的成功。创业的道路从来不是一帆风顺的。面对市场的竞争和变化，宗庆后始终保持着冷静和坚定，他坚信只有不断创新、不断满足消费者的需求，才能在市场中立于不败之地。在他的带领下，娃哈哈不断推出新品，拓展市场，逐渐成为中国饮料行业的领军企业。

宗庆后不仅是一位出色的企业家，还是一位具有远见卓识的战略家。他深知企业的长远发展离不开科技创新和人才培养。因此，他大力投入研发，引进先进设备和技术，不断提升产品的科技含量。同时，他注重人才培养和引进，为企业的发展提供了强有力的人才保障。在宗庆后的带领下，娃哈哈逐渐发展成为一家多元化、国际化的大型企业。他的创业经历也成了中国企业家精神的典范，激励着无数创业者追逐自己的梦想。

宗庆后的成功并非偶然，他的勤奋、智慧、远见和胆识共同铸就了娃哈哈的辉煌。他的故事告诉我们：只有不断创新、不断满足消费者的需求，才能在激烈的市场竞争中立于不败之地。同时，他也提醒我们：企业的成功离不开科技创新和人才培养，只有不断投入和积累，才能实现企业的长远发展。

（二）小米与雷军

小米科技有限责任公司（简称小米），成立于2010年，是一家立足中国的全球化科技公司。小米以"为发烧而生"的初心，为全球消费者提供高性价比的智能手机、智能家居、物联网等前沿科技产品。经过十余年的发展，小米已经从一家初创企业成长为全球领先的智能科技生态链企业。

小米坚持创新驱动发展，不断在智能手机、人工智能、云计算、物联网等领域探索与突破。小米的产品线覆盖了手机、电视、笔记本电脑、智能家居、智能穿戴等多个领域，且每款产品都力求实现技术与设计的完美结合，为全球消费者带来前所未有的智能生活体验。在全球化布局上，小米坚持"让每个人都能享受科技带来的美好生活"的愿景，积极开拓国际市场，产品远销全球100多个国家和地区。小米的国际化战略不仅赢得了全球消费者的认可，也为中国的智能科技产业树立了良好的国际形象。小米始终坚持以技术为核心，以用户为中心的发展理念。未来，小米将继续深化技术研发，拓展产品线，优化全球服务网络，努力成为全球科技创新的引领者，为构建智能互联的未来世界贡献力量。

小米的创始人雷军，也是中国科技界的一位传奇人物。他的创业历程充满了激情、挑战与智慧，是中国科技创业史上一部鲜活的教科书。1987年，雷军以优异的成绩考入武汉大学计算机系，开启了他的科技人生。在大学期间，他就展现出了非凡的才华和勤奋，不仅成绩优异，还积极参与各种科技活动，为自己日后的创业之路打下了坚实的基础。毕业后，雷军加入了金山软件有限公司（简称金山），开始了他的职业生涯。他凭借出色的技术能力和敏锐的市场洞察力，迅速在金山崭露头角，成为公司的中坚力量。在金山任职期间，他参与了多个重要项目的开发和管理，积累了丰富的行业经验和管理经验。然而，雷军的创业梦想并未止步于此。2000年，他带领团队独立开发了杀毒软件"金山毒霸"，该产品迅速走红，成为国内杀毒软件市场的佼佼者。这一成功让雷军更加坚定了自己的创业信念，也为他日后的创业之路积累了宝贵的财富和经验。2010年，雷军创立了小米科技有限责任公司，正式踏上了自己的创业征程。他以"为发烧而生"的初心，带领团队开发出了多款备受欢迎的智能手机产品，迅速在国内外市场取得了巨大的成功。小米的成功不仅让雷军成了中国科技界的明星人物，也为中国的智能手机产业树立了新的标杆。然而，雷军并未满足于此。他深知科技创新的无穷魅力，也明白市场竞争的残酷无情。因此，他始终坚持创新驱动发展，不断在智能手机、人工智能、云计算、物联网等领域进行探索与突破。在雷军的带领下，小米不断发展壮大，产品线日益丰富，全球市场份额也在稳步提升。如今的小米已经成为全球领先的智能科技生态链企业之一，为全球消费者带来了前所未有的智能生活体验。

回顾雷军的创业历程，可以看到他始终坚持以技术为核心、以用户为中心的发展理念。他深知科技创新的重要性，也明白用户需求的多样性。因此，他始终坚持创新驱动发展，不断优化产品和服务，努力满足用户的需求和期望。同时，雷军还非常注重团队建设和人才培养。他深知一个优秀的团队是企业成功的关键所在，因此他始终坚持以人为本的管理理念，注重员工的成长和发展。他通过引进优秀人才、建立激励机制、提供培训机会等方式，打造了一支高素质、高效率的团队，为小米的成功奠定了坚实的基础。未来，雷军将继续带领小米深化技术研发、拓展产品线、优化全球服务网络，努力成为全球科技创新的引领者。雷军的创业之路充满了挑战与机遇，但他始终保持着对科技事业的热爱和执着追求，相信在他的带领下，小米将会迎来更加辉煌的未来。

（三）理想汽车与李想

理想汽车创立于2015年，总部位于中国北京，是一家新兴的新能源汽车制造商，以"创造移动的家，创造幸福的家"为使命，致力于为用户打造高品质、高性能、高智能化的新能源汽车产品。自成立以来，理想汽车始终坚持创新驱动，不断在技术研发、产品设计和用户服务等方面取得突破，迅速成为中国新能源汽车市场的一股重要力量。理想汽车的产品线包括理想ONE等多款热销车型，这些车型在设计、性能和续航里程等方面均表现出色，受到了广大消费者的喜爱。

李想，理想汽车的创始人兼CEO，是一位充满激情和创造力的企业家。早在学生时代，李想就对科技和创业充满了浓厚的兴趣。他通过自学编程，开发了一系列软件产品，积累了丰富的技术经验。这些经历不仅锻炼了他的技术能力，更培养了他敏锐的市场洞察力和创新精神。

2004年，李想创办了一家名为"汽车之家"的汽车媒体平台。通过独特的视角和深入的内容，汽车之家迅速成为国内最具影响力的汽车媒体之一。在李想的领导下，汽车之家不断创新，推出了众多深受用户喜爱的产品和服务，为后来的理想汽车打下了坚实的基础。随着对新能源汽车市场的深入了解和洞察，李想意识到新能源汽车将成为未来出行的主要方式。于是，他决定再次创业，将自己的热情和智慧投入到这个领域。2015年，理想汽车正式成立，李想担任CEO，开始了他的第二次创业之旅。在理想汽车的创业过程中，李想面临了诸多挑战和困难。他不仅要应对激烈的市场竞争，还要面对技术难题、资金压力等各种问题。然而，他始终保持着坚定的信念和决心，带领团队不断创新、突破自我。在李想的领导下，理想汽车逐渐崭露头角。公司不仅推出了多款备受好评的新能源汽车产品，还在技术研发、用户体验等方面取得了显著成果。同时，李想也积极寻求与国内外优秀企业的合作，为公司的长远发展奠定了坚实基础。

回顾李想的创业历程，我们可以看到一个充满智慧、激情和坚持的企业家形象。他的成功不仅来自个人的努力和能力，更来自对市场和用户的深刻洞察、对技术的不断创新以及对社会责任的积极承担。在他的带领下，理想汽车将继续前行，为中国新能源汽车行业的发展贡献更多力量。

以上的三个案例都体现了我国的企业家精神。企业家精神是一种独特的、充满活力和创新的精神力量，它推动着企业家不断挑战自我，超越边界，以开创性的思维和实践，引领企业向前发展。这种精神源于对事业的热爱与执着，对市场的敏锐洞察，以及对未来的坚定信念。成功的企业家不仅要有远见卓识，更要有敢于实践的勇气。他们愿意投入自己的时间、精力和资源，去尝试那些未知的可能性，去开辟新的商业领域。这种冒险精神是推动企业不断进步的重要动力。只有具备了这种精神，企业家才能在竞争激烈的市场中脱颖而出，带领企业走向成功。

五、创意创新创业荣誉榜

"三创"并不是遥不可及，往年我们学校也涌现了一批优秀的创新创业项目，为我们学校增添荣誉，表 6.1.1 至表 6.1.3 为近年学校学子们在创新创业领域取得的一些成果。

表 6.1.1　江苏省大学生优秀创业项目一览表

年度	获奖项目
2017	甲库档案
2018	徕巴智慧洗衣服务平台
2019	青芒文化
2019	数码通讯"头号玩家"
2021	创意添空
2023	趣礼一站式全场景礼业综合服务平台

表 6.1.2　中国国际"互联网+"大学生创新创业大赛获奖一览表

届数	级别	赛道	获奖项目	获奖等次
第七届	省赛	高教主赛道	创纬新材——中国工程特种建材的领跑者	二等奖
第七届	省赛	高教主赛道	公证数档——公证行业档案一体化解决方案	三等奖

续表

届数	级别	赛道	获奖项目	获奖等次
第七届	省赛	"青年红色筑梦之旅"赛道	平芜文创——声入农芯，打造全国领先的科技农业文创展厅	三等奖
第八届	省赛	高教主赛道	瞳珍智能——儿童视力健康的守护者	二等奖
第八届	省赛	高教主赛道	菁彩光电——光电检测设备国产化赋能者	三等奖
第八届	省赛	高教主赛道	公证数档——公证行业档案信息一体化解决方案	三等奖
第九届	省赛	高教主赛道	瞳珍智能——儿童视力健康的守护者	二等奖
第九届	省赛	高教主赛道	菁彩光电——光电检测设备国产化赋能者	三等奖
第九届	省赛	高教主赛道	怪也——全链路品牌孵化领航者	三等奖
第九届	省赛	高教主赛道	菌不沾——广谱光动力抗菌布料	三等奖
第九届	省赛	"青年红色筑梦之旅"赛道	云鲜生鲜——一体化数字生鲜运营体系	三等奖

表6.1.3 市（区）级创新创业大赛获奖一览表

年度	级别	赛事	获奖项目	获奖层次
2017	市级	苏州市"汇思杯"大学生创新创业竞赛	苏州领域通讯设备有限公司	"蒲公英"创业项目
2017	区级	"创慧湖杯"第三届苏州独墅湖全国大学生创业大赛	苏州甲库档案信息科技有限公司	铜奖
2018	区级	苏州国际教育园"互联网+"创新创业大赛	苏州市中青营销顾问有限公司	三等奖
2018	市级	苏州市"汇思杯"大学生创新创业竞赛	领域科技	三等奖
2018	区级	苏州市"汇思杯"大学生创新创业竞赛	中青营销	"蒲公英"创业项目
2019	市级	苏州市"汇思杯"大学生创新创业竞赛	青芒文化	二等奖
2019	市级	苏州市"汇思杯"大学生创新创业竞赛	越溪寻梦广告传媒工作室	"蒲公英"创业项目
2020	市级	苏州市"汇思杯"大学生创新创业竞赛	云鲜生鲜	"蒲公英"创业项目
2020	市级	苏州市"汇思杯"大学生创新创业竞赛	腾烨新媒体工作室	"蒲公英"创业项目
2021	市级	苏州市"汇思杯"大学生创新创业竞赛	山亦海映像空间	三等奖
2021	市级	苏州市"汇思杯"大学生创新创业竞赛	艺+墙体彩绘	"蒲公英"创业项目

续表

年度	级别	赛事	获奖项目	获奖层次
2022	市级	苏州市"汇思杯"大学生创新创业竞赛	菁彩光电——光学检测设备国产化赋能者	二等奖
2022	市级	苏州市"汇思杯"大学生创新创业竞赛	云鲜生鲜——一体化数字生鲜运营体系	三等奖
2023	市级	苏州市"汇思杯"大学生创新创业竞赛	怪也大模型——助力电商效率跃升	二等奖

第二节 认识创意创新创业

上一节，同学们初步了解了什么是创意创新创业，了解了商业大咖们创意创新创业的经历，也看到了学校的学长学姐们在创意创新创业中获得的荣誉。其实创意创新创业能力并不是个别天才的天赋，而是可以通过学校的专门教育获得的。通过创意创新创业教育，不仅能培养大学生的创新思维和创业能力，更有助于大学生适应未来社会的多元需求。学校高度重视创意创新创业教育，为同学们提供了一系列创意创新创业课程，使同学们能够进一步认识创意创新创业。

一、创意创新创业课程

现阶段，学校与超星课程平台合作，筛选平台上优质的创意创新创业课程提供给同学们学习。在每学期选课时，同学们可以通过选修系统选择创意创新创业慕课进行学习，以下是现阶段学校开设的慕课课程简介，可以供同学们选课参考。

（一）基础课程

创业通识课程又称创业基础课程，是一门面向在校大学生群体开设的课程，内容包含了创业的全过程，为尚未开办公司或者想要尝试创业的学员提供模拟创业的环境，体验创业各环节、诸要素，掌握创业的基本技能，提高创业的成功率。

课程名称：创业实训

课程内容：创业认知，包含自我认知、创业精神、创业风险等；经营管理通识，包含项目选择、市场定位及产品营销、客户定位、成本计算、企业开办、人员组织、企业计划等；其它创业知识，包括企业愿景、电子商务、社群建设、企业实地走访参观、创业实体观摩、沙盘演练等。

学习对象：有创业意愿和培训需求的青年大学生。

推荐指数：★★★★★

（二）专项课程

创业培训（SIYB培训）分"产生你的企业想法"（GYB）、"创办你的企业"（SYB）、"改善你的企业"（IYB）、"扩大你的企业"（EYB）四个部分。经过四个部分的培训后同学们将能决定自己是否适合创办企业、创办什么样的企业，衡量自己的创业构思是否现实可行，并在此基础上形成自己的创业计划书，创办自己的企业，学会如何做大、做强自己的企业。

1. **课程名称**：GYB即"产生你的企业想法"培训

课程内容："产生你的企业想法"培训是创业培训课程的先修课，共两部分，第一部分告诉同学们什么是企业，创办企业所需的基本素质和要求是什么，让同学们衡量自己是否适合创办企业。第二部分引导同学们去发现并开发自己的企业构思。

学习对象：针对有创业愿望但尚无明确创业想法的人员所开展的培训，是特别适合于青年学生、下岗失业人员、失地无业农民以及其他想创业人员的创业启蒙教育。

推荐指数：★★★★★

2. 课程名称：SYB 即"创办你的企业"培训

课程内容："创办你的企业"培训是在"创业意识"培训的基础上指导同学们怎样把自己的企业构思变成现实，即告诉同学们怎样去创办企业，将自己的企业构思用系统的知识去计划、演算，形成自己的创业计划书。

学习对象：已有创业想法的同学或企业的项目成员。

推荐指数：★★★★☆

3. 课程名称：IYB 即"改善你的企业"培训

课程内容："改善你的企业"培训帮助企业创办时间不长，但通过企业的日常经营已经有一些企业管理体验，迫切需要了解企业管理的系统知识，建立企业管理基本体系的小企业家。它能帮助同学们开发和实施市场营销计划；计算并控制企业的产品或服务成本；有效控制企业的投入和采购；管理企业存货；建立基本的记账体系；制订并实施企业改善计划，最终帮助同学们系统地建立企业的基本管理体系，提高同学们经营管理企业的能力与水平，改善企业并提高企业的赢利与竞争力。

学习对象：度过初创期正处于成长期的企业的项目成员。

推荐指数：★★★☆☆

4. 课程名称：EYB 即"扩大你的企业"培训

课程内容："扩大你的企业"培训是针对那些希望在如何扩大企业方面获得战略性建议和战略规划的成长型企业家。让这些企业家能够制订出一套可行的企业增长战略计划，并以此来成功地指导企业增长战略的实施。在实现企业规模扩大、经济效益增长的同时，创造更多就业机会。

学习对象：初具影响力、规模的企业的项目成员。

推荐指数：★★☆☆☆

（三）选修课程

1. 课程名称：创新、发明与专利实务

课程内容：课程分为 12 章节，涉及专利相关知识、创新发明事务介绍、发明问题解决理论（TRIZ）学习、大学生创新创业相关内容以及学生的创新创业实践展示。

学习对象：对知识产权感兴趣或者是准备申请相关专利，开展一些创新项目的实践的同学。

推荐指数：★★★★★

2. 课程名称：创新创业大赛赛前特训

课程内容：课程以评委的视角，从多角度解析创新创业大赛，引导学生了解大赛的形式与分类、揭秘评分模式与标准，以独创的元氏九问思维，解构投资人眼中的商业计划书，同时分享丰富的现场参赛经验，解决参赛过程中可能遇到的困难与问题。

学习对象：主要面向创新创业大赛项目的负责人和成员开设，帮助这类学生系统深入了解创新创业大赛，从备赛到材料撰写全过程讲解，需要一定的创业实践经验和创新创业项目支撑。

推荐指数：★★★★☆

3. 课程名称：创新创业基础

课程内容：本课程是一门融知识性、理论性和实践性为一体的课程，通过激发创造学生潜能，重申创业教育理念，让创新创业教育能够更好落地；同时课程围绕大学生创业所需的基础知识和方法，强调知识、理论和能力三位一体的创业系统建构；引导学生建立创造性思维，认知情景中的社会和自我，坚持责任理性与可持续性的准则，在实现人生发展的过程中，为国家、为社会创造更多、更大的价值。

学习对象：本门课程是对创新创业的一种系统性、宏观角度的认识，适合初次接触创业或者对创业感兴趣的同学选修。

推荐指数：★★★★★

4. 课程名称：商业计划书制作与演示

课程内容：本课程重在创业实践，以创业项目识别、商业计划书制作原理以及演示与沟通为主要内容，引导学生了解商业计划书的本质，掌握商业计划书制作的原理和步骤，精通商业计划书的演示和沟通，从而达到培养学生创业精神、创业意识和创新创业能力的最终目标，并能够直接支持学生参与各类本科生创新创业项目和创业竞赛项目。

学习对象：本门课程是创业项目中商业计划书部门的重点讲解，选修本门课的同学需要对创业有一定的了解，同时有一个初步的创业想法或者创业实践。

推荐指数：★★★★☆

5. 课程名称：商业计划书的优化

课程内容：本课程主要帮助学生认识了解商业计划书的基本内容和战略地位，引导学生通过课程的学习进一步优化商业计划书，避开商业计划书撰写中的错误。

学习对象：本门课程是在商业计划书制作基础上的提升，要求选修的同学能够有一定撰写商业计划书的基础，并且有一份相对完善的商业计划书。

推荐指数：★★★★☆

6. 课程名称：创业管理实战

课程内容：本课程主要介绍了创业的评估和风险，商业的模式、计划和展示，以及创业管理的技巧和方法，对大学生创业有很好的借鉴和指导作用。

学习对象：本课程适合对创业感兴趣且具备了一定的创业想法，有初步的创业团队的同学进行选修，侧重创业项目的实践。

推荐指数：★★★★☆

7. 课程名称：网络创业理论与实践

课程内容：本课程从网上创业基础切入，从开店准备、货源管理、商品到店铺管理、网店推广、网站优化和无线运营方面，给予理论普及与实操指导，以翔实的案例解析、丰富的实践经验来引导大学生开启真实的电商创业之旅，有效避免网络创业的陷阱，被网络创业者称为最接地气的创业实战课程。

学习对象：本课程适用于电子商务类项目，如果创业项目涉及网络营销或者对网络营销感兴趣的同学，可以选修。

推荐指数：★★★★☆

8. 课程名称：走进创业

课程内容：本课程以大量真实的创业案例出发，涉及各国创业成功或失败人物，既包含传统行业，又涵盖了高新技术企业。通过对这些成功或失败的案例进行分析，共同探索如何创业。

学习对象：本课程适合所有同学选修，侧重于对创业案例的分析。

推荐指数：★★★★★

9. 课程名称：创新性物理实验设计与实践

课程内容：该课程是一门物理与专业教育相融合的创新实践类教育课程。课程分为四个部分，即创新性物理实验基础；机械结构设计；电子设计基础知识和应用案例；MATLAB 基础与仿真。希望通过本课程的学习，培养学生与专业知识相融合的实践精神，引导学生参与创新实践项目及活动，强化创新意识和创新实践能力。

学习对象：对创新性物理实验感兴趣的同学。

推荐指数：★★★☆☆

二、创意创新创业推荐书目

除了课程学习以外，下面为同学们推荐一些创意创新创业的书目，供同学们进一步深入学习。

（一）书名：小米创业思考

作者：雷军

内容简介：

本书以小米创始人雷军的第一视角首次完整记录了小米创业 12 年的历程及关键思考。通过分享小米创业方法论并辅以实战案例验证首度全面还原解码了小米背后的创新商业模式。书内深度还原了雷军真实的商业思考进化历程，用详细易懂的实践案例拆解了小米模式的核心精髓，可以应用于各类商业、非商业经营和创新创造活动中。这是一本具有启发性的创业实用指南，有助于企业提升各项关键能力，同时还介绍了雷军工程师思维的底层逻辑，是帮助个体学习、高效解决复杂难题的行动指南。

（二）书名：《从 0 到 1：开启商业与未来的秘密》

作者：彼得·蒂尔，布莱克·马斯特斯

内容简介：

硅谷创投教父、PayPal 公司创始人作品。在传统时代，成功企业的商业模式是一个从 1 到 N 的过程，也就是在现有基础上，复制之前的经验，通过竞争不断扩大自己的市场影响力。而在互联网时代，成功的企业却是一个从无到有，即从 0 到 1 创造市场的过程。《从0到1：开启商业与未来的秘密》为你开启创新的秘密。PayPal公司创始人、Facebook第一位外部投资者彼得·蒂尔在本书中详细阐述了自己的创业历程与心得，包括如何避免竞争、如何进行垄断、如何发现新的市场。本书还将带你穿越哲学、历史、经济等多元领域，解读世界运行的脉络，分享商业与未来发展的逻辑，帮助你思考从0到1的秘密，在意想不到之处发现价值与机会。

（三）书名：《啮合创业：在斯坦福学创业规划》

作者：汤姆·科斯尼克，莉娜·拉姆菲尔特，乔纳斯·谢尔贝里

内容简介：

创业的道路往往充斥着各种陷阱，一不小心，你也许就会陷入各种困境。本书始于硅谷，成熟于哈佛商学院、斯坦福大学等学府，脱胎于斯坦福大学备受欢迎的创新创业课。它犹如一个充满活力的创业训练营。作者提出了包含9个工具的框架结构，每一个工具都像一个齿轮，一步步地指导你如何评估和测试你的商业理念。只有当你使用9个齿轮协同前进的时候，你的商业想法才有可能真正转变为具有高潜力的企业。书中的建议都是经过世界各地无数创业者反复考验的，简单且易于执行。本书旨在助力创新创业，帮助你拥有清晰的路线规划，让你摆脱创业之路的迷蒙，打造属于你的创业成功之路。

（四）书名：《创新者的窘境》

作者：克莱顿·克里斯坦森

内容简介：

纵观全球商业史，不乏许多在叱咤风云中突然倒闭的行业巨头。面对市场变化和新技术的挑战，这些管理良好、认真倾听客户意见、积极投资技术研发的成熟企业，反而输给了其他采用破坏性技术的新兴企业，并逐渐丧失市场主导权。这就是"创新者的窘境"。在这本书中，管理学大师克里斯坦森分析了计算机、汽车、钢铁、零售等多个行业的创新模式，并提出了决定企业成败的两个重要概念：延续性技术和破坏性技术。延续性技术指根据主流客户需求，不断延续或强化产品性能的技术；破坏性技术指满足低端市场的客户需求，或者为了新市场而开发的技术。时至今日，破坏性创新理论仍被创业者、企业家奉为圭臬。

（五）书名：《精益创业》

作者：埃里克·莱斯

内容简介：

我们正处在一个空前的全球创业兴盛时代，但无数创业公司都黯然收场，以失败告终。精益创业代表了一种不断形成创新的新方法，它源于"精益生产"的理念，提倡企业进行"验证性学习"，先向市场推出极简的原型产品，然后在不断地试验和学习中，以最小的成本和有效的方式验证产品是否符合用户需求，灵活调整方向。如果产品不符合市场需求，最好能"快速地失败、廉价地失败"，而不要"昂贵地失败"；如果产品被用户认可也应该不断学习，挖掘用户需求，迭代优化产品。这一模

式不仅针对车库创业派，对于全球最大企业内部的新创业务也同样适用。

（六）书名：《创业维艰：如何完成比难更难的事》

作者：本·霍洛维茨

内容简介：

如何解雇高管？应该从好朋友的公司挖人吗？该不该招资深人士？顺境CEO/战时CEO分别该怎么办？如何规划你的企业文化？你该卖掉你的公司吗？这些都是创业者和企业管理者每天都会遇到的难题，但商学院里却从来不会教你，也极少有人诚恳地告诉你创业的华丽外衣之下难以想象的艰辛。在本书中，本·霍洛维茨，硅谷令人敬佩的企业家之一，就如何建立和经营一家创业公司给出了实用的建议。他从自己的创业经历讲起，以自己在硅谷20余年的创业、管理和投资经验，对创业公司（尤其是互联网公司）的创立、经营、人才选拔、企业文化、销售、CEO与董事会的关系等方方面面，毫无保留地奉上自己的经验之谈。他还谈到了与比尔·坎贝尔、安迪·拉切列夫、迈克尔·奥维茨等硅谷CEO和投资人的交往经历，从他们身上学到的宝贵经验，以及他和马克·安德森这对拍档如何能够一起奋斗近20年仍合作得这么好。大多数管理书都是告诉你如何做正确的事，不把事情搞砸，而本·霍洛维茨还会告诉你：当事情已经搞砸时，你该怎么办。

（七）书名：《四步创业法》

作者：史蒂文·加里·布兰克

内容简介：

《四步创业法》将详细介绍客户发展方法。虽然它被所有幸存的公司使用着，但却从未记录成文；虽然它是成功者的指南，但却与常人的认识相抵触。它是隐藏在纷繁现象背后的神秘道路。本书总结作者25年创业经验，提出全新的客户发展方法以弥补传统产品开发方法的缺陷，掀起了硅谷近年精益创业的浪潮。

（八）书名：《OKR工作法：谷歌、领英等公司的高绩效秘籍》

作者：克里斯蒂娜·沃特克

内容简介：

如何激励不同的团队一起工作，全力以赴去实现一个有挑战性的目标？硅谷的两个年轻人汉娜和杰克，像很多人一样，在萌生了一个创意后，就走上创业之路。但是，很快他们发现好的想法远远不够，必须还有一套适合的管理方法确保梦想能实现。为了让创业团队生存下来，汉娜和杰克遭受了内心的苦苦挣扎和煎熬。他们患上"新奇事物综合症"，什么都想做，导致无法聚焦，同时需要不停地处理沟通问题。本书从这个险象环生的创业故事讲起，围绕一家创业公司的试错、困惑、决断和成长的全过程说明了OKR（Objectives and Key Results）方法的基本原理和实施原则。

三、创意创新创业相关术语解释

不管是课程学习还是自学参考书，同学们都会遇到创意创新创业的相关术语，这里作简单解释。

(一) 创业类

商业计划书：Business Plan (BP)，是公司、企业或项目为了达到招商融资和其他发展目标，根据一定的格式和要求编辑整理的一个面向受众，全面展示公司和项目状况、未来发展潜力的书面材料。

商业模式：Business Model (BM)，是一个企业满足消费者需求的系统，这个系统组织管理企业的各种资源（资金、原材料、人力资源、作业方式、销售方式、信息、品牌和知识产权、企业所处的环境、创新力，又称输入变量），形成能够提供消费者无法自力而必须购买的产品和服务（输出变量）。

赛道：指企业选择的一个业务方向。优质赛道的主要特点是它的发展速度比较快，增量比较大，能估算出未来行业成熟时的龙头企业的份额和市值。

蓝海：指的是未知的、尚待开发的市场空间，是一种没有恶性竞争、充满利润和诱惑的新兴市场，是一种避免激烈竞争、追求创新的商业战略。

红海：泛指竞争相当激烈的市场。在红海中，产业边界是明晰和确定的，行业的竞争规则是已知的。身处红海的企业试图表现得超过竞争对手，以攫取已知需求下的更大市场份额。

护城河：可防止竞争对手进入市场的壁垒，以保证公司能持续创造价值。拥有护城河的公司必须能持续获得超过其资本成本的收益，并获得高出竞争对手平均值的经济回报。可以创建防御竞争者的护城河的要素包括品牌、管理、供应侧的规模经济、网络效应、知识产权等。

最小可行产品：Minimum Viable Product (MVP)，指公司提供的只包括基本性能的产品（足够进行市场测试）。

独角兽公司：一般指投资界对于估值超过10亿美元，并且创办时间相对较短（一般为十年内）还未上市的公司的称谓。

瞪羚企业：是指跨越死亡谷、进入快速成长期的创新创业企业，也被称为高成长企业。起始年收入不低于500万元人民币且连续3年增长率不低于50%。

对商家（泛指企业）的产品：To Business (2B)，要结合商业公司内部使用需要的层面去考虑；B端产品一定要在企业的利润链上产生价值，对企业的利润产生贡献。对最终的利润正向贡献越大，产品的价值也就越大。

对消费者（泛指用户）的产品：To Customer (2C)，需从产品能给人们解决哪些问题的角度去考虑产品定位。

面向政府或相关事业单位的产品：To Government (2G)，从2B衍生出来的一种特殊划分，主要是根据每年政府投入的财政预算，然后去做的一系列信息化项目。

风险投资：Venture Capital (VC)，是职业金融家投入到新兴的、迅速发展的、具有巨大竞争潜力的企业中的一种权益资本。

种子投资：Seed，一笔提供给投资者或企业家的相对数目较小的资金，通常用来验证其概念，项目仅仅只有一个概念，靠刷脸融资，使用的范围可以包括产品开发。

天使投资：是自由投资者或非正式风险投资机构对一般初创早期的项目（公司有了产品初步的模样，有了初步的商业模式，积累了一些核心用户）进行的一次性的前期投资。

私募股权：Private Equity（PE），通过私募形式对私有企业，即非上市企业进行的权益性投资，在交易实施过程中附带考虑了将来的退出机制，即通过上市、并购或管理层回购等方式，出售持股获利。

首次公开募股：Initial Public Offerings（IPO），是指一家企业通过证券交易所首次公开向投资者增发股票，以期募集用于企业发展资金的过程。

投行：Investment Banking（IB），投资银行的简称，是主要从事证券发行、承销、交易、企业重组、兼并与收购、投资分析、风险投资、项目融资等业务的非银行金融机构，是资本市场上的主要金融中介。

期权池：Option Pools（OP），是在融资前为未来引进高级人才而预留的一部分股份。

对赌协议：Valuation Adjustment Mechanism（VAM），实际上就是期权的一种形式。通过条款设计，可以有效保护投资人利益。在国外投行对国内企业的投资中，对赌协议已经应用。

项目估值：Valuation of the Project（VOP），是指着眼于公司本身对公司的内在价值进行评估。公司内在价值决定公司的资产及其获利能力。

创业团队：一般包含战略制定者、产品开发者、市场推广者和用户维护人等几个核心的职能岗位。

普通合伙人：General Partners（GP），主要存在在一些需要大额度资金投资的公司里，比如私募基金（Privately Offered Fund）、对冲基金（Hedge Fund）、风险投资这些采取有限合伙制的公司组织。GP是这些企业的代表人，换句话说，GP是具体决定投资决策以及公司经营管理的人。

有限合伙人：Limited Partner（LP），可以简单理解为出资人。很多时候，一个项目需要投资上千万乃至数个亿的资金（大多数投资公司，旗下都会有很多个不同的项目）。而投资公司的GP并没有如此多的金钱，或者他们为了分摊风险，因此不愿意将那么多的公司资金投资在一个项目上面，于是乎，LP就此诞生了，也就是现实生活中经典的"你（LP）出钱，我（GP）出力"的情况。

投资意向书：Term Sheet（TS），是投资机构与企业就潜在投资交易达成的初步约定。TS中一般约定有排他期，签署TS后，企业在排他期内不能再接触其他投资者，因此TS对创业者的约束力大于投资方。

尽职调查：在基金或公司层面对私募股权进行成功投资需要事先进行详尽的调查。要进行长期投资，有必要在签约前审核分析交易牵涉的所有因素。尽职调查要全面审核许多因素，比如管理团队的能力、公司业绩、交易状况、投资战略、合法证券等。

众筹：即大众筹资或群众筹资，是一种向投资者募集资金，以支持发起的个人或组织的行为，其本质是一种融资方式，具有低门槛、多样性、依靠大众力量、注重创意的特征。

企业文化：企业价值观、处事风格等文化现象。

颠覆性：由克雷顿·克里斯坦森提出，多用来形容提供新功能的，扩大和开发新市场，或者对现有市场具有破坏性的技术。

风口：由雷军提出，指创业者用来借势的热门话题/产业，也可以理解为"机遇"在当前时代的一种新说法。

孵化器：以促进科技成果转化，培育科技企业和企业家精神为宗旨，提供物理空间、共享设施和专业化服务的科技创业服务机构，是创新创业人才培养基地、大众创新创业的支撑平台、为初创型小企业提供所需的基础设施及服务，帮助企业成长的经济组织。

加速器：是一种以快速成长企业为主要服务对象，通过服务模式创新充分满足企业对于空间、管理、服务、合作等方面个性化需求的新型空间载体和服务网络，具有较强的集群吸引力和创新网络形态。

众创空间：是顺应网络时代创新创业特点和需求，侧重服务于创业团队和初创企业的创业服务平台，是一种创新型孵化器。是对通过市场化机制、专业化服务和资本化途径构建的低成本、便利化、全要素、开放式的新型创业服务平台的统称。

离岸孵化：是指通过在本城市以外的城市、区域设置孵化器，对其他城市、区域的特色产业或高新技术进行孵化培育并最终在本城市落地产业化。

自给自足型创业：把个人资产或者公司运营收入作为主要资金来源，不依靠外部投资的一种创业类型。

精益创业：由埃里克·里斯提出的一种商业模式，主张以极简的原型产品来进行商业实验，降低风险和失败成本。

内容创业：互联网时代的一个创业风口，常见的就是自媒体、公众号。

连续创业者：多家创业公司创始人。

(二) 创新类

创新：分为产品创新、管理创新、营销创新和组织创新。

产品创新：对于没有实体产品的企业来讲就是服务创新。产品和服务，是企业提供给市场的直接成果，也是企业获取利润、实现发展的主要依据。具体分为技术创新和工艺创新。

管理创新：指组织形成创造性思想并将其转换为有用的产品、服务或作业方法的过程。

营销创新：根据营销环境的变化情况，结合企业自身的资源条件和经营实力，寻求营销要素在某一方面或某一系列的突破或变革的过程。

组织创新：包括组织结构的调整、员工队伍的配置等。

创新链：是指围绕某一个创新的核心主体，以满足市场需求为导向，通过知识创新活动将相关的创新参与主体连接起来，以实现知识的经济化过程与创新系统优化目标的功能链节结构模式。创新价值链可分为要素整合、研发创造、商品化、社会效用化四个环节。

第一产业：农业、林业、牧业、渔业等。

第二产业：工业（包括采掘业、制造业、自来水、电力的生产和供应业等）和建筑业。

第三产业：除上述第一、第二产业以外的其他各业，范围比较广泛，主要包括交通运输业、通信产业、租赁和商务服务业、餐饮业、金融业、教育产业、公共服务业等非物质生产部门。

战略性新兴产业：以重大技术突破和重大发展需求为基础，对经济社会全局和长远发展具有重大引领带动作用，知识技术密集、物质资源消耗少、成长潜力大、综合效益好的产业。按照《战略性新兴产业重点产品和服务指导目录（2016年版）》，我国战略性新兴产业主要涉及8个产业、40个重点方向下的174个子方向。

新兴业态：新的行业态势，指基于不同产业间的组合、企业内部价值链和外部产业链环节的分化、融合、行业跨界整合以及嫁接信息及互联网技术所形成的新型企业、商业乃至产业的组织形态。它是区别于第一、第二、第三产业而表现出来的业态，是一种极具创新性的业态表现形式和经营模式。比如企业在行业内纵深开发的同时，横向整合相关产业一并推进，形成一种兼容第一、第二、第三产业的综合性的表现形式和经营模式。

创新集群：以新知识生产、新产品大量出现为本质含义的创新型组织（创新型企业、各种知识中心和相关机构）在地理空间上集中或在技术经济空间中集聚并且与外界形成有效互动结构的产业组织形态。诸如知识集群、技术集群、智力集群、以知识为基础的集群等，满足以上界定的，均可以划入创新集群范畴。

产业升级：指从目前的产业结构升级转移到利润更大的产业结构。对一家企业来说，产业升级是指企业中产品的附加值提高。

创新生态系统：一个以企业为主体，大学、科研机构、政府、金融等中介服务机构为系统要素载体的复杂网络结构，通过组织间的网络协作，深入整合人力、技术、信息、资本等创新要素，实现创新因子有效汇聚，为网络中各个主体带来价值创造，实现各个主体的可持续发展。

（三）创意类

知识产权：Intellectual Property（IP），在互联网界已经有所引申。互联网界的IP可以理解为所有成名文创（文学、影视、动漫、游戏等）作品的统称。进一步引申来说，能够仅凭自身的吸引力，挣脱单一平台的束缚，在多个平台上获得流量，进行分发的内容，就是一个IP。

单位时间内成交总额：Gross Merchandise Volume（GMV）。多用于电商行业，一般包含拍下未支付订单金额。在电商网站定义里面是网站成交金额，实际指的是拍下订单金额，包含付款和未付款的部分。

美国广告代理商协会：American Association of Advertising Agencies（4A）。后来世界各地都以此为标准，形成了地区性的 4A 广告公司。国际比较知名的 4A 公司有奥美、BBDO、麦肯、阳狮、汉威士等，国内较为知名的有蓝色光标、广东省广告集团股份有限公司等。

4P：即产品（Product）、价格（Price）、渠道（Place）、促销（Promotion）。

整合营销传播：Integrated Marketing Communication（IMC）。也就是大家经常谈论的全案，是将与企业进行市场营销有关的一切传播活动一元化的过程，将品牌理念以统一优化的信息和形象传递给消费者和大众。

关键意见领袖：Key Opinion Leader（KOL），指拥有更多、更准确的产品信息，且为相关群体所接受或信任，并对该群体的购买行为有较大影响力的人。

关键意见消费者：Key Opinion Consumer（KOC）。一般指能影响自己的朋友、粉丝，产生消费行为的消费者。相比于 KOL，KOC 的粉丝更少，影响力更小，优势是更垂直。

Above The Line：ATL，主要指运用大众媒介影响消费者，如电视、电台、报纸、互联网等，也包括赞助、大型事件营销、公关等。

Below The Line：BTL，主要指与消费者发生直接接触的媒介，如传单、赠品、试用等，大多数促销或地推活动都可以划在此类中。

Big idea：在现代营销中，主要指的是核心创意点。

流量思维：指的是通过免费或者较低的投入获得巨大的流量，并通过有效的手段，完成流量的变现。

流量池思维：指的是在利用较低投入获取流量之后，通过存储，运营等手段，对现有流量进行更有效的转化，以及对未发掘的流量进行深耕，更精准地开发，然后获得更多的流量，以解决品牌流量匮乏、转化率低、营销无力的战略思维。

商务拓展：Business Development（BD），指的是根据公司战略的发展，联合推动上下游，或者平行的合作伙伴达成利益共同体，和政府、媒体、社群等组织及个人寻求支持并争取资源。BD 可以理解为广义的营销，或者战略的营销。BD 延伸的是一起组织和利益的边界，BD 部门的领导要有宏观的战略思维。

粉丝经济：粉丝经济泛指架构在粉丝和被关注者关系之上的经营性创收行为，被关注者多为明星、偶像和行业名人等，不过现在也扩展到动漫、影视、游戏等一些受较多人追捧的成名文创领域。

品效合一：指的是企业在营销活动中要实现"品牌曝光"和"实际出效果"的双增长，在做到品牌曝光的同时，也要关注转化效果的投放策略。

头部效应：在一个领域中，第一名往往会获得更多的关注，拥有更多的资源。

私域流量：私域流量是相对公域流量而言的，指的是我们不用付费，可以在任意时间、以任意频次，直接触达到用户的渠道，比如自媒体、用户群、微信号、QQ 等。

公域流量：商家直接入驻平台实现流量转换，赋予流量曝光的就是公域，比如大家熟悉的微博、拼多多、京东、淘宝、饿了么等。此外，还有内容付费行业的喜马拉雅、知乎、得到等公域流量平台。

四、创意创新创业优秀项目

通过创意创新创业相关学习，学长学姐们也进行了相关实践，下面就让我们来看看身边的创意创新创业优秀孵化项目吧。

图 6.2.1　甲库档案

（一）项目名称：甲库档案

公司经营范围：主要从事档案管理系统的设计与开发、数据存储和处理、纸质档案整理及其数字化、档案信息咨询和知识产权代理。

项目负责人：王其群

专业：2013 级档案学

创业经历：

王其群于 2015 年 7 月参加了苏州国家高新区档案馆进行的档案学专业暑期实践教学课程，了解到档案馆将部分非核心业务以外包的方式交予档案中介机构办理并且取得了不错的成效，作为档案学专业的学生，他和同班的几位同学对此服务模式产生了极大的兴趣。通过与档案中介机构人员的接触以及对本行业的学习，逐渐萌生自己创业的想法，创办了全宗档案管理咨询服务中心并入驻了学校创业园。在园孵化期间他和团队成员先从小项目着手一点点发展与进步。

图 6.2.2　甲库档案项目负责人

2016 年 10 月，他们正式注册成立了公司，全宗档案管理咨询服务中心更名为苏州甲库档案信息科技有限公司，主要从事档案管理系统的设计与开发、数据存储和处理、纸质档案整理及其数字化和档案信息咨询。他们把"用心感知时间的脚步，做高品质的档案服务"作为公司的经营理念，希望通过服务让更多的人认识档案，并且通过档案来获取有价值的信息。

2017 年，该项目获得"创慧湖杯"第三届苏州独墅湖全国大学生创业大赛铜奖，获评江苏省大学生优秀创业项目。

（二）项目名称：徐巴干洗

公司经营范围：通过量体数据库建设结合 AI 虚拟试衣系统向校内外广大师生提供校园西服成衣、私人定制、校服设计、团体服装设计、成衣零售等全新的零售服务体验模式，为广大客户提供智能干洗、染色、加香、鞋艺养护等售后服务。

项目负责人：张成

专业：2016级电气工程及其自动化

创业经历：

在日本游学期间，张成无意中发现在日本的大街小巷有很多各具特色的洗衣店，一家名为Yugo的洗衣企业给了他很大的启发。该企业采用中央洗衣工厂加特色收衣点的模式，占领中高端市场。而国内互联网+洗衣服务的市场依旧空白，于是他便和团队成员萌生了创业的想法。团队成员大多为班级的主要学生干部，成绩名列前茅。就这样他们迅速完成了企业的规划与创建。2015年是徕巴的发展之年，他们将洗衣文化扎根校园。采取校园西服品牌定制特色店铺+校园干洗的运行模式，融入互联网完成洗衣的线上线下结合，打造洗衣平台和线下体验新模式。2016年注册个体户，2017年升级转型为有限责任公司，2018年，获评江苏省大学生优秀创业项目。

图6.2.3 徕巴干洗

图6.2.4 徕巴干洗项目负责人

（三）项目名称：青芒文化

公司经营范围：文化艺术交流活动策划；企业品牌策划；市场营销策划；企业管理咨询；商务信息咨询；企业团队建设服务；旅游信息咨询；计算机科技领域内的技术开发；技术服务；会务服务；摄影服务；庆典礼仪服务；展览展示服务。

图6.2.5 青芒文化

项目负责人：王美玲

专业：2015级档案学

创业经历：

由于对苏州的迷恋，王美玲便萌生了要留在这座城市生活的想法，决定自主创业。她从做大学生游玩平台起步，后来发现市场容量不够大，目标便锁定了企业客户，开始运营青芒文化这个项目。从自己招人到做产品研究方案、制作执行标准设计、做好品控环节的规则，到带队跑市场开发业务，日复一日地踏踏实实、勤勤恳恳，青芒文化不仅仅过了生存期，还拥有了60多家企业客户。青芒文化一站式企业雇主品牌运营的理念也得到了阿里巴巴中国供应商直销团队、Momenta科技、弘

图6.2.6 青芒文化项目负责人

阳地产集团有限公司、新力地产集团有限公司、中宏人寿保险有限公司、江苏梦嘉控股集团有限公司、远东宏信有限公司等多家企业的认可。

2019年，获评江苏省优秀大学生创业项目。

（四）项目名称：领域科技工作室

公司经营范围：网络信息技术、计算机软硬件、通信技术、自动化控制技术领域内的技术开发、技术咨询、技术转让、技术服务；计算机信息系统集成服务；图文设计；财务信息咨询；税务信息咨询；商务信息咨询；工商注册代理服务；税务登记代理服务；企业管理服务；网络工程、自动化设备安装工程的设计、施工；计算机及配件、电子产品、通信设备的销售、租赁；办公用品的销售。

图6.2.7 领域科技

图6.2.8 领域科技项目负责人

项目负责人：徐浩

专业：2012级电子科学与技术

创业经历：

徐浩于2012年进入苏州城市学院（原苏州大学文正学院）学习，因怀揣着梦想和抱负，并受创业实训课程的启发，2016年和同学张天龙一起成立了领域科技工作室，并入驻了学校创业园。工作室主要从事数码产品相关的综合服务，包括销售、售后、回购等业务。在创业这几年时间里他们从两个人开始发展到现在十个人的团队，秉持不怕吃苦、不怕累的精神，勤勤恳恳向前迈进，大胆创业。他坚信"成功不是先有钱而是先有胆"，要敢于怀疑一切，勇于尝试，学会争取机会和抓住机会，并在实践中不断进行调整。

2019年，获评江苏省大学生优秀创业项目。

（五）项目名称：创意添空

公司经营范围：以商业广告摄影摄像、艺术摄影以及企业宣传片、商业活动拍摄、政府及企事业单位党建活动、公益短片、微电影、微视频、视频网络直播、图片网络直播等核心业务为一体的专业影像机构。根据客户需求，通过镜头语言，用具有专业艺术水准的微视频展示出来，满足客户需求的商业价值，其独到的审美视觉、专业的技术水平以及真诚的服务态度得到广大客户的认可。

项目负责人：潘加壮

专业：2017级机械电子工程

创业经历:

2016年,潘加壮进入一家国企实习,在实习期间发现自己的性格不适合做文秘相关工作,于是选择辞职回苏州创业。2016年底,他创办了寻梦广告传媒工作室。创业初期开始整合资源,在不断的实践和钻研中,迎来了他人生中的第一笔生意。2018年,他又发现了文创业务的商机,他说现在的文创产品千篇一律,没有什么特殊之处,因为做文创,

图6.2.9 创意添空项目负责人

他全国各地到处跑。别人到了旅游景点一定是先看风景,他一到旅游景点第一件事情就是去当地的文创商店,去看他们在做什么,他们的产品有什么特色。就这样,他持续做市场调研,考察市场、发现商机、发现灵感。终于有一所苏州高校看中了他的设计方案,让他设计20周年校庆的礼品和纪念品。目前他工作室的文创产品种类繁多,小到一支笔,大到一套茶具。

2021年,获评江苏省优秀大学生创业项目。

第三节　创意创新创业实践

在本节中，将告诉同学们"进行创意创新创业实践，我们能收获什么""创意创新创业实践前，我们要做哪些准备""目前我们可以享受哪些政策扶持"以及"我们在学习生活中，可以参加哪些创意创新创业的实践"。

一、创意创新创业实践的意义

当前，创意创新创业实践受到广泛关注。对学校来说，开展创意创新创业实践，有利于探索应用型人才培养模式，提供更全面和多样化的教育。创意创新创业实践作为学校在实践方面的拓展，能够让学生体验创业的全过程、各环节，理解企业到底如何从0到1以及在此过程中需要考虑的诸如资金、团队、市场营销、生产等环节，这些感悟体验是课堂中学不到的。

对学生个人来说，通过参加创意创新创业实践，有利于跳出"学生思维"，提前感受职场，缩短"职业化"进程。大学生在学业的最后一年如不升学将要面对两个选择：创业或就业。对于选择创业的学生，如果能够在大学期间参与到一些创新创业的项目里，就能够真切地感受到创业过程中的酸甜苦辣，对创业有更深刻的认识，从而能够冷静对待创业，降低创业失败的风险。同时，也会在创业实践过程中，锻炼处理问题的能力、团队协作的能力以及人际交往的能力。对于选择就业的学生而言，参与过创业项目的学生相对其他学生来说，更具有职业性，更容易理解工作单位的业务流程、规章制度等，可以更快上手工作，创新创业的思维也会让学生更容易在公司里脱颖而出。

在21世纪的今天，创新已成为推动社会进步的核心动力。对于大学生群体而言，创意创新创业实践不仅是提升个人能力的重要途径，更是塑造未来职业生涯的关键环节。创意创新创业实践对大学生具有极其重要的意义与必要性。

一是能够培养创新思维与实践能力。大学阶段是学生思维最为活跃、创造力最为旺盛的时期。通过参与创意创新创业实践，大学生可以锻炼自己的创新思维，学会从不同角度看待问题，寻找新的解决方案。同时，实践过程中的动手操作、团队协作等环节，也能够有效提升大学生的实践能力，使其更好地将理论知识转化为实际应用。

二是能够拓展知识领域，增强综合素质。创意创新创业实践往往涉及多个领域的知识和技能，要求大学生具备跨学科的综合素养。在实践过程中，大学生需要不断学习新知识、新技能，从而拓展自己的知识领域。此外，创意创新创业实践还能够锻炼大学生的沟通能力、领导力、团队协作等综合素质，为学生未来的职业生涯打下坚实基础。

三是能够提升就业竞争力与创业能力。随着就业形势的日益严峻，大学生的就业压力不断增大。拥有创意创新创业实践经历的大学生，在求职过程中往往更具竞争力。他们不仅具备丰富的实践经验，还能够在面试中展示自己的创新思维和团队协作能力，从而更容易获得雇主的青睐。同时，实践过程中的试错与反思，也能够让大学生积累宝贵的创业经验，为未来的创业道路铺设基石。

四是能够推动社会进步与发展。大学生作为社会的新鲜血液，他们的创意创新创业实践不仅能够解决现实生活中的问题，还能够推动社会进步与发展。例如，通过开发新技术、新产品或服务，大学生可以为社会创造更多的价值，提升人们的生活质量。此外，他们的创意创新创业实践还能够激发更多人的创造力，形成良性循环，推动社会持续进步。

五是能够培养社会责任感与使命感。参与创意创新创业实践的大学生，往往需要关注社会热点问题，为解决现实问题贡献自己的力量。在这个过程中，大学生会深刻体会到自己作为社会成员的责任与使命，从而更加珍惜和把握自己的学习机会。这种社会责任感与使命感的培养，对于大学生的人格塑造和价值观形成具有深远的影响。

因此，学校鼓励和支持更多的大学生积极参与到创意创新创业实践中来，为未来发展和社会的繁荣进步贡献自己的力量。

二、创意创新创业实践的三大法宝

如果你已经萌生了一个创业想法，但不知道如何将它转化实现或者你已经开始了创业行为，但想要将自己的创业项目对外推广宣传，这时候就需要借助三大法宝，分别是：商业计划书、项目 PowerPoint（PPT）以及路演。它们是你通往创业大道的指南针，是你获取投融资的敲门砖，也是项目获得成功的奠基石。下面为大家介绍如何撰写高质量的商业计划书、制作项目 PPT 以及路演的注意事项。

（一）如何撰写高质量的商业计划书

1. 封面

封面部分是整个商业计划书的"脸面"，简洁精练的封面能够让读者最短时间内获取最核心的信息。通过项目名称、标题告诉读者这个项目要做的是什么、这个项目核心的亮点是什么。好的封面标题结构应如图 6.3.1 所示。

图 6.3.1　封面标题结构图

在撰写封面标题时，要注意在草拟"项目名称"时，首选的是产品名称，次选的是公司名称，尽量避免太过于技术化的名称。一句话描述时尽量要体现出项目定位和亮点，告诉读者项目是做什么的以及项目的核心优势是什么，如"NASH 美育——服务少年儿童全面发展的4.0美育引领者"就是比较好的标题。

2. 正文第一部分（占10%~20%）

正文第一部分核心应围绕这个项目的行业背景和市场现状进行分析，来解答读者对为什么要做这个项目以及为什么要现在做这个项目的疑惑。

在撰写行业背景时，首先要对项目直接相关的行业背景、发展趋势、市场规模、政策法规等因素进行分析。很多项目的商业计划书内容过于空泛，因此在分析这部分内容时要与最终要切入的方向和定位直接相关。如果是旅游相关的项目，那只分析整个旅游行业的背景是不够的，还需要分析细分市场的背景，切入二级、三级细分市场进行分析。比如"做旅游项目—做出境旅游项目—做欧洲出境旅游项目"，像这样对项目逐步进行市场细分，最终找到要切入的那个场景，并分析最终切入场景的相关背景信息、发展趋势、规模如何。

在撰写痛点时，一定是建立在细分市场背景分析的基础上，描述出发现的痛点或是市场需求点、需求人群、他们的需求频次及需求刚性程度。同时，也要联想到，在这个方向下可能已经有人在做了，所以还需要描述与这个需求相关的市场格局是怎样的，目前已有哪些公司在做，他们的市场份额怎么样，包括他们已经在做的产品或者服务好还是不好，是否有需要改善的地方，如果有，本项目成员是否能够有能力去改进。

在撰写创业时机时，要着重说明这个项目是符合当前的大环境、大方向的，是和发展趋势一致的。比如说现在大火的抖音直播，回顾下抖音的发展历程可以发现，抖音并不是一出现就成为现象级，而是沉寂了一段时间后，随着手机硬件、性能、网络基础环境的突破性发展，才一跃成为流量巨头，进而实现流量变现的。在恰当的时机下做恰当的事情，才会有成功的希望，跨越当前客观条件和市场环境去做超前的项目，那最终只能成为"先烈"，或者熬到市场真正来临的时候，也差不多"弹尽粮绝"了。建议使用数据或者案例来描述这部分内容。

3. 正文第二部分（占1页）

第二部分主要侧重于讲清楚要做什么，用1页的篇幅说明这个项目具体是做什么的、项目定位是什么、项目愿景是什么。尽量用最简洁的语言、最生动的产业上下链图片让读者一目了然。

4. 正文第三部分（占70%）

第三部分是整个商业计划书中最核心的部分，主要围绕项目的落地性以及项目目前的发展现状和未来发展规划进行描述。

首先，要讲清楚有什么样的解决方案，把项目所交付的产品、服务、方案给未来客户用客户化的语言讲清楚它的功能、亮点、独特的价值和优势；明确产品将面对的用户群体是谁，要有清晰的目标用户群定位；说明产品或解决方案的核心竞争力或壁垒，即为什么这件事你能做，而别人不能做；或者为什么你能比别人干得好；你的独特竞争力是什么，项目与众不同的地方是什么；比如是否具备科技成果转化背景或拥有有价值的知识产权等。其次，要说明未来如何实现盈利，讲清楚盈利模式或商业变现。如果项目还处于雏形阶段或者早期，无需过多介绍盈利模式，把重点放在产品或者解决方案的介绍上；做好横向竞品对比分析也是非常重要且必要的，选取关键维度做对比分析，要客观、真实地进行可量化的定量对比。最后，要告诉读者项目目前取得的进展和成果，成果包括但不限于研发、生产、市场、销售等主要环节。最后，在总结好目前的成果进展后，要进行未来规划，依然从研发、生产、市场、销售等维度描述核心规划，让项目在目前的基础上能够再去扩张、做大。

5. 正文第四部分（占 1~2 页）

这部分主要介绍项目团队，用 2 页左右的篇幅介绍项目核心团队的成员以及指导老师或者外部专家团队。讲清楚团队核心成员的分工、背景和特长，说明个人能力与岗位的匹配度以及团队的核心竞争优势。要注意的是，在核心团队成员选取时最好不要超过 5 个人，对于创意阶段或者初创项目团队而言，3~5 人的规模已经基本概括了公司的管理层，如果超出这个范围，那就显得公司架构不精炼。

6. 正文第五部分（占 1~2 页）

这部分要讲清楚项目的财务预测和融资计划。这两部分之间有相应的依托关系，项目的融资计划依托于项目的财务预测，项目的财务预测依托于先前的战略规划。财务预测一般做不超过 3 年的收入利润以及一些关键的业务指标的预测，融资计划对未来 6 个月或 1 年在不同阶段中大概需要多少资金、释放多少股份、用这些资金干什么、达成什么目标等进行规划。

7. 结束语

这部分表达对读者的尊敬，同时再次着重表达项目的愿景。

(二) 如何制作一个项目 PPT

1. 项目背景

项目背景包括政策环境、市场环境、市场规模。政策环境可以参考近几年相关部委的针对性文件；市场环境则是现阶段的市场进行到了什么阶段；市场规模则分为大行业市场规模和所属细分行业市场规模，可以分开进行展示。

2. 市场痛点

市场痛点可以分为无法解决的痛点和解决不完善的痛点两种。无法解决的痛点就是某种疾病目前无法根治，是绝症；而解决不完善的痛点就是某种疾病目前能够治疗，但是会留下比较严重的后遗症。

3. 如何解决痛点

解释为什么要解决这个问题、通过什么样的方式解决，篇幅大概占 1~2 页。

4. 核心技术

展现这个项目的核心技术，建议挑出 3 项核心技术进行讲解，最多不超过 5 项。如果是单一技术，可以考虑进行案例分析。该部分页数控制在 5 页以内。

5. 市场运作情况

这部分包括营销策略、运行现状和发展预期。营销策略就是如何把产品和服务卖出去，使用地推还是主攻龙头客户等；运行现状就是展示现在签订的合同、运行情况以及营收和利润；发展预期就是一个目标，不要太过于夸张即可。

6. 融资需求

常用的融资计算算法包括盈利估算和行业类比。盈利估算就是用预计未来2年的利润求一个平均值乘利润收益率（Price/Earnings 系数，简称 PE 系数），这个 PE 系数根据行业不同有所调整，一般为 10~30；行业类比就是寻找细分市场或者类似的细分市场里，近期融资过的企业的估值进行类比。

7. 附加部分

该部分主要展现教育引领、专家认可和相关专利软著等。

8. 使命感

这部分展现团队为这个目标的努力，一般为一句话的口号。

（三）如何做高质量的项目路演和答辩

创业类大赛现场比赛主要分为两个环节：路演和答辩。商业计划书的内容重点服务于"想出来"和"做出来"，路演则重点服务于"讲出来"，如果不想让"想出来"和"做出来"的努力前功尽弃，那就要好好做好这两个环节。

演练是做好路演的关键，要多演练、反复地演练，直到你对路演的演讲稿熟记于心，可以脱口而出。在刚开始演练的时候，可以适当准备文字稿，将你所要表达的内容通过文字的形式逐一展现出来。但这种方法最大的弊端就是，当站在台上演讲时，会反复去想稿子的内容，遇到突发情况时很容易忘词。所以说要烂熟于心，就是站在台上，当 PPT 翻到那一页时，完全不用去想稿子内容，能够脱口而出，知道这一页你需要讲什么。要做到这种状态，必须得千锤百炼，反复练习。

演练的程度也决定了你对整个路演环节各要素协同的熟悉度，这是影响路演好坏的前提和基础。一个好的路演环节必然包括以下几个部分：第一步，准备路演 PPT，每分钟 1~2 页左右的 PPT 是比较合适的，整个篇幅建议在 25~30 页；第二步，准备路演 PPT 相对应的演讲文字稿，一般人正常语速在每分钟 180~260 字，具体字数也可以根据时长和演讲人的语速而定，尽量把路演时间利用好，切忌提前讲完，无话可讲；第三步，反复演练演讲全过程，建议演练至少 15 次，直到熟悉且找到最佳状态为止。首先，要先熟悉文字稿，对文字进行反复斟酌和润色；其次，要结合 PPT 一起演练，逐步加入肢体语言；再次，要站立，按照演讲时的状态来进行；最后，要在团队面前重复演练，并对演讲文字稿和 PPT 进行更高要求的打磨。

路演主讲人的选择建议以一人为主，10 分钟以内的演讲不建议换人。在主讲人的选择上，以此人对公司的重要性和责任为序，以创始人（CEO）为第一选择，其次为联合创始人、其他高管等。主讲人一定是在公司的业务中扮演重要角色的人。

路演主讲人的服装选择上，以目前行业圈路演的趋势来看，男士穿着方面建议不要穿得太正式（整套的西装+领带），创业者不是天天穿着衬衣领带在创业的，完全不符合创业者的形象；建议结合自身年龄段，通常以牛仔裤/休闲裤+T恤/衬衣或休闲西装为主，体现出青春朝气，衣服一定要合身、舒适，切忌服装过于肥大或者瘦小。女士穿着方面也是相同的原则，不要让听众产生特别强的距离感，尽可能与当前的年龄段相符，结合自身的身材选择套装、职业装、牛仔裤等。

在答辩部分，最好是主讲人一人负责回答所有问题。如果主讲人不是CEO，最好由CEO负责所有问题的解答。若CEO在主讲人回答问题时也不出现，那这个项目给评委的印象肯定不是很好，评分也不会高。如果CEO实在不能回答所有问题，则由CEO来负责分配和点名谁来负责该问题的解答。另外，所有回答都要直接回应，尽量简短，切忌绕弯子，答非所问。

三、创意创新创业项目孵化

有了好的创意创新的点子，前期做足了创业实践的准备，可以申请入驻学校的大学生创业园进行项目孵化。

（一）大学生创业园简介

学校大学生创业园位于学校北侧，是一栋毗邻一川街的三层建筑，建筑面积约4 000平方米，园区由教务处三创中心负责运营，注重学生主体地位，遵循人才培养规律，打造学校创意创新创业人才培养特色，整合优化资源配置，推进"新工科""新文科"建设，提升学校应用型本科人才培养质量。园区一楼为成熟项目孵化和校友校企合作项目区，二楼为办公、创客空间、培训区，设有新工科实践教育中心，三楼为项目孵化及指导教师工作区。

图6.3.2　一楼孵化店铺

图6.3.3　新工科实践教育中心

新工科实践教育中心是为全院的理工科师生的创新创业以及新工科应用型人才培养服务的，是学校理工科创客人才实现创新创业梦想的摇篮和家园。这里不仅有开阔的实践场地、先进的机械电子电脑、3D打印设备，还有创新实验所需要的各种器件、工具，优秀的指导教师团队，成熟的创新创意学生团队。为了使学生具有一定的创新创业基础，该中心开设由浅入深（进阶式）的系列创新能力培养课程，其中包括：创新性物理实验设计与实践、电子技术在创新项目中的应用、嵌入式系统在创新项目中的应用以及DFM（Design for manufacturability）——面向制造的设计等。

（二）大学生创业园入驻流程

1. 申请入驻大学生创业园的基本条件

（1）在园孵化项目负责人必须是学校在籍学生或毕业五年以内的校友，有一定的经营能力，接受学校创新创业中心的管理，无违规违纪受处分等记录，品学兼优；

（2）创业团队必须有较成熟的创业项目，且项目应具有创新性和良好的市场潜力，尽可能与专业学习相结合。获得中国国际"互联网+"大学生创新大赛、"挑战杯"中国大学生创业计划竞赛及课外学术科技作品竞赛的校级、省级及国家级奖项项目优先；

（3）在园孵化项目应拥有项目运行必需的营运资金，能够承担相应的风险；

（4）在园孵化项目应有较完善的管理制度，有自己的企业理念并逐步形成自己的企业文化；

（5）在园孵化项目的创业内容不得与国家法律法规以及学校规章制度相抵触，不能是简单的以在校大学生为主要对象的营销行为；

（6）在园孵化项目负责人（在校生）学位课程平均学分绩点须达到2.0以上。

2. 申请入驻大学生创业园的程序

（1）项目征集。

学校官网会在每年的秋季学期发布大学生创业园优秀创业项目征集通知，同学们可以及时关注学校官网通知动态获取最新消息。

（2）项目申请。

申请入驻创业园的创业项目需要提交以下材料：

① 创业申请表（重要性：★★☆☆☆）。

② 商业计划书（重要性：★★★★☆）。

③ 项目PPT（重要性：★★★★★）。

④ 其他支撑材料（重要性：★★★☆☆）。

（3）资格审核。

学校三创中心会对申请材料逐一进行形式审核，核对材料是否齐全、真实，无误后交由三创导师对项目内容进行审核，优先挑选专业程度贴合度高、科技含量足、具有一定内涵的创业项目。

（4）项目路演。

通过资格审核的项目需要进行现场路演和答辩，每个项目会有10分钟左右的时间利用PPT展示创业想法，由专家评委、孵化器主理人、企业负责人对路演项目进行评分，按评分从高到低排序入驻。

（5）项目公示。

所有通过路演和答辩的项目将在学校官网进行公示。

（6）签订协议。

入驻项目须签订入驻协议和安全责任书等系列材料。

（7）项目入驻。

创业项目入驻挂牌，正式孵化运营。

（三）大学生创业园扶持政策

1. 场地支持

（1）一般孵化项目提供孵化空间、工位，同时免收场地租金、水电费及物业管理费。

（2）成熟项目提供临街店铺，场地租金及物业费以年度为单位缴纳，用水免费，用电根据实际每月缴纳。

2. 资金支持

（1）每个创业项目享有 5 000~10 000 元不等的启动资金扶持，对于科技含量较高、潜力较大的项目可以考虑给予不超过 30 000 元的孵化经费。

（2）结合项目考评情况，连续两次考核等第为优秀的项目，奖励 5 000 元作为孵化经费；连续两次考核等第为良好的项目，奖励 3 000 元作为孵化经费。

3. 成长支持

（1）项目负责人及成员可优先选修三创慕课、通识实训选修课和专项创业培训课。

（2）项目孵化周期内邀请苏州市创业导师为孵化项目进行项目咨询、企业诊断和辅导。

（3）孵化项目优先推荐参与各类创新创业类竞赛。

（4）符合条件的项目优先推荐申报江苏省大学生优秀创业项目。

（四）创业过程常见问题解答

1. 如何进行工商登记注册公司？

当同学们决定创业，并已经做好充足的创业准备时，这时就可以进行工商登记，注册公司或者个体户了。同学们需要准备以下材料：

（1）公司名称，不少于 3 个，建议 3~5 个备选；注册资金，自 2024 年 7 月 1 日开始，全体股东认缴的出资额由股东按照公司章程的规定自公司成立之日起五年内缴足；经营范围，建议参考同行或者自身业务进行填报。

（2）法人、股东、监事的身份证照片和手机号码。

（3）公司占股比例，法人和监事都可以担任股东。

（4）注册地址：个人租用的商业地址或者无偿使用证明。

（5）注册流程：登录江苏政务服务网站—点击"名称登记/注册登记"—"个人登录"（需要先注册账户）—"企业开办全程网上办（名称申报、设立登记）"—"我要企业开办"—选择"我没有名称"，按照信息提示填写相关信息后提交等待审核。

整个工商登记周期约为 3~5 个工作日，银行开户和刻章环节会产生一定费用。

2. 我该选择哪种企业类型?

常见的企业类型有个体工商户、独资企业、有限责任公司、合伙企业。个体工商户是自然人从事工商经营,经依法登记,享有从事个体工商业经营的民事权利能力和民事行为能力,个体工商户的债务,个人经营的,以个人财产承担;家庭经营的,以家庭财产承担;无法区分的,以家庭财产承担。独资企业就是个人出资经营、归个人所有和控制、由个人承担经营风险和享有全部经营收益的企业,对企业负无限责任。合伙企业是指由各合伙人订立合伙协议,共同出资,共同经营,共享收益,共担风险,并对企业债务承担无限连带责任的营利性组织。有限责任公司是由五十个以下的股东出资设立,每个股东以其所认缴的出资额为限对公司承担有限责任,公司法人以其全部资产对公司债务承担全部责任的经济组织。对于创业来说,有限责任公司是比较适合创业的企业类型。

3. 公司需要缴纳哪些税?

一般来说,企业需要缴纳以下几种常见的税:

(1) 增值税。

根据纳税人的经营范围及会计核算的健全程度不同,增值税纳税人可以分为小规模纳税人和一般纳税人。增值税税率有13%、9%、6%和0四种税率,适用于一般纳税人。增值税的征收率适用于小规模纳税人和特定一般纳税人按简易方法计税的特定项目,统一按3%计征。

(2) 企业所得税。

企业所得税税率分为法定税率和优惠税率,法定税率为25%,优惠税率分别为小型微利企业20%,国家需要重点扶持的高新技术企业15%。国家对个体工商户、个人独资企业和合伙企业的投资者,不征收企业所得税,而按5%~45%的超额累进税率征收个人所得税。

(3) 附加税费税率。

城市维护建设税以流转税为基础,纳税人所在市区的,税率为7%;纳税人所在地在县城、镇的,税率为5%;纳税人所在地不在市区、县城或镇的,税率为1%。

(4) 教育附加税。

教育附加税税率为3%。

4. 目前大学生创业可以享受哪些扶持政策?

目前大学生创业政策各地区有所不同,以苏州市为例,大学生在苏州市注册登记的创业实体可以享受以下补贴:

(1) 求职创业补贴,符合条件的高校毕业生(城乡低保家庭、残疾毕业生、国家助学贷款毕业生、建档立卡家庭毕业生),可享受1 500元/人。

(2) 小微企业吸纳苏州籍高校毕业生一次性奖励补贴,每吸纳一名苏州籍高校毕业生补贴3 000元。

(3) 一次性创业补贴,每家创业实体补贴1万元(各区补贴额度有所不同)。

（4）创业社保补贴实行定额制，补贴标准为每人每月 1 100 元，实际缴纳的社会保险费单位部分低于该补贴标准的，据实补贴。

（5）创业场地租金补贴，按实补贴，每家不超过 5 000 元/年，补贴期限不超过 3 年。

（6）创业基地运营补贴（自有住房创业者），按实补贴，每家不超过 200 元/月，补贴期限不超过 3 年。

（7）创业带动就业补贴，带动一人补贴 3 000 元。

（8）创业失败社保补贴，按照企业存续期间纳税总额的 50%，补贴不超过 1 万元。

5. 大学生创业初期遇到资金紧缺怎么办？

资金问题是大部分青年创业者遇到的问题，很多创业者在前期容易出现资金短缺，导致项目无法正常运作。苏州市针对具有商业潜力且运营情况较好，但短时间内周转困难的项目，出台了富民创业担保贷款及贴息、小微企业贷款贴息等政策。

6. 对于优秀的创业项目，有没有奖励性政策？

（1）大学生初创企业获得天使投资奖励经申请评定，按每个项目获得的天使投资金额的 20% 予以奖励，最高不超过 50 万元。

（2）对由人社等部门组织的市级以上创业大赛中获奖的优秀项目，在本市完成商事登记，并运营满 6 个月以上的，经评定给予最高 30 万元的优秀创业项目资助。

7. 如果还有其他创业相关的业务，在哪里咨询或者办理？

创业相关的业务，可以前往创业实体所在地注册登记的就创业服务机构咨询或办理，苏州市（区）服务机构见表 6.3.1。

表 6.3.1 苏州市（区）人力资源和社会保障局

序号	单位名称	地址	邮编
1	苏州市人力资源和社会保障局	苏州市姑苏区平泷路 251 号城市生活广场 A 座	215031
2	张家港市人力资源和社会保障局	苏州市张家港市华昌路 3 号港城大厦	215600
3	常熟市人力资源和社会保障局	苏州市常熟市新颜路 215 号	215500
4	太仓市人力资源和社会保障局	苏州市太仓市城厢镇柳州路 38 号	215400
5	昆山市人力资源和社会保障局	苏州市昆山市前进中路 1801 号	215300
6	吴江区人力资源和社会保障局	苏州市吴江区开平路 300 号	215200
7	吴中区人力资源和社会保障局	苏州市吴中区塔韵路 178 号	215104
8	相城区人力资源和社会保障局	苏州市相城区阳澄湖东路 8 号	215131
9	姑苏区人力资源和社会保障局	苏州市姑苏区解放路 117 号	215007
10	苏州工业园区人力资源和社会保障局	苏州市苏州工业园区旺墩路 168 号	215028
11	苏州高新区人力资源和社会保障局	苏州市虎丘区狮山路 22 号	215163

四、创意创新创业比赛

当你已经有完善的创业想法或者是已落地的创业项目,掌握了商业计划书的撰写、项目 PPT 的制作以及项目路演的要点,你就可以大胆地去参加一些创新创业大赛,通过大赛来证明自己的实力。以下是教育部认可的权威创新创业赛事,供同学们选择。

(一)中国国际大学生创新大赛

图 6.3.4 中国国际大学生创新大赛

1. 主办单位

中华人民共和国教育部(简称教育部)、中国共产党中央委员会统一战线工作部(简称中央统战部)、中央网络安全和信息化委员办公室、中华人民共和国国家发展和改革委员会、中华人民共和国工业和信息化部、中华人民共和国人力资源和社会保障部、中华人民共和国农业农村部、中国科学院、中国工程院、国家知识产权局、国家乡村振兴局、共青团中央等 13 个省部级主办机构。

2. 竞赛时间

校赛时间:每年 4 月~5 月。

省赛时间:每年 7 月~8 月。

国赛时间:每年 10 月~11 月。

3. 大赛简介

中国国际大学生创新大赛(原中国国际"互联网+"大学生创新创业大赛)是目前我国级别最高、知名度最大、覆盖院校最广、参与学生最多、国家最重视的大学生竞赛,可以称之为高等教育的"奥林匹克"。

大赛秉持教育本色,将思想政治教育、专业教育和创新创业教育相结合,以创新引领创业、创业带动就业,以赛促学、以赛促教、以赛促创,推动高校人才培养范式发生深刻变革,实现了基础教育、职业教育、高等教育的贯通,促进了教育链、人才链与产业链、创新链有机衔接。可以说,大赛已经成为提高人才培养质量的重要举措,成为展示新时代高等教育教学改革成果的重要窗口,为新时代大学生绽放自我、展现风采、服务国家提供了新平台,为世界创新创业教育改革提供了中国智慧和中国方案。

2017 年,开启了中国国际"互联网+"大学生创新创业大赛同期活动——"青年红色筑梦之旅"活动,共上一堂有温度的思政大课。习近平总书记勉励参与活动的青年学子们:"希望你们扎根中国大地了解国情民情,在创新创业中增长智慧才干,在艰苦奋斗中锤炼意志品质,在亿万人民为实现中国梦而进行的伟大奋斗中实现人生价值,用青春书写无愧于时代、无愧于历史的华彩篇章。"

4. 适合参赛对象

所有专业学生。

(二)"挑战杯"中国大学生创业计划竞赛

图 6.3.5 "挑战杯"中国大学生创业计划竞赛

1. 主办单位

共青团中央、中国科学技术协会、教育部、中华全国学生联合会。

2. 竞赛时间

每两年一届。

校赛时间:3月~4月。

省赛时间:4月~5月。

国赛时间:9月~11月。

3. 大赛简介

创业计划竞赛起源于美国,又称商业计划竞赛,是风靡全球高校的重要赛事。它借用风险投资的运作模式,要求参赛者组成优势互补的小组,提出一项具有市场前景的技术、产品或者服务,并围绕这一技术、产品或服务,以获得风险投资为目的,完成一份完整、具体、深入的创业计划。

4. 适合参赛对象

所有专业学生。

(三)中国大学生服务外包创新创业大赛

图 6.3.6 中国大学生服务外包创新创业大赛

1. 主办单位

教育部、中华人民共和国商务部、地方人民政府。

2. 竞赛时间

报名截止：每年 3 月中旬。

作品上交时间：每年 4 月中旬。

区域赛时间：每年 4 月。

3. 大赛简介

中国大学生服务外包创新创业大赛是响应国家关于鼓励服务外包产业发展、加强服务外包人才培养的相关战略举措与号召，举办的每年一届的全国性竞赛。

大赛宗旨通过开展服务外包创新创业能力竞赛，引导和促进高校加强服务外包人才培养，为服务外包产业发展提供人才保障；推动大学生关注服务外包，关注服务外包企业就业机会；促进高校教育改革，使人才培养方向更紧密贴合新兴产业发展的需要。同时，大赛将坚持公益性、公开性、公正性，努力打造人才培养和产业发展互动融合、选才用才的典范。

往届大赛吸引了超过五百所高校和数十家产业代表企业积极参与，提升了产业影响，收到了良好的社会效果，在全国高校与企业中的影响力也不断提升。

4. 适合参赛对象

偏向技术命题，信息工程、电子信息、人工智能等专业的学生。

（四）iCAN 大学生创新创业大赛

图 6.3.7　iCAN 大学生创新创业大赛

1. 主办单位

中国信息协会。

2. 竞赛时间

报名时间：每年 5 月。

区赛时间：每年 9~10 月。

国赛时间：每年 11 月。

3. 大赛简介

iCAN 大学生创新创业大赛（原中国 MEMS 传感器应用大赛，简称 iCAN）是一个无固定限制、鼓励原始创新的赛事。iCAN 秉承"自信、坚持、梦想"的精神，倡导科技创新创业服务社会，引导和激励高校学生勇于创新，发现和培养一批有作为、有潜力的优秀青年创新人才，促进和加强物联网、智能制造、人工智能等高科技领域的产学研结合，搭建科技人才创新生态平台。

4. 适合参赛对象

所有专业学生。

（五）中美青年创客大赛

图 6.3.8　中美青年创客大赛

1. 主办单位

教育部。

2. 竞赛时间

报名时间：每年 5 月份。

决赛时间：每年 8 月份。

3. 大赛简介

中美青年创客大赛以"共创未来"为主题，倡导参赛者关注社区、教育、环保、健康、能源、交通等可持续发展领域，结合创新理念和前沿科技，打造具有社会和产业价值的全新作品。大赛旨在通过比赛的形式促进中美两国创客文化与生态的建设，助力中国创客社区及众创空间生态环境的不断优化，并充分体现中美人文交流特色，为两国青年搭建交流沟通的平台，推动中美两国青年创客在创新领域的深度交流，进而加强两国在青年层面上的文化交流与沟通。

4. 适合参赛对象

所有专业学生。

（六）全国大学生电子商务"创新、创意及创业"挑战赛

图 6.3.9　全国大学生电子商务"创新、创意及创业"挑战赛

1. 主办单位

教育部、教育部高校电子商务类专业教学指导委员会。

2. 竞赛时间

校赛时间：每年3月~4月。

区赛时间：每年5月~6月。

国赛时间：每年7月。

3. 大赛简介

全国大学生电子商务"创新、创意及创业"挑战赛（简称三创赛）是激发大学生兴趣与潜能，培养大学生创新意识、创意思维、创业能力以及团队协同实战精神的学科性竞赛。三创赛为高等学校落实《教育部 财政部关于实施"高等学校本科教学教学质量与教学改革工程"的意见》、开展创新教育和实践教学改革、加强产学研之间联系起到积极示范作用。

4. 适合参赛对象

所有专业学生。

（七）全国大学生创新年会

图6.3.10　全国大学生创新年会

1. 主办单位

教育部、国家级大学生创新创业训练计划专家工作组。

2. 竞赛时间

区级评选时间：每年7月中旬~8月。

国家级评选时间：每年10月~11月。

3. 大赛简介

教育部高等教育司从2008年起，委托高校举办全国大学生创新论坛（2012年更名为全国大学生创新创业年会），至今已成功举办17届，年会遴选国家级大学生创新创业训练计划（简称国创计划）参与项目学生进行学术交流和成果推介。

年会主要内容包括：（1）组织开展学术交流；（2）成果展示交流；（3）推介大学生创业项目。

国创计划始终坚持"兴趣驱动、自主实践、重在过程"的理念，其实施对于教育思想观念的转变，学生主体意识和创新意识的提升均发挥了重要作用。

4. 适合参赛对象

所有大学生创新创业训练计划立项项目。

(八)"学创杯"全国大学生创业综合模拟大赛

图 6.3.11 "学创杯"全国大学生创业综合模拟大赛

1. 主办单位

高等学校国家级实验教学示范中心联席会经济与管理学科组、中国陶行知研究会。

2. 竞赛时间

校赛时间：每年 3 月~5 月。

省赛时间：每年 5 月~10 月。

国赛时间：每年 10 月。

3. 大赛简介

"学创杯"全国大学生创业综合模拟大赛是为激励大学生弘扬时代精神，培养创业意识，提高创业能力，促进高校就业创业教育的蓬勃开展，发现和培养一批具有创新思维和创业潜力的优秀人才，同时鼓励高校组建创业模拟实验实践平台，积极开展各类大学生创业的一项大型创业活动。主要采用"创业之星""营销之道"作为活动平台，让学生体验企业若干轮虚拟年度的创业经营决策以及营销模拟实战，从而了解企业管理过程中可能遇到的各种情况与决策内容，提高学生的实践动手能力、对企业的综合管理能力，以及分析问题解决问题的能力。

五、大学生创新创业训练计划

(一) 什么是大学生创新创业训练计划

大学生创新创业训练计划项目简称"大创"，是学校为进一步调动学生开展创新创业的主动性、积极性与创造性，倡导学生研究探索式学习，自主科研创新，深化创新创业教育的全国性大学生项目申报比赛。

大学生创新创业训练计划遵循"注重兴趣驱动、注重切实可行、注重过程参与、注重实践创新、注重内伸外延"的原则，按照"自主选题、自主设计、自主实验、自主管理"的要求，通过"自由申请、公开立项、择优资助、全程指导、规范管理"

的程序，以项目研究为载体，引导学生在导师指导下，自主设计实验、自主完成实验、自主总结实验、自主创新创业，体验创新创业实践过程，提升创新创业的素养、技艺和能力。

大学生创新创业训练计划包括创新训练项目、创业训练项目和创业实践项目，同时还有校企合作基金项目作为补充。

创新训练项目是大学生个人或团队，在导师指导下，自主完成创新性研究项目设计、研究条件准备和项目实施、研究报告撰写、成果（学术）交流等工作，强调从科研基本功入手对学生进行实际培训和锻炼，培养学生的科研基本素质。创新训练项目分为三类：重点项目、一般项目和指导项目。

创业训练项目是学生团队在导师指导下，团队中每个学生在项目实施过程中扮演一个或多个具体的角色，完成编制商业计划书、开展可行性研究、模拟企业运行、参加企业实践、撰写创业报告等工作，强调从商业基本素质入手对学生进行实际培训和锻炼，培养学生的经营管理基本技能，积累创业经验。

创业实践项目是学生团队，在学校导师和企业导师的共同指导下，借鉴利用前期创新训练项目和创业训练项目的成果，提出具有市场前景的创新性产品或者服务，以此为基础开展创业实践活动。创业实践项目强调促进学生与市场需求接轨，进行产品经营技能训练，锻炼学生面对复杂市场变化的能力和企业经营管理的基本技能，培养创新创业意识，锻炼创业实践能力。

校企合作基金项目鼓励高校创新产学研合作育人机制，与企业合作设立大学生创新创业训练计划项目，鼓励企业自主立项并资助高校开展大学生创新创业训练计划项目，将产业最新需求和企业生产实际问题分解细化为具体项目或企业设置的开放性课题供学生进行创新创业训练与实践，为产业发展培养创新创业人才。校企合作基金项目是对大学生创新创业训练计划项目的有益补充，可以是创新训练项目、创业训练项目，也可以是创业实践项目。

（二）参加大学生创新创业训练计划的意义

首先，参加大学生创新创业训练计划是学生迈向科研的敲门砖。

对于大多数本科生来说，"大创"算得上是学生生涯中第一次真正参与科研活动，完成"大创"项目的过程其实是完成一套完整的科研训练流程：选题、文献资料收集、实地调研、材料撰写、开题报告、实验过程、结果分析、结题答辩等。在整个过程中，学生会得到多方面的锻炼，例如，掌握一些软件的使用技巧，提高资料搜集能力、实验设计能力、文案（论文、项目计划书或实验报告等）撰写能力、文献阅读技巧等。此外，如果学生还担任项目负责人，还会锻炼到抗压能力、团队管理能力、财务管理能力和项目规划能力等。这些能力对于以后想要从事科研的学生来说至关重要，即使未来不打算走学术道路，这个宝贵的经历也会帮助你在工作和生活中更好地解决问题。

其次，参加大学生创新创业训练计划是一张学生对于未知领域的"体验卡"。

做"大创"的过程中还需要学生对专业课之外的知识有所涉猎，查阅文献，了解一些学科的前沿发展情况。可能学生之前不喜欢自己的专业课，又或者盲目地向往另一个专业，但实践才是检验真理的唯一方法，真正了解、操作过后才会真实地了解到某个专业的现状与发展前景，了解过后，如果依旧感兴趣，就依照此方向继续深造，把"大创"当作未来科研、学习、生活的一块敲门砖，为自己在该领域的发展积累经验。如果权衡之后认为自己不适合此方向，那就尽早掉头，避免以后辛辛苦苦考研上岸后才发现自己对学科和科研并不感兴趣。

最后，参加大学生创新创业训练计划是学生未来"学术资本"的原始积累。

选择一个好的项目，对学生来说可以算得上是"一招鲜，吃遍天"。大的项目方向中可以拆分出很多子项目，这些都可以拿去参加其他竞赛，理工科项目可以衍生出软件开发、申请软件著作权、申请发明专利、开发微信小程序、做实验、写论文、发表文章等；社科类项目可以运营一个微信公众号、在视频平台做科普类视频推广等；创业项目可以注册公司、销售产品等。而反过来，这些成果与"大创"的结题档次息息相关，成果越多，质量越好，"大创"结题评价越高。所以综合看来，做好一个"大创"可以给学生带来隐形的收益：个人发展、评奖评优，甚至对毕业后工作、创业都有益处。

（三）"大创"时间以及流程简述

申报阶段：每年12月，学校将项目申报通知下发之后，就意味着立项申报的开始。这一阶段的具体任务包括但不限于选题、联系指导老师、寻找同组成员、填写申报材料、上报项目。在这一环节，就需要根据选题内容进行调研，做好数据分析工作，评估项目能否顺利进行，联系相关方向的指导教师以及同样对该方向有兴趣的同学。

立项阶段：次年4月，学校会对所有申报的项目进行统一的材料审核，进行专家评审工作，在所有申报的项目中选出优秀项目，作为学校当年拟推荐的省

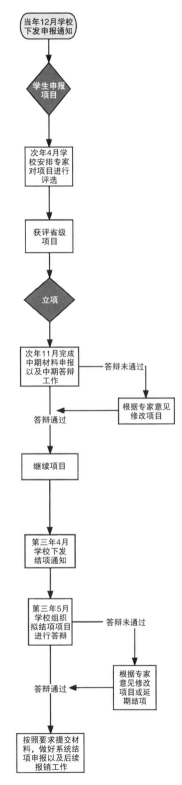

图6.3.12 大学生创新创业训练计划流程简图

级一般、重点项目，拟推荐的项目需要在这段时间内完善自己的申报材料，和组员、指导教师积极沟通。开始项目前期的工作，有余力的项目组此时应该已经开始了项目的研究工作。

中期阶段：学校将于次年 11 月下发中期检查通知，一年期项目需要按照要求完成部分研究，依照学校规定时间提交检查材料、进行中期答辩、按规定进行中期报销等。

结项阶段：第三年 4 月，学校会下发关于大创一年期项目结项以及两年期项目中期检查的通知。这一阶段一年期项目的任务包括但不限于提交项目成果、结题表、结题报告；指导教师提交审核意见；评审组评审结题材料；项目组成员进行最终答辩；做好后续收尾材料上交。两年期项目则需依照中期检查要求完成相关工作，提交相应材料。

（四）学校参与大学生创新创业训练计划情况

学校在教务处三创中心的组织下，积极组织学生参加大学生创新创业训练计划项目，每年基本有 50 余个参与项目，其中 10 个省级重点项目，40 个省级一般项目。以下为近两年的省级重点项目情况。

表 6.3.2　2023 年江苏省大学生创新创业训练计划重点项目清单

序号	项目编号	项目名称	项目负责人	项目负责人所在学院
1	202313983001Z	王尔德童话中的成人化特征研究	徐远婷	城市文化与传播学院
2	202313983002Z	现代儒学的现实性回顾与平民大众化展望——以苏州市儒学研究会为例	李安琪	城市文化与传播学院
3	202313983003Z	电子病历开放共享现状及利用情况研究	宋昱辉	城市治理与公共事务学院
4	202313983004Z	PPP 模式下社区嵌入式养老服务多元主体协同机制研究——以苏州市康养集团为例	汪赛罂	城市治理与公共事务学院
5	202313983005Z	基于光电传感的智能垃圾分捡机器人研究与设计	周思源	光学与电子信息学院
6	202313983006Z	基于 LED 显示系统的无人机设计	秦朝奕	光学与电子信息学院
7	202313983007Z	基于人脸与声纹的多生物特征身份识别的研究与优化	宋格璋	计算科学与人工智能学院
8	202313983008Z	基于 unity3D 开发的库房平台设计	陈海亮	计算科学与人工智能学院
9	202313983009Z	江苏省普惠金融高质量发展支持乡村振兴问题研究	刘森玥	数字经济与管理学院
10	202313983010Z	省力快速锁紧台虎钳	陆子汉	智能制造与智慧交通学院

表 6.3.3 2022 年江苏省大学生创新创业训练计划重点项目清单

序号	项目编号	项目名称	项目负责人	项目负责人所在学院
1	202213983003Z	模拟汽车外部车灯的智能控制系统	李肃	光学与电子信息学院
2	202213983005Z	压电智能悬臂梁振动的自动控制	汤国雅	智能制造与智慧交通学院
3	202213983009Z	2000 年以来消费文学影响下的"才子佳人"小说新变	欧乾妮	城市文化与传播学院
4	202213983011Z	传播学视角下红色影视剧的字幕翻译研究——以《觉醒年代》为例	姜御寒	城市文化与传播学院
5	202213983022Z	基于光伏组件表面微结构的入射光倾角特性研究	洪飞飞	光学与电子信息学院
6	202213983024Z	可穿戴柔性传感器及动作捕捉应用	邓豆豆	光学与电子信息学院
7	202213983025Z	浅析寻衅滋事犯罪——以苏州市为例	倪培馨	城市治理与公共事务学院
8	202213983026Z	浅析轴心时代孔子、苏格拉底、释迦牟尼三人对人生探索的异同以及对当今社会的价值	张韧	城市文化与传播学院
9	202213983030Z	社区治理中劳动争议调解机制建设的路径提升研究	潘湘铧	城市治理与公共事务学院
10	202213983031Z	生产线物料测量数据可视化	张峻嘉	计算科学与人工智能学院

第七章

学科竞赛 考级考证

大学生在校期间除参加第一课堂的学习外，还可以参加学校组织的各级各类学科竞赛，参加相关考级考证，甚至还可以将自己的创新设计申请专利，这些不仅可以提高自身综合素质，也有助于自己今后的就业、创业。

第一节 学科竞赛

一、什么是学科竞赛？

大学生学科竞赛是指本科生在校期间进行的（专业）学科竞赛活动，是课堂的外延，也是课本知识和实践应用结合的有效途径。学科竞赛既强调学生个性的张扬，又重视学生创造潜能的开发，对培养学生创新能力、锻炼学生实际动手能力、增强学生的团队协作精神起着重要作用。大学生学科竞赛活动是培养学生实践能力、创新创业能力和团队合作精神的重要途径。广泛开展各类大学生竞赛，是提升大学生社会责任感与综合素质，促进大学生知识、能力、素质协调发展，培养具备创新意识与创新能力的高素质创新型人才的有力抓手。建议同学们在校四年期间至少参加一项学科竞赛，在毕业之前通过学科竞赛这一平台将专业知识和实践相融通，从而加大自己的就业和考研深造的优势。

二、学科竞赛分类

从类别区分，竞赛分为 A 类、B 类、C 类、D 类和 E 类五大类别。其中，A 类竞赛主要指由多个国家级部委共同主办的竞赛；B 类竞赛主要指由教育部明确发文资助的竞赛；C 类竞赛主要指由中国高等教育学会或教育部高等学校教学指导委员会主办的竞赛；D 类竞赛主要指省级或行业主办的竞赛；E 类竞赛主要指企业或协会主办的竞赛。

从类型区分，竞赛几乎涉及每个专业，类型大致分为① 以考试类型为代表的学科理论型竞赛；② 以实际操作和作品为代表的学科应用型竞赛；③ 以创新创业为代表的创新创业实践类竞赛。

三、什么是榜单赛事？

近年来，中国高等教育学会高校竞赛评估与管理体系研究专家工作组每年会发布《全国普通高校大学生竞赛分析报告》，分析全国高校大学生竞赛榜单，凡纳入竞赛榜单的比赛项目称之为榜单赛事。

2024年3月22日发布的《2023全国普通高校大学生竞赛分析报告》中榜单赛事共计84个，详见表7.1.1（名称略有改动）。

表7.1.1　全国普通高校大学生竞赛榜单赛事一览表

序号	竞赛名称	备注
1	中国国际大学生创新大赛	原中国国际"互联网+"大学生创新创业大赛
2	"挑战杯"全国大学生课外学术科技作品竞赛	
3	"挑战杯"中国大学生创业计划大赛	
4	ACM—ICPC国际大学生程序设计竞赛	
5	全国大学生数学建模竞赛	
6	全国大学生电子设计竞赛	
7	中国大学生医学技术技能大赛	
8	全国大学生机械创新设计大赛	
9	全国大学生结构设计竞赛	
10	全国大学生广告艺术大赛	
11	全国大学生智能汽车竞赛	
12	全国大学生电子商务"创新、创意及创业"挑战赛	
13	中国大学生工程实践与创新能力大赛	
14	全国大学生物流设计大赛	
15	外研社全国大学生英语系列赛——① 英语演讲、② 英语辩论、③ 英语写作、④ 英语阅读	
16	两岸新锐设计竞赛·华灿奖	
17	全国大学生创新创业训练计划年会展示	
18	全国大学生化工设计竞赛	
19	全国大学生机器人大赛——① RoboMaster、② RoboCon	
20	全国大学生市场调查与分析大赛	
21	全国大学生先进成图技术与产品信息建模创新大赛	
22	全国三维数字化创新设计大赛	
23	"西门子杯"中国智能制造挑战赛	
24	中国大学生服务外包创新创业大赛	
25	中国大学生计算机设计大赛	
26	中国高校计算机大赛——① 大数据挑战赛、② 团体程序设计天梯赛、③ 移动应用创新赛、④ 网络技术挑战赛、⑤ 人工智能创意赛	

续表

序号	竞赛名称	备注
27	蓝桥杯全国软件和信息技术专业人才大赛	
28	米兰设计周——中国高校设计学科师生优秀作品展	
29	全国大学生地质技能竞赛	
30	全国大学生光电设计竞赛	
31	全国大学生集成电路创新创业大赛	
32	全国大学生金相技能大赛	
33	全国大学生信息安全竞赛	
34	未来设计师·全国高校数字艺术设计大赛	
35	全国周培源大学生力学竞赛	
36	中国大学生机械工程创新创意大赛	原中国大学生机械工程创新创意大赛——过程装备实践与创新赛、铸造工艺设计竞赛、材料热处理创新创业赛、起重机创意赛、智能制造大赛
37	中国机器人大赛暨RoboCup机器人世界杯中国赛	
38	"中国软件杯"大学生软件设计大赛	
39	中美青年创客大赛	
40	睿抗机器人开发者大赛（RAICOM）	原RoboCon机器人开发者大赛
41	"大唐杯"全国大学生新一代信息通信技术大赛	原"大唐杯"全国大学生移动通信5G技术大赛
42	华为ICT大赛	
43	全国大学生嵌入式芯片与系统设计竞赛	
44	全国大学生生命科学竞赛（CULSC）	原全国大学生生命科学竞赛（CULSC）——生命科学竞赛、生命创新创业大赛
45	全国大学生物理实验竞赛	
46	全国高校BIM毕业设计创新大赛	
47	全国高校商业精英挑战赛——① 品牌策划竞赛、② 会展专业创新创业实践竞赛、③ 国际贸易竞赛、④ 创新创业竞赛、⑤ 会计与商业管理案例竞赛	⑤ 会计与商业管理案例竞赛为2023年新增
48	"学创杯"全国大学生创业综合模拟大赛	
49	中国高校智能机器人创意大赛	
50	中国好创意暨全国数字艺术设计大赛	
51	中国机器人及人工智能大赛	
52	全国大学生节能减排社会实践与科技竞赛	2023年重新纳入

续表

序号	竞赛名称	备注
53	"21世纪杯"全国英语演讲比赛	2023年新增
54	iCAN大学生创新创业大赛	2023年新增
55	"工行杯"全国大学生金融科技创新大赛	2023年新增
56	中华经典诵写讲大赛	2023年新增
57	"外教社杯"全国高校学生跨文化能力大赛	2023年新增
58	百度之星·程序设计大赛	2023年新增
59	全国大学生工业设计大赛	2023年新增
60	全国大学生水利创新设计大赛	2023年新增
61	全国大学生化工实验大赛	2023年新增
62	全国大学生化学实验创新设计大赛	2023年新增
63	全国大学生计算机系统能力大赛	2023年新增
64	全国大学生花园设计建造竞赛	2023年新增
65	全国大学生物联网设计竞赛	2023年新增
66	全国大学生信息安全与对抗技术竞赛	2023年新增
67	全国大学生测绘学科创新创业智能大赛	2023年新增
68	全国大学生统计建模大赛	2023年新增
69	全国大学生能源经济学术创意大赛	2023年新增
70	全国大学生基础医学创新研究暨实验设计论坛（大赛）	2023年新增
71	全国大学生数字媒体科技作品及创意竞赛	2023年新增
72	全国本科院校税收风险管控案例大赛	2023年新增
73	全国企业竞争模拟大赛	2023年新增
74	全国高等院校数智化企业经营沙盘大赛	2023年新增
75	全国数字建筑创新应用大赛	2023年新增
76	全球校园人工智能算法精英大赛	2023年新增
77	国际大学生智能农业装备创新大赛	2023年新增
78	"科云杯"全国大学生财会职业能力大赛	2023年新增
79	全国职业院校技能大赛	高职赛
80	全国大学生机器人大赛——RoboTac	高职赛
81	世界技能大赛	高职赛
82	世界技能大赛中国选拔赛	高职赛
83	一带一路暨金砖国家技能发展与技术创新大赛	2023年新增高职赛
84	码蹄杯全国职业院校程序设计大赛	2023年新增高职赛

四、学校组织学生参加的主要榜单赛事

学校积极组织学生参加各类榜单赛事，提升学校竞赛榜单排名，目前参加的主要榜单赛事见表7.1.2。

表 7.1.2　学校组织学生参加的主要榜单赛事一览表

序号	赛事	组织单位	赛事类别
1	中国国际大学生创新大赛	教务处三创中心	全国榜单赛事
2	"挑战杯"全国大学生课外学术科技作品竞赛	教务处三创中心	全国榜单赛事
3	"挑战杯"中国大学生创业计划竞赛	教务处三创中心	全国榜单赛事
4	中国大学生服务外包创新创业大赛	教务处三创中心	全国榜单赛事
5	"21世纪杯"全国英语演讲比赛	国际合作交流处	全国榜单赛事
6	外研社全国大学生英语系列赛——① 英语演讲、② 英语辩论、③ 英语写作、④ 英语阅读	城市文化与传播学院	全国榜单赛事
7	全国大学生广告艺术大赛	城市文化与传播学院	全国榜单赛事
8	中华经典诵写讲大赛	城市文化与传播学院	全国榜单赛事
9	蓝桥杯全国软件和信息技术专业人才大赛	光学与电子信息学院	全国榜单赛事
10	全国大学生电子设计竞赛	光学与电子信息学院	全国榜单赛事
11	全国大学生光电设计竞赛	光学与电子信息学院	全国榜单赛事
12	全国大学生智能汽车竞赛	光学与电子信息学院	全国榜单赛事
13	全国大学生物理实验竞赛	光学与电子信息学院 实验室建设与管理中心	全国榜单赛事
14	中国大学生计算机设计大赛	计算科学与人工智能学院	全国榜单赛事
15	未来设计师·全国高校数字艺术设计大赛	设计与艺术学院	全国榜单赛事
16	"学创杯"全国大学生创业综合模拟大赛	数字经济与管理学院	全国榜单赛事
17	全国大学生机械创新设计大赛	智能制造与智慧交通学院	全国榜单赛事
18	中国大学生机械工程创新创意大赛	智能制造与智慧交通学院	全国榜单赛事
19	中国机器人大赛暨RoboCup机器人世界杯中国赛	智能制造与智慧交通学院	全国榜单赛事

五、部分赛事介绍

（一）重点赛事——三大赛

中国高等教育学会每年都会发布全国普通高校学科竞赛排行结果，在排行榜中排名前三的赛事：中国国际大学生创新大赛、"挑战杯"全国大学生课外学术科技作品竞赛（简称"大挑"）和"挑战杯"中国大学生创业计划竞赛（简称"小挑"）。

这三大国家级赛事，是学生高参与度、跨学科交流、多元融合的 A 类竞赛，是"一群人共同做一件有价值的事"，带着"走出课本，让知识落地"的信念，让实践开花。对于大学生来说，三大赛赋予同学们更多的机会和舞台去积累经验、接受知识、开拓眼界。这三大赛虽然都主打综合学术，但其侧重又各不相同。

中国国际大学生创新大赛侧重于深化创新创业教育改革，引导各类学校主动服务国家战略和区域发展，深化人才培养综合改革，全面推进素质教育，切实提高学生的创新精神、创业意识和创新创业能力。推动人才培养范式深刻变革，形成新的人才质量观、教学质量观、质量文化观。以赛促创，搭建成果转化新平台。推动赛事成果转化和产学研用紧密结合，服务经济高质量发展，努力形成高校毕业生更高质量创业、就业的新局面。

"大挑"侧重于学术科技发明创作的实际意义与特点。这个项目注重参赛者在学术科技方面的创新和发明，强调作品的学术价值和科技含量，以及其在现实生活中的实际应用和影响。

"小挑"则更侧重于市场与技术服务的完美结合，商业性更强。这个项目鼓励参赛者将技术创新与市场需求相结合，注重技术的市场应用和商业潜力，以及技术服务的社会效益。

(二) 专项赛事

1. 全国大学生英语竞赛

主办单位：全国高等师范院校外语教学与研究协作组、高等学校大学外语教学研究会。

报名时间：每年 2 月中旬~3 月中旬。

初赛时间：每年 5 月中旬。

决赛时间：每年 5 月下旬。

竞赛简介：

本竞赛是全国性大学英语学科竞赛，旨在贯彻落实教育部关于大学英语教学改革的精神，促进大学生英语水平的全面提高，激发学生学习英语的兴趣，鼓励英语学习成绩优秀的大学生。这项竞赛活动，既可以展示各高校大学英语教学改革的成果，又有助于学生打好英语基础，提高综合运用英语的能力，推动全国大学各阶段英语教学质量上一个新台阶。

本竞赛面向大多数学生，提倡"重在参与"的奥林匹克精神，坚持自愿报名参加的原则，避免仅仅选拔"尖子"参加竞赛，而把大多数学生排除在竞赛之外的做法。竞赛分初赛和决赛两个阶段进行，初赛和决赛均为全国统一命题。初赛包括笔试和听力两种方式。决赛分两种方式，各地可任选一种：第一种是只参加笔试（含听力），第二种是参加笔试（含听力）和口试。

2. 外研社全国大学生英语系列赛

主办单位：北京外国语大学。

图 7.1.1 学校学子参与外研社全国大学生英语系列赛演讲校赛

报名时间：辩论赛为每年 3 月；演讲、写作、阅读赛为每年 6 月；

初赛时间：辩论赛为每年 4 月；演讲、写作、阅读赛为每年 9 月~11 月；

决赛时间：辩论赛为每年 6 月；演讲、写作、阅读赛为每年 12 月。

竞赛简介：

外研社全国大学生英语系列赛包括英语演讲、辩论、写作、阅读四大赛事。凭借其权威性、学术性和专业性，大赛自 2018 年起连续五年入选中国高等教育学会发布的"全国普通高校学科竞赛排行榜"，被全国多地教育主管部门纳入省厅级比赛项目。大赛在引领理念、培养人才、推动教学等方面的成果备受认可。

3. 全国大学生数学竞赛

主办单位：中国数学会。

报名时间：每年 6 月~9 月。

初赛时间：每年 10 月~11 月。

决赛时间：次年 3 月~4 月。

竞赛简介：

全国大学生数学竞赛始于 2009 年，第一届竞赛由中国数学会主办、国防科技大学承办。作为一项面向本科生的全国性高水平学科竞赛，全国大学生数学竞赛为青年学子提供了一个展示数学基本功和数学思维的舞台，为发现和选拔优秀数学人才，促进高等学校数学公共基础课课程建设改革和发展起着不可忽视的积极推动作用。此后全国竞赛每年举办一次，一般每年由不同高校承办。

4. 全国大学生物理实验竞赛

主办单位：国家级实验教学示范中心联席会物理学科组、教育部大学物理课程教学指导委员会大学物理实验专项委员会、全国高等学校实验物理教学研究会、中国物理学会物理教学委员会、全国大学生物理实验竞赛组织委员会。

比赛时间：每年 9 月~12 月。

竞赛简介：

全国大学生物理实验竞赛是一项面向在校大学生的全国性高水平物理学科竞赛活动，旨在激发我国大学生对大学物理和物理实验课程的学习兴趣和学习潜能，在实践中培养学生的创新精神和实践能力，在竞争中提升学生的团队协作意识和综合素质，着力提高物理实验教学质量和高素质创新性人才培养质量。本赛事已进入中国高等教育学会高校竞赛评估与管理体系研究工作组发布的"全国普通高校学科竞赛排行榜"。

5. 中国大学生计算机设计大赛

主办单位：中国大学生计算机设计大赛组织委员会、中国教育电视台、中国高等教育学会、中国青少年新媒体协会。

图 7.1.2　学校学子在教师指导下完成竞赛作品

校赛时间：每年3月中旬~3月下旬。

竞赛时间：每年4月中旬提交参赛作品。

竞赛简介：

中国大学生计算机设计大赛是我国高校面向本科生最早的赛事之一，2008年开赛。大赛的目的是以赛促学、以赛促教、以赛促创，为国家培养德智体美劳全面发展的创新型、复合型、应用型人才。

大赛目前是"全国普通高校学科竞赛排行榜"榜单赛事，每年举办一次。大赛以三级竞赛形式开展，校级赛—省级赛—国家级赛（简称国赛），国赛只接受省级赛（含省级赛和跨省区域赛）上推的参赛作品。校级赛、省级赛可自行、独立组织，国赛接受上推作品时间为当年5月份，国赛决赛时间在当年7月中旬至8月下旬。大赛国赛的参赛对象是中国境内高校当年在籍（含当年毕业）的本科生（含港、澳、台学生及留学生），参赛作品的指导教师是在高校担任本科生教学任务的教师。

图 7.1.3　学校学子在2023年中国大学生计算机设计大赛现场

6. 全国大学生电子设计竞赛

主办单位：教育部、工业和信息化部。

报名时间：每年 5 月中下旬。

竞赛时间：每年 8 月。

竞赛简介：

全国大学生电子设计竞赛是教育部高等教育司、工业和信息化部人事教育司共同主办的全国性大学生科技竞赛活动，是面向大学生的群众性科技活动，目的在于推动高等学校信息与电子类学科课程体系和课程内容的改革，有助于高等学校实施素质教育，培养大学生的实践创新意识与基本能力、团队协作的人文精神和理论联系实际的学风；有助于培养学生的工程实践素质、提高学生针对实际问题进行电子设计制作的能力；有助于吸引、鼓励广大青年学生踊跃参加课外科技活动，为优秀人才的脱颖而出创造条件。

全国大学生电子设计竞赛原则上安排在单数年的 9 月中旬举行，为期 4 天。电子设计竞赛题目包括理论设计和实际制作两部分，以电子电路（含模拟和数字电路）设计应用为基础，涉及模—数混合电路、单片机、嵌入式系统、数字信号处理器（DSP）、可编程器件、电子设计自动化（EDA）软件的应用。

图 7.1.4 学校学子参与第八届电子设计与开发竞赛暨 2023 年全国大学生电子设计竞赛校内选拔赛

7. 全国大学生光电设计竞赛

主办单位：中国光学学会。

报名时间：每年 8 月上旬。

竞赛时间：每年 8 月中下旬。

竞赛简介：

全国大学生光电设计竞赛是面向全国高校各专业学生的科技类竞赛活动，是促进高等学校教学改革，加强教育与产业之间联系，推进科学技术转化为生产力的一项学科创新的示范性科技活动。竞赛的特点是与高等学校的课程体系、课程内容改革密切结合，以推动其课程教学、教学改革和实验室建设工作。竞赛的特色是理论联系实际，竞赛内容既有理论设计，又有实际制作或创新创业设计，以全面检验和加强参赛学生的理论基础和实践创新能力。竞赛的组织运行模式为"学会主办、专家主导、学生主体、社会参与"，以充分调动各方面的参与积极性；竞赛齐集全国光电相关专业的学科和专家优势，提供光、机、电、算一体化系统设计与开发能力的平台，促进光电知识的普及，加强大学生创新能力和团队精神的锻炼和培养，为学生全面发展特别是为创新人才脱颖而出创造良好环境，不断提高人才培养质量。

图 7.1.5　学校学子在第十一届全国大学生光电设计竞赛中喜获佳绩

8. 蓝桥杯全国软件和信息技术专业人才大赛

主办单位：工业和信息化部人才交流中心。

报名时间：每年 10 月中下旬。

竞赛时间：次年 4 月中旬。

竞赛简介：

蓝桥杯全国软件和信息技术专业人才大赛（简称蓝桥杯），是由工业和信息化部人才交流中心举办的全国性信息技术学科赛事。全国累计参赛人数超过 40 万人。蓝桥杯连续两年被列入中国高等教育学会发布的"全国普通高校学科竞赛排行榜"，是高校教育教学改革和创新人才培养的重要竞赛项目。对大学生综合评测、奖学金评定、升学深造都有一定助益。

大赛共包括四个竞赛组别，软件赛、电子赛、视觉艺术大赛以及数字科技创新赛。其中软件赛的比赛科目包括 C/C++ 程序设计、Java 软件开发、Python 程序设计等。

9. 全国大学生广告艺术大赛

主办单位：由教育主管部门指导、全国大学生广告艺术大赛组委会、中国传媒大学、大广赛文化传播（北京）有限公司共同举办。

竞赛时间：每年 7 月~8 月学校初评、赛区评选、全国总评选，每年 9 月现场总决赛。

竞赛简介：

全国大学生广告艺术大赛（简称大广赛）自 2005 年第 1 届至今，遵循"促进教改、启迪智慧、强化能力、提高素质、立德树人"的竞赛宗旨，成功举办了 15 届共 16 次赛事，全国共有 1 857 所高校参与其中，超过百万学生提交作品。

大广赛以立德树人为根本，以强教兴才为己任，搭建了以赛促练、以赛促学、以赛促教、以赛促改、以赛促研、以赛立德的实践教学改革平台，把一群优秀的青年人聚集在一起，让他们的创造力互相激发，培养了他们的创新意识和解决问题的能力，展示了新一代大学生的才能，体现了自我价值，增强了自信心，滋养了他们的成长。

大广赛是迄今为止全国规模大、覆盖高等院校广、参与师生人数多、作品水准高、受高校教师欢迎、有较大社会影响力的全国性高校学科竞赛。

参赛作品分为平面类、视频类、动画类、互动类、广播类、策划案类、文案类、UI 类、科技类、营销创客类、公益类十一大类。

图 7.1.6 学校城市文化与传播学院学子受邀参加
第 15 届大广赛学科竞赛成果展示盛典

10. 未来设计师·全国高校数字艺术设计大赛

主办单位：未来设计师·全国高校数字艺术设计大赛组委会、工业和信息化部人才交流中心。

报名以及作品上交时间：每年 12 月~6 月。

作品评审及奖项公布：次年 7 月~8 月。

颁奖典礼：次年 11 月。

竞赛简介：

未来设计师·全国高校数字艺术设计大赛是由工信部人才交流中心主办，教育部中国高等教育学会认定，12 个省教育厅发文立项，"学习强国"学习平台支持的国家级大学生竞赛。大赛始于 2012 年，每年举办一届，已连续举办十一届，是高校积极参与的重要竞赛之一。每年有 1 800 余所高校参赛，近 93% 的 985、一流大学和近 95% 的知名设计院校参赛。比赛设"非命题""公益""命题""创新创业"四个赛道，内容有元宇宙+设计、未来设计、国潮·非遗设计、视觉传达设计、动画与视频设计、交互设计、人居环境与规划设计、工业产品设计、时尚设计、虚拟 IP 及表情包设计、数字绘画、数字摄影、数字音乐等。

第二节　考级考证及专利申请

一、考级考证

大学生在毕业时，除有毕业证书和学位证书外，拥有一张或多张相关资格证书，将为自己的就业或创业提供不少的加分项，有些资格证书还是出国留学的必要条件。因此，不少大学生在校期间都会参加至少一种资格考试，为自己今后的发展提前布局。

（一）考级考证的作用

（1）证明个人能力和素质。各种证书是个人专业知识和技能的体现，有助于向他人展示个人的能力和素质。

（2）提升个人竞争力。考证可以帮助大学生毕业后在职场上增强竞争力和吸引力，提高在职场中的地位。

（3）促进个人发展。考证的过程需要不断学习和掌握新的知识和技能，这有助于提高大学生的能力和素质，同时，它还可以帮助大学生发掘潜力和兴趣，为职业规划和发展提供帮助。

（4）提供国际合作机会。在一些国际化的行业，持有国际通用的证书也可以为个人提供更多的国际合作机会和发展机会。

需要注意的是，考证本身不是目的，而是提高能力和素质的手段。因此，在考证的过程中，需要注重实践和应用的结合，将所学的知识和技能真正转化为实际的能力。

（二）在校期间可以参加的证书考试

1. 全国计算机等级考试

考试时间：每年3月及9月。

考试级别：一级、二级、三级、四级。

全国计算机等级考试主要考核应试人员对计算机和软件的实际掌握能力。全国计算机等级考试共分为四级。

一级：操作技能级/信息素养。考核计算机基础知识及计算机基本操作能力，包括Office办公软件、图形图像软件、网络安全素质教育。

二级：程序设计/办公软件高级应用级。考核内容包括计算机语言与基础程序设计能力，要求参试者掌握一门计算机语言。可选类别有高级语言程序设计类、数据库程序设计类等；还包括办公软件高级应用能力，要求参试者具有计算机应用知识及Office办公软件的高级应用能力，能够在实际办公环境中开展具体应用。

三级：工程师预备级。三级证书考核面向应用、面向职业的岗位专业技能。

四级：工程师级。四级证书面向已持有三级相关证书的考生，考核计算机专业课程，是面向应用、面向职业的工程师岗位证书。

计算机等级考试是技能考试，此外计算机等级证书对同学们日后评定奖学金、评奖先进、考研复试等有重要帮助，同时也是找工作时的"敲门砖"。目前，大多数企业招聘本科应届毕业生时已将计算机二级证书列入重点参照，有些城市落户条件中，拥有计算机等级证书是获得加分的一个重要分项。因此，有能力的同学还是要在大学期间争取通过计算机等级考试。

2. 普通话水平测试

考试时间：每年5月及12月。

普通话水平测试是对应试人员运用普通话的规范程度、熟练程度的口语考试，考试形式为口试。普通话水平等级分为三级六等，即一、二、三级，每个级别再分出甲、乙两个等次；一级甲等为最高，三级乙等为最低。普通话水平测试不是口才的评定，而是对应试人员掌握和运用普通话所达到的规范程度的测查和评定，是应试人员的汉语标准语测试。应试人员在运用普通话口语进行表达过程中所表现的语音、词汇、语法规范程度，是评定其所达到的水平等级的重要依据。根据各行业的规定，有关从业人员的普通话水平达标要求如下：

中小学及幼儿园、校外教育单位的教师，普通话水平不低于二级，其中语文教师不低于二级甲等，普通话语音教师不低于一级。

高等学校的教师，普通话水平不低于三级甲等，其中现代汉语教师不低于二级甲等，普通话语音教师不低于一级；对外汉语教学教师，普通话水平不低于二级甲等。

报考中小学、幼儿园教师资格的人员，普通话水平不低于二级。

师范类专业以及各级职业学校的与口语表达密切相关专业的学生，普通话水平不低于二级。

国家公务员，普通话水平不低于三级甲等。

国家级和省级广播电台、电视台的播音员、节目主持人，普通话水平应达到一级甲等，其他广播电台、电视台的播音员、节目主持人的普通话达标要求按国家广播电视总局的规定执行。

话剧、电影、电视剧、广播剧等表演、配音演员，播音、主持专业和影视表演专业的教师、学生，普通话水平不低于一级。

公共服务行业的特定岗位人员（如广播员、解说员、话务员等），普通话水平不低于二级甲等。

普通话水平应达标人员的年龄上限以有关行业的文件为准。

可能有很多同学认为普通话水平测试等级证书相较于其他证书、考试来说，用处并不是很大，但对于今后有意向成为教师或是想向播音主持方向发展的同学们则是必须参加的等级考试，建议对自己未来发展方向有明确目标的同学尽早准备。

3. 中小学教师资格考试

考试时间：每年上半年笔试为3月，下半年笔试为9月；每年上半年面试为

5月，下半年面试为12月。

中小学教师资格考试是由国家建立考试标准，省级教育行政部门组织的全国统一考试。通过实施中小学教师资格考试，考查申请人是否具备教师职业道德、基本素养、教育教学能力和教师专业发展潜质。严把教师入口关，择优选拔乐教、适教人员取得教师资格。中小学教师资格考试包括幼儿园教师资格考试、小学教师资格考试、初级中学教师资格考试、高级中学教师资格考试。申请认定中等职业学校文化课教师资格、中等职业学校专业课和中等职业学校实习指导教师资格者需参加高级中学教师资格考试。

4. 雅思考试

考试时间：全年。

苏州考点分布：苏州大学雅思考点（纸笔+机考）、西交利物浦大学雅思考点（纸笔+机考）。

雅思考试（国际英语语言测试系统）是全球首创从听说读写四方面检测英语能力的英语考试。雅思已成为全球最受欢迎的、用于高等教育及移民的英语语言水平测试，被英国、美国、加拿大、澳洲及欧洲、东南亚等新兴留学目的地在内的140多个国家和地区，超过12 500所教育机构、专业协会和政府部门认可。

近三百所中国高等院校将雅思作为入学筛选、学分置换、奖学金申请时的英语能力评定标准，国内众多企业事业单位在招聘时将雅思作为语言能力证明。

5. 托福网考

考试时间：全年。

苏州考点分布：苏州大学、西交利物浦大学、苏州国际预科学校。

托福网考®（TOEFL internet Based Test，简称 TOEFL iBT ®）是美国教育考试服务中心（Education Testing Service，简称ETS）托福系列考试项目之一，也是目前教育部教育考试院与ETS合作举办的唯一的托福考试项目。该考试2006年经批准引进中国，已在140余个考点开考。该项考试是海外各大院校、组织和机构衡量入学申请者或从业者英语能力的权威标准，试题的设计模拟大学课堂环境，强调信息来源的综合多样性，通过阅读、听力、口语和写作四部分，全面考核考生学术英语的应用能力，助力其顺利完成海外的学习和深造。

目前，全球160多个国家超过12 000所综合性大学、机构和学院认可托福网考®成绩；移民部门会参考申请者的托福网考®成绩签发居住和工作签证；医疗及认证机构会根据从业者的托福网考®成绩颁发职业资格证书。此外，越来越多的英语学习者也依据托福网考®成绩自我评估英语学习进展。

6. GRE 研究生入学考试

考试时间：全年。

苏州考点分布：苏州大学、西交利物浦大学。

GRE 是 Graduate Record Examination 的缩写，即美国研究生入学考试，适用于赴美读研及以上学历的学生。GRE 是由美国教育考试服务中心主办，是美国研究生的入学考试，它适用于除了法律（需参加美国法学院入学考试）和商业（需参加研究生管理科学入学考试）以外的各种学科与专业的研究生考试。

其不仅是美国研究生院选拔培养高级研究人才的重要依据，而且也是各大研究生学院决定是否向申请人提供奖学金资助的重要参考条件。

注：以上考级考证具体时间请以官方网站发布信息为准。

7. 初级会计专业技术资格考试

考试时间：每年 5 月。

初级会计专业技术资格考试，又称初级会计职称考试，是全国统一组织、统一考试时间、统一命题、统一合格标准的考试，对考试合格者颁发人事部统一印制，人事部、财政部用印的《会计专业技术资格证书》，该证书在全国范围内有效。该考试所涉及的知识基础、实用技能，是出纳、会计助理、会计等初级财务人员的必备知识。

8. 国家统一法律职业资格考试

考试时间：客观题考试时间为预计每年 9 月中旬，主观题考试时间预计为每年 10 月中旬。

法律职业资格证书是证书持有人通过国家统一法律职业资格考试后，申请从事法律职业的资格凭证，由司法部统一制作、颁发。符合相关条件、经国家统一法律职业资格考试、取得合格成绩的人员，可以向司法行政机关申领法律职业资格证书。国家对证书的申请、领取、补发、更换都有明确规定。2018 年 4 月，司法部公布了《国家统一法律职业资格考试实施办法》。

二、专利申请

大学生在毕业时，除了拥有相关资格证书，如果还拥有相关专利证书，那将为自己的就业或创业增加双倍助力，甩开更多的竞争对手。

（一）申请专利作用

（1）帮助提高学术成就。申请专利可以为学生提供一个展示其创新和研究成果的机会。

（2）帮助就业。拥有专利可以为大学生增加在就业市场上的竞争力。许多公司都非常重视拥有专利的员工，因为他们通常具有创新能力和对技术的深入理解。

（3）帮助创业。对于那些想要创办自己的公司或企业的大学生来说，申请专利可以帮助他们保护自己的知识产权，并提高其在市场上的竞争力。

（4）帮助获得经济利益。如果大学生的专利被授权并且在市场上取得成功，那么他们可以获得专利许可费、授权费、股权等经济利益。

（二）专利申请类型

1. 发明专利

发明专利是指对产品、方法或者其改进所提出的新的技术方案。能取得专利的发明可以是产品、方法、工艺、配方等；对发明专利申请，我国实行实质性审查制度，审查周期较长，一般需要 2~4 年，一经授权，保护期为 20 年。

2. 实用新型专利

实用新型专利是指对产品的形状、构造或者其结合所提出的适于实用的新的技术方案。实用新型专利申请必须是有一定空间结构或电路结构的产品，方法、工艺、配方不能申请实用新型专利。对实用新型专利申请，我国实行形式审查制度，不进行实质审查，审查周期一般需一年左右，一经授权，保护期为 10 年。

3. 外观设计专利

外观设计专利是指对产品的形状、图案、色彩或其结合所作出的富有美感并适于工业上应用的新设计。新设计可以是线条、图案或色彩的平面设计，也可以是产品的立体造型，外观设计不保护产品内部的具有一定功能的结构，我国对外观设计专利实行形式审查制度，不进行实质性审查，一般审查周期为 6~8 个月，一经授权，保护期为 15 年。

（三）专利申请流程

专业申请流程及所需填报的表格见图 7.2.1 和图 7.2.2。

知识产权申请审批流程

申请人填写《苏州城市学院知识产权申请审批表》(表格请至学科建设与科研工作处网站下载，网址：https://kyc.szcu.edu.cn/)，提交所在单位审核，同时发起知识产权申请线上流程（"数字门户"—办事目录—"知识产权申请"）。

知识产权申请流程通过后将审批表一式两份打印签章，签章表格一份备案至学科建设与科研工作处，一份由申请人留存。

申请人自行撰写/委托学校签约代理机构准备专利申请材料，向知识产权管理部门提交申请。

知识产权申请受理后，申请人/代理机构向学科建设与科研工作处提交专利申请费用报销材料：受理通知书、发票、请款单等，可先报销前期申请费用的75%。

知识产权申请授权后，申请人/代理机构向学科建设与科研工作处提交专利申请费用报销材料：授权通知书、发票、请款单等，报销剩余25%费用，同时将相关授权证明原件备案至学科建设与科研工作处。

注：1. 根据《苏州城市学院知识产权保护和管理办法》相关规定，学校承担专利申请相关费用以及专利前 5 年维护费用。
　　2. 软件著作权申请相关费用在获授权后一次性报销。
　　3. 涉及专利许可、转让、终止等情况，需要向学科建设与科研工作处提交申请，经学校批准后方可进行。

图 7.2.1　专利申请审批流程

苏州城市学院知识产权申请审批表

知识产权名称			
知识产权申请类型	□发明　□实用新型 □外观设计发明　□实用新型同日申请 □计算机软件著作　□植物新品种 □PCT □其它______________（请在方框内划√）		
成果来源 （项目类型、项目名称、项目编号等）	如：（项目类型：国家自然科学基金、项目名称：石墨烯-近零介质超构材料对二次谐波强度及远场辐射模式的调控、项目编号：12304344）；若没有，请写无。 【注：涉及财政资助科研项目形成的专利，请务必填写此栏位，否则不得作为项目结项验收的成果。】		
权利人1	苏州城市学院		
权利人2	若填写，请注明理由和代理费、授权登记费、年费等相关费用出处，并附旁证材料，另行签署协议明确各方权利比例；若没有，请写无。		
发明人（全部）	请按最终授权证书发明人署名顺序填写		
申请人姓名		工号	
所在二级单位		联系方式	
申请方式 （请在方框内划“√”）	□自行向知识产权管理部门申请		
	□委托与学校签约的知识产权代理机构申请（联系方式见附页）		
相关说明			
申请理由：			

市场前景： 技术创新程度：	
二级单位意见	负责人签字：　单位盖章： 年　月　日
学科建设与科研工作处意见	单位盖章： 年　月　日

注：本表一式2份，学科建设与科研工作处、第一发明人各1份。本表请用A4纸正反打印。

图 7.2.2　苏州城市学院知识产权申请审批表

（四）常用的专利检索网站

1. 中国专利公布公告网

该网站包括自1985年9月10日以来公布公告的全部中国专利信息，其检索功能可以按照发明公布、发明授权、实用新型和外观设计四种公布公告数据进行查询，数据主要包括中国专利公布公告信息，以及实质审查生效、专利权终止、专利权转移、著录事项变更等事务数据信息。

2. 专利信息服务平台

该系统由知识产权出版社开发，支持中国专利全文、失效及运营信息等专业检索，用户可以定义私有的专利库，实时监控最新的专利变化。针对英文专利，特别开发了机器翻译模块，能对检索到的英文专利进行即时翻译。

3. 国家重点产业专利信息服务平台

该平台是由国家知识产权局牵头建设的专利信息服务平台，为十大重点产业提供公益性的专利信息服务。在内容上，涵盖有关技术创新重点领域的国内外数十个国家专利文献信息；在功能上，针对科技研发人员和管理人员，提供集一般检索、分类导航检索、数据统计分析、机器翻译等多种功能于一体的集成化专题数据库系统。

4. 军民融合平台

中国军民融合平台于2015年12月上线，平台以打造“知识产权技术成果交易转化+专业化知识产权服务支撑”的新型国家级知识产权交易运营公共服务平台为目标，助推形成良好的以知识产权运用为主线的公共服务和专业化服务生态环境，以提升知识产权资源对产业运行决策和产业发展格局的影响力，构建开放、多元、共生的基于知识产权运营服务的创新生态系统。

5. 专利汇

该平台努力整理更多有价值的知识数据和商业数据，并将会越来越开放，帮助更多的人使用中英文检索全球专利，跨越语言障碍，将知识产权所有相关数据与企业相关数据进行融合；为知识产权创新、企业战略布局、核心专利挖掘、竞争市场分析、竞争监控做好铺垫；希望更多人和企业都能充分利用全球知识结晶创造更多更有价值的东西，推动产业升级和发展；也希望能用中国知识来为企业创造更锐利的矛、建立更坚硬的盾，让自己的企业走出国门、走进世界。

6. IPRDB

IPRDB 是一家新成立的专利检索平台，拥有全球 105 个国家和地区的知识产权数据，数据内容涵盖专利文献、商标、著作权、版权、地理标志、法律裁判文书和核心期刊论文等。

7. Patentics

Patentics 是集专利信息检索、下载、分析与管理为一体的平台系统，与传统的专利检索方式相比，其最大特点是具有智能语义检索功能，可按照给出的任何中英文文本，即可根据文本内容包含的语义在全球专利数据库中找到与之相关的专利，并按照相关度排序。

8. SooPAT

SooPAT 本身并不提供数据，而是将所有互联网上免费的专利数据库进行链接、整合，并加以人性化的调整，使之更加符合人们的一般检索习惯。SooPAT 中国专利数据的链接来自国家知识产权局互联网检索数据库，国外专利数据来自各个国家的官方网站。SooPAT 不用注册即可免费检索，并提供全文浏览和下载，尤其对中国专利全文提供了免费打包下载功能，如果选择注册成为 SooPAT 的会员，还可以选择保存检索历史并进行个性化设定。SooPAT 还提供了专利分析功能，可以对专利申请人、申请量、专利号分布等进行分析，用专利图表表示。

9. incoPat

incoPat 提供了国外专利的中文标题和翻译，支持用中英文检索和浏览全球专利，多语言版本的信息还有助于提高检索的查全率，避免遗漏重要信息。incoPat 整合了 40 余种常用的专利分析模板，可以快速对专利法律状态、技术发展趋势、竞争对手技术倾向、外国企业在华专利布局等项目进行分析。

10. 智慧芽

智慧芽成立于 2007 年，全球员工超 1 200 人。智慧芽是提供专利检索、分析、管理的一站式信息服务平台，致力于让全球更多组织、机构了解并更高效地使用专利。智慧芽通过提供强大又易用的专利工具，帮助客户从专利中获取更有价值的信息，从而促进企业更快、更好地研发创新。

11. 佰腾专利检索

佰腾专利检索是由江苏佰腾科技有限公司研发的具有独立知识产权的专利检索工具，数据更新及时，能检索到专利最新的基本信息、费用信息、法律状态等。该检索系统可及时将重要专利添加到收藏夹，并对相似专利进行对比查看分析。

12. 大为全球专利数据库

北京大为知创科技有限公司成立于2001年，专注于知识产权服务领域，与美国、日本等知识产权服务商深度合作。该公司以国际化视野结合本土化战略，服务于中国高创新水平的科技型企业、大学、科研机构、政府等客户，在总结、归纳、提炼千余家高端客户IP成长历程基础上，设计出针对全球化企业、集团化企业、成长型企业等不同发展阶段的IP管理实践，打造出独特的知识产权整体解决方案，帮助客户将知识产权转化为竞争优势，提升核心竞争力，实现全球化发展愿景。

第八章

项目驱动　多元培养

第一节　文正书院

书院制是为顺应高等教育普及化的新形势、新要求，提高高校人才供给自主可控能力和人才自主培养能力，满足区域经济社会发展的人才需求，探索出的应用型本科高校拔尖创新人才培养新模式。书院制发源于欧洲中世纪大学，先后被牛津大学、剑桥大学、耶鲁大学等国外知名学府模仿、继承发展，并形成了独具特色的管理制度。我国高校书院制的发展历史悠久，从古代的民间学术研究到现代高校培养拔尖创新人才的摇篮，书院制在我国教育史上发挥着重要的作用。

一、书院制概述

（一）高校书院制基本内涵

现代大学书院制改革以学生全面发展为中心，着力推进通识教育，提供自我教育平台，促进全环境育人。

1. 立德树人

书院制立足于为党育人、为国育才的使命，坚持把立德树人作为育人主线，努力培养德才兼备、全面发展的社会主义建设者和接班人。建立了科学完整的教育体系和管理机制，让学生可以自主选择专业以及个性化的定制培养方案，充分考虑到学生的内在需求，使学生的个性得到充分彰显、综合素质能力显著提高。

2. 通识教育

"学好数理化，走遍全天下。"这是一句耳熟能详的谚语，反映了高等教育专业化、功利化倾向严重，越来越多的学生在高考后选择学校和专业时，优先选择好就业的热门专业。长此以往，大学培养出来的学生缺失了人文精神，不利于教育的高质量发展。在这种背景下，书院制正好弥补了这一缺陷，在人才培养方案中提高通识教育的比重，将自然科学、社会科学、人文科学的经典纳入人才培养计划，让大学教育从关注学生做事到关注学生做人，从关注专业教育到关注人格养成，从关注知识和能力到更关注意义和方向。学生在通识教育下能够更多关注自身、社会、自然的发展，成为一个负责任的公民。

3. 环境育人

环境育人是书院制特色，书院注重发挥自然景观的审美陶冶功能、人文景观的激励功能、规章制度的规范功能、文化氛围的导向功能、多元化活动的发展功能以及师生人文关怀的唤醒完善功能。书院依托学生社区，充分发挥社区、宿舍等场所的教育功能，使自身成为融通课堂与生活的交汇点，为课堂理论学习找到实践出口，真正实现全环境育人。

4. 自我管理

高校应该给予学生更多自主选择的权力，学生可以自由地探索未知领域，成为教育自我管理、自我教育、自我服务的主体。书院制以学生社区为中心，让学生管理自己的生活，自我组织丰富多彩的课外活动，在活动实践中提高学生的管理意识和管理能力，增强学生对书院、学校的归属感和责任感，增强学生的集体主义精神。

（二）高校书院制的导向

近年来，书院制教育成为中国高校教育改革的一种积极探索和有效尝试，在许多高校取得了显著成效，逐渐从部分高校的探索尝试，进入了国家教育行政部门统筹全国高等教育改革发展的政策导向中，获得了强劲的政策红利。

1. 教育机制改革导向

2017 年 9 月，中共中央办公厅、国务院办公厅印发了《关于深化教育体制机制改革的意见》，该意见着重强调了教育体制的全面革新与深化，旨在促进教育体系的现代化发展。意见鼓励教育创新，倡导构建多样化的学习环境与平台，加强师生间的交流互动与学术研讨，为教育模式的探索与发展留下了广阔的空间。在此背景下，书院制作为一种潜在的教育创新模式，其理念与促进师生交流、提升教育质量的目标相契合，为后续相关教育机制的探索与实践提供了启示与参考。

2. 拔尖人才培养导向

2018 年 9 月，教育部等六部门印发《教育部等六部门关于实施基础学科拔尖学生培养计划 2.0 的意见》，指出要"深入探索书院制模式，建设学习生活社区，注重环境浸润熏陶，加强师生心灵沟通，促进拔尖学生的价值塑造和人格养成"。2021 年 3 月，教育部办公厅印发《教育部办公厅关于 2021 年度基础学科拔尖学生培养基地建设工作的通知》，指出要"深入探索书院制、导师制、学分制'三制'交叉融通的创新育人模式。探索中西贯通的现代书院制，注重'浸润''熏陶''养成''感染''培育'；探索导师制，吸引理念新、能力强、肯投入的优秀教师集群参与计划；探索学分制，以学分积累作为学生毕业标准，为优秀学生早成才、快成才提供制度安排。"

3. 学生自我管理导向

2019 年 9 月，《教育部关于深化本科教育教学改革全面提高人才培养质量的意见》中，提出要"积极推动高校建立书院制学生管理模式，开展'一站式'学生社区综合管理模式建设试点工作，配齐配强学业导师、心理辅导教师、校医等，建设师生交流活动专门场所"。这释放出国家在高校本科人才培养中进一步推进书院制的明确信号。

4. 思想政治教育导向

2020年4月，《教育部等八部门关于加快构建高校思想政治工作体系的意见》中，提出"依托书院、宿舍等学生生活园区，探索学生组织形式、管理模式、服务机制改革，推进党团组织、管理部门、服务单位等进驻园区开展工作，把校院领导力量、管理力量、服务力量、思政力量压到教育管理服务学生一线，将园区打造成为集学生思想教育、师生交流、文化活动、生活服务于一体的教育生活园地"。

二、文正书院育人模式探索

（一）文正书院简介

2022年，站在转型转设提升发展的关键节点，苏州城市学院开地方应用型高校之先河，创办文正书院，以"知文正行"为院训，以"全面发展的人"为育人目标，开设书院文科基地班和工科基地班，坚持德育为先，通过强通识、强基础、强实践的课程设置，结合苏州地区传统文化特色，深化人文艺术经典、挖掘科学精神的内涵以及拓展丰富多元化实践，传递科学与人文精神、艺术与审美素养，培养学生的健全人格和可持续发展能力，帮助学生树立正确的世界观、价值观和人生观。学生由此能够正确认识自我，建立与他人和社会的联系，成长为社会发展和技术进步需要的德智体美劳全面发展的人。

图 8.1.1 文正书院2023级新生开学典礼

文正书院于2022年9月开始正式招生，首年招收60名学生，其中文科基地班30名学生，工科基地班30名学生。目前已经连续招生两年，共有120名学生进入文正书院学习。

文正书院坐落于苏州城市学院西南角一处教学楼的1~3层，内部有独立的学习教室、图书角、研讨室、活动室和导师办公室，满足书院学生读书、讨论、实践活动、科技竞赛、导师沙龙等各种活动的载体需要。外部背靠风光秀丽的上方山，面朝碧光粼粼的翠微湖，东南角矗立着范仲淹的雕塑。

文正书院紧紧围绕学校人才培养总目标，以"个性化、小班化、国际化"的教学模式，建立氛围独特的"文化特区"。书院为学生配备一流的师资，以导师制为基础，构筑教学相长的公共空间；提供一流的学习条件、教学资源和教学设施，以学生体验式、自主式发展为导向，构建学生自我管理的教学平台；创造一流的学术环境与氛围，以全人格教育为目标，打造文化育人的社区。

（二）文正书院选拔标准

文正书院聚焦拔尖创新人才培养的要求，面向城市文化与传播学院汉语言文学、汉语国际教育、广告学、新闻学 4 个专业，光学与电子信息学院电子信息科学与技术、通信工程、信息工程、光电信息科学与工程、微电子科学与工程 5 个专业选拔基地班学生，学生经申请、笔试、面试、公示无异议后正式进入文正书院，成为书院学生。

图 8.1.2　文正书院全景

报名条件：学生身心健康，具有良好的政治素养，热爱祖国；具有求真、务实的探索精神，能吃苦能奉献，勇于奋斗；具有创新和探究的能力，能够开展专业相关的科学研究，参加学科相关的科技竞赛；具有较好的外语、数学/语文和综合素养基础；认可文正书院基地班人才培养模式。

(a)

选拔程序：每年 9 月中旬，学校将启动书院学生选拔，根据报名情况进行条件初审，确定进入笔试学生名单，经笔试及面试综合选拔后确定拟录取名单，通过学校网站对拟录取名单进行公示。公示结束后，学生进入

(b)

图 8.1.3　浸润式素质提升环境

书院学习，书院建立动态管理机制，每学年根据学生的学业情况、综合表现进行评定，不达标学生退出基地班，返回原专业学习。

（三）文正书院人才培养方案

结合学校特色，书院精心设计了一套"强通识、强基础、强实践"的课程体系，注重"专通融合,先通识后专业,课程思政融入全过程"的特点,实行完全学分制,方便学生自主选课、自由修读,鼓励学生多样化、个性化发展。倡导学生首先进行"学以为人"的通识课学习,注重信仰、人格、态度和习惯的养成,其次进行各个学科专业开设的共同必修课程的学习,具备广阔的知识基础后,最后进行各种专业技能和方法训练,获得立足社会的能力。

书院课程体系包括四个模块:通识教育课程、学科基础课程、特色应用课程和实践创新课程。书院的通识教育课程可惠及全校大一新生。

通识教育课程:主要以新生研讨课形式开设,包括文史经典、科技发展与科学精神、生态环境与生命安全、艺术创作与审美等内容,各通识课程的设计也会将课程思政灌注全过程,学生可以自由选择。

学科基础课程:包括两个模块,第一是公共基础课,包含思政课、职业生涯规划、大学生心理健康教育、体育、劳动教育、高等数学、普通物理、大学英语、计算机应用基础及录取专业的专业基础课程等;第二是专业基础课,包括录取专业的专业必修课和专业选修课。

特色应用课程:由书院与各专业商定,结合专业人才培养方案、学生反馈与社会人才需求进行动态调整。同时将各行业认可的资格证书考试内容课程化。

实践创新课程:包括社会实践、创新创业、文体艺术、国际交流、志愿服务、实验实训等。

(四) 文正书院管理模式

书院实行"四年制"管理模式,执行书院人才培养方案,大学四年的教学管理和学生管理均由书院负责。

1. 导师制

书院全面实行导师制,为学生配备学业导师和生活导师。在学业上,每10个学生一个导师,为学生个性化定制学业发展规划和未来职业生涯规划,激励学生个性化发展;定期与学生沟通交流,开展学术研讨与学业指导;带领学生积极参与各类社会实践活动、志愿服务、红色教育等。在生活上,每个班级(30人)一个导师,参与学生管理和处理教育教学中的相关事务,定期走进班级、课堂、宿舍,召开班会、座谈会听取学生意见和反馈,及时掌握学生思想动态、身心发展、学业需求。有的生活导师兼任班主任、学生社团指导教师,承担书院部分思政课、劳动教育课、心理素养课、社会实践课相关教学任务,推进"全方位""全过程"育人。

2. 激励制

书院设立学生激励机制,包括"书院奖学金""书院研修项目""书院研究专项""优先转专业""荣誉学士学位"。对成绩优异、能力出众、表现突出的学生有以下优待:① 可获评"书院奖学金"(奖金额度高于学校奖学金),覆盖面达50%;② 可获得海外研修机会,覆盖面达80%;③ 可获得专项资金开展科研、竞赛项目,覆盖面达80%;④ 可优先获得转专业机会。详情可参考《苏州城市学院奖学金评比条例》

《苏州城市学院海外交流奖学金评定办法（试行）》。

此外，向按时完成书院教学计划，GPA 达到 3.0 及以上，符合学校学士学位授予条件的书院学生，颁发"荣誉学士学位"证书。

3. 淘汰制

书院实行双重淘汰制度。学校对书院学生实行动态调整管理机制，每学年根据学生学业成绩和综合表现进行评定，不达标的学生将退出书院基地班。学校定期考核书院导师，无法或没有能力担任书院导师的、师德失范的教师，将退出书院导师队伍。

（五）书院学生访谈记录

文正书院从 2022 年 9 月开班，截止到 2023 年 6 月，相关学生已在书院学习了近一年。访谈作者通过实地走访书院学生，与学生进行密切交谈发现，学生谈论最多的就是自由。书院风景秀丽，倚山傍湖，透过教室的窗口可以看到粼粼的翠微湖光和苍苍的上方山色；教室里，有学生一起布置的绿植角、音乐角、读书角，宜人的学习环境，让学生在学习之余能放松身心；书院学术自由之风盛行，在书院的课堂上，任何观点都有被表达的机会且得到尊重，脱离应试教育的单一正确，没有唯一标准的答案和规范，留给学生们更多批评和改正的空间。

图 8.1.4　文正书院文化长廊

缪同学谈道："在进入书院之前，我一直对文学与新闻抱有浓厚的兴趣，也曾尝试过做采访、写报道等新闻实践，但在我做采访的时候，我能感受到我的采访没有理论和逻辑的支撑，在我阅读名著的时候，我能感受到我不能看透文字背后的价值体系。所以，我选择进入文正书院，得到更多使我受益的知识——学科内外、学科之间联动共生的知识，以此来开拓我的眼界，提高我的素养。还记得，在书院选拔面试时，我曾引用过李白的诗句——'山高水长，物象千万，非有老笔，清壮何穷'。我想，我们的文正书院也恰如此诗句所言。我们在书院会得到那可以'穷清壮'的'老笔'，同时，我们的文正书院也会在这山高水长之地，走向物象万千的广阔未来。"

汤同学谈道："该如何形容书院？我想了很久。书院的一切，无不给我留以全新而深刻的印象，思来想去，'自由'应是我心中最好的诠释词。凡是明智豁达之人，必不会拘泥于标准的条条框框之中。老师们将我们中学时代奉为神明的'权威'拉下马，打破本身成了成长的一部分。对于世界保留质疑，对于现象保持敏锐，从现象之中发现一般的本质，不流于俗，这是书院无数次告诉我的。

"在向上的思考之中，不可忽略的是扎实牢固的基础。何来自由？自由建立在丰富的阅读和思考沉淀之上，没有基础支撑的思考如无根之木、无源之水。除了批判性思维，最重要的便是'阅读'。文献学课程教给我们初步筛选文献的方法，老师旁征博引的讲课更是催促着我们投身于书海之中。读书的意义不止于应付课程，更是在与作者对话之中充实我们的思考和观点。

"从301的窗向外看去，青山碧水，优美的自然风光令前来上课的老师赞赏有加。第一节文学概论课讲《文心雕龙·原道》时讲过'天地人'，山清水秀，人杰地灵，或许就是对书院最好的阐述。"

蔡同学感慨道："在近一年的书院学习时光中，我由衷感受到了书院的非凡魅力，它为我们提供了一个更高的平台去眺望更远的'风景'。书院一直在尽最大的努力为学生提供最优质的教育资源，让书院学生有幸能跟随一位又一位博学的学界大咖徜徉知识的海洋。

"书院的课堂氛围是轻松自由的，每个人都拥有表达的自由。我们可以就一个问题尽情地表达观点，而不同观点的碰撞也让我们看到了知识的美丽火花；书院的老师是博学而包容的，他们总是鼓励我们每一个人踊跃地表达自己的观点，在他们眼里，观点没有绝对的对错之分，而拥有独立的思考和表达自己的勇气值得被鼓励和肯定。

"书院的学习经历对书院的每一份子来说都是宝贵的，每一堂课都是我们人生的宝贵财富。让我尤为感动的是，一堂课下来，打开朋友圈总是会看到同学们晒出来的新的课堂感悟。这些感悟并不是刻意的，而是真挚的、发自内心的，有时是一两句对老师在课堂上的精彩言论和观点的记录，有时是一大段同学们自己的体会和感想，但不论是长是短，都是对书院课堂魅力的有力肯定。由衷感谢书院能够照亮一段我们的青春时光，见证我们成长。"

第二节　微专业项目

一、微专业概述

微专业是近年来兴起的，围绕某个特定专业领域、研究方向或者核心素养，提炼开设的一组核心课程，以线上和线下混合式教学培养方式，通过3~10门核心课程的集中学习，让学生在短期内较为系统、专业地掌握知识体系，达到某个专业的毕业要求或某一领域的工作技能要求。学校开设的微专业，以市场为需求，以就业为导向，注重学生的实践能力，赢得了学生和社会的青睐。

专业设置：精尖专、多元化、个性化。

培养目标：复合型、职业性（T型、π型人才）。

组织模式：模块化、混合式、短学程、跨学科。

建设方向：未来学科、职业发展吸引力大。

教学方式：混合式教学、校企合作教学。

教学管理：严格考核、审核，杜绝"混学分"。

二、微专业特点

（一）课程精简，形式灵活

微专业是各高校立足自身优势和特色学科开设的"小而精"课程组，由各院系自行开设微专业，面向全校其他专业"招生"，是满足学生多元化和个性化发展需求的有效路径，是学校深化教育教学改革、促进高质量发展的有效举措。

微专业教学秉持"课程精简、职业导向、专业认证"的特点。教学内容上，学生可以主动选择自己喜欢的专业，激发学习兴趣，拓宽知识储备；教学方式上，微专业注重产教融合，聘请行业专家、企业高管、工程师现场教学，让学生有更多的实践机会，增强大学生的就业能力和创新创业能力，有利于高校实现教育教学目标，促进学生的全面发展。

（二）职业导向，突出能力

微专业不管是培养目标，还是教学内容、教学模式和教学评价体系，都是从社会需求角度出发，以市场和就业为导向展开教学的，旨在为学校和企业打通"最后一公里"，畅通高校教育模式与用人单位需求匹配路径。微专业的课程往往由平台、企业、高校和行业专家共同参与设计和建设，在沿用高校课程的基础上，提高企业课程的比重，模拟真实的工作环境，让学生在实习实践中掌握实操应用能力。

（三）校内外认可，含金量高

开设微专业，其实也是高校深入推进完全学分制改革的探索，将微专业融入所有专业建设的课程改革之中，成为各专业学生完成大学学业所需选修的跨学科课程学习模块内容。学生在结束微专业课程学习并考核通过后，可获得"课程修读证明"，申请认定非本专业选修课。完成微专业教学计划内所有课程学习，并考核合格后，可申请"微专业修读证明"。部分高校与合作企业共同开设微专业，同时可授予学生行业内相关技能的专业认定。该认证增加了微专业的含金量，对学生的学业提高和职业发展更具有附加值。

三、微专业项目介绍

截至 2024 年 9 月，学校累计开设了 9 个微专业项目，其中 2024 年开设 5 个微专业项目见表 8.2.1。微专业项目的开设是主动呼应新一轮科技革命和产业革命发展，面对国家高等教育改革要求和数字经济背景下的未来城市发展需求，加速打造新时代所需的创新应用型人才培养的新格局的重要举措，此举不仅能够提高学校学生的专业技能和实践能力，同时还能实现人才培养和市场需求的无缝对接，保障学生的高质量就业。

学校微专业的学习周期为一学年，本科生从大学二年级开始可以申请，在校期间可以选择多个微专业学习。微专业的课程设置一般包含 4~5 门课，不少于 10 学分，均为必修课程，其中实践课程不少于 2 门，课程设置充分体现出应用性、交叉性和特色化，主要集中在晚上或者周末授课，采用线上线下相结合的教学模式。

表 8.2.1 学校开设微专业项目一览表（截至 2024 年 8 月）

序号	微专业项目名称	开设学院	合作单位	开设年份
1	健康产业运营与管理（原健康服务与管理）	城市治理与公共事务学院	苏州市健康养老产业发展集团有限公司 苏州广慈肿瘤医院 苏州市体育科学研究所	2022 年 2023 年 2024 年
2	低碳能源技术（原新能源发电技术）	光学与电子信息学院	阿特斯阳光电力集团 苏州琅润达检测科技有限公司	2022 年 2023 年 2024 年
3	数字营销	数字经济与管理学院	苏州花无缺集团 苏州科莫多软件科技有限公司	2024 年
4	数字孪生技术	计算科学与人工智能学院	南京万生华态科技有限公司	2024 年
5	激光智能应用与系统	光学与电子信息学院	苏州德龙激光股份有限公司	2024 年
6	城市数字化建设与运维	城市治理与公共事务学院	苏州市产业园发展促进会	2022 年 2023 年
7	数字经济与数字化转型	数字经济与管理学院	苏州银行等	2023 年
8	智能建造与智慧交通	智能制造与智慧交通学院	苏州城际铁路有限公司	2023 年
9	半导体与平板显示	光学与电子信息学院	TCL 华星光电技术有限公司	2023 年

下文将介绍 2024 年开设的 5 个微专业项目的基本情况。

(一) 健康产业运营与管理

1. 人才培养目标

服务国家"新文科"建设、"健康中国 2030"战略、积极应对人口老龄化和少子化等需求，以提升岗位胜任力为主线，突出人才培养"应用型"特点，培养适应我国大健康产业发展需要的创新型复合人才，能掌握健康产业运营与管理的基本知识、基本理论和基本技能。以产学研协同、政校企行深度合作为基础，促进专业设置与人才链、产业链、创新链有机衔接。能胜任健康产业相关的运营、管理、服务及创新工作，更好地服务健康事业和健康产业发展，成为推动大健康产业可持续发展的中坚力量。

2. 课程设置（见表 8.2.2）

表 8.2.2　健康产业运营与管理微专业课程设置一览表

开课学期	课程名称	学分	教学形式	学时
秋季学期	医院运营管理	2	线下课程	34
	养老机构运营管理	2	线下课程	34
	健康活动策划与组织	2	线上线下混合式	51
春季学期	运动损伤与康复训练	2	线上线下混合式	51
	健康体检与健康管理	2	线下课程	51

3. 师资力量（见表 8.2.3）

表 8.2.3　健康产业运营与管理微专业师资力量一览表

教师姓名	职称	任教课程	工作单位
丁　航	讲师	养老机构运营管理 健康活动策划与组织	本校
张　宇	副教授	养老机构运营管理 运动损伤与康复训练 健康体检与健康管理	本校
夏　华	副研究员	运动损伤与康复训练	合作单位
郑世营	主任医师	医院运营管理	合作单位
沈　荣	主任护师	养老机构运营管理	合作单位
王　华	高级健康管理师	健康活动策划与组织	合作单位
陈明华	主管技师	健康体检与健康管理	合作单位

4. 合作企业情况

苏州市健康养老产业发展集团有限公司（简称苏州康养集团）为市属一级国有

企业，于 2021 年 6 月成立，2021 年 9 月 11 日正式揭牌，是全国首家由地方政府发起设立的市属一级国有康养集团，由苏州市国资委控股，苏州高新区、张家港市、吴江区参股。苏州康养集团始终坚持以人民为中心的发展理念，紧紧围绕市委、市政府的决策部署，发挥国企示范引领作用，精准对接国内外高端康养资源，整合苏州优势产业资源，聚焦养老产业、健康产业、教培产业，聚力打造机构养老、健康养老公寓、医疗健康、社区居家、教育培训、康养旅居六大平台，按照"建设一个银发经济产业园区、并购一批优质企业、搭建一个生态合作平台、打造一批示范标杆、再创一个数字康养"的发展思路，全力打响"江南文化、苏式康养"品牌及六大子品牌，力争成为长三角地区康养头部企业。

苏州广慈肿瘤医院属于物联网大健康生态品牌盈康一生，经苏州市卫生和计划生育委员会批准建设。秉承"医患合一"理念，以"广施仁术，慈爱健康"为院训，以肿瘤综合治疗及康复为特色，集预防、医疗、教学、科研、康复为一体的综合性医疗机构。医院开设有内科、外科、肿瘤科、妇科、康复医学科、中医科等临床科室，以及病理科、医学影像科等医技科室。医院于 2020 年荣获"中国非公立医疗机构协会医院五星级评价"荣誉认证。

苏州市体育科学研究所成立于 1991 年 7 月，是苏州市体育局的下属全民事业单位。主要开展业余训练的科学选材工作和科学监控工作，开展业余训练的科技攻关服务，配合省体育科学研究所做好市办专业运动队的训练监控工作；进行每年一次的国民体质监测工作；组织全市体育科技的学术交流活动和体育科技服务工作。

（二）低碳能源技术

1. 人才培养目标

依托新能源材料与器件专业，联合阿特斯阳光电力集团、苏州琅润达检测科技有限公司培养具有社会责任感和良好的科学、工程素养，扎实地掌握风力发电、光伏发电、风光互补等理论基础知识和基本技能，具有独立思考和自主学习能力、创新能力和团队协作精神，能够在太阳能电池、风力发电、新能源发电与控制等相关领域从事工程应用、生产制造、运行维护、技术开发与管理的专业技术人才。

2. 课程设置（见表 8.2.4）

表 8.2.4　低碳能源技术微专业课程设置一览表

开课学期	课程名称	学分	教学形式	学时
秋季学期	低碳能源技术概论	1	线下课程	17
	风能与风力发电	2.5	线上线下混合式	51
	太阳能电池原理与技术	2.5	线下课程	51
春季学期	电站设计实训	2	线下课程	68
	新能源发电综合实践	2	线下课程	68

3. 师资力量（见表 8.2.5）

表 8.2.5　低碳能源技术微专业师资力量一览表

教师姓名	职称	任教课程	工作单位
王　前	讲师	低碳能源技术概论 风能与风力发电 新能源发电综合实践	本校
马英壮	副教授	太阳能电池原理与技术 风能与风力发电 电站设计实训 新能源发电综合实践	本校
龚红梅	副教授	太阳能电池原理与技术	本校
沈桓羽	讲师	风能与风力发电	本校
陈佳丽	讲师	风能与风力发电 电站设计实训	本校
邢晓蕾	讲师	电站设计实训	本校
吴　玺	副教授	低碳能源技术概论	合作企业
张柯楠	主任工程师	新能源发电综合实践	合作企业

4. 合作企业情况

阿特斯阳光电力集团（CSIQ），由归国太阳能专家瞿晓铧博士于 2001 年创立，是中国首家登陆美国纳斯达克的光伏一体化企业，2023 年又在上交所科创板上市。集团中国区总部位于江苏省苏州市高新区，全球员工总数超过 2.6 万名。阿特斯致力于光伏及储能全产业链发展，在全球设立了多家生产企业，并在 20 多个国家设有产品销售和项目开发公司。该集团与 70 多家国际顶尖银行和金融机构建立了合作伙伴关系，客户遍布全球 160 多个国家和地区。凭借其领先的技术和广泛的市场布局，阿特斯已成为全球领先的光伏制造商和储能系统集成商之一。

苏州琅润达检测科技有限公司，坐落于中国江苏省苏州市，是一家专注于提供高质量检测服务的技术型企业。公司汇聚了行业内的精英团队，拥有先进的检测设备和丰富的检测经验，致力于为客户提供精准、高效的检测解决方案。琅润达检测服务范围广泛，涵盖环境检测、材料分析、产品认证等多个领域，服务于制造业、环保、科研等多个行业。公司以"科学、公正、准确、高效"为服务宗旨，不断提升检测技术水平和服务质量，赢得了广大客户的信赖与好评。在推动行业技术进步和可持续发展方面，苏州琅润达检测科技有限公司发挥着积极作用。

（三）数字营销

1. 人才培养目标

掌握数字经济、数字营销等领域的基本概念、理论和方法，熟练分析数字经济场景中的消费行为、厂商策略及营销对策；熟悉大数据分析技术，理解数字营销的运行原理,熟知当前各大平台(抖音、微信公众号、小红书、TikTok 海外版)的运行规则,塑造具备跨学科对话基础和数字经济领域工作能力的复合型人才;理解数字营销的一般规律和现实国情,熟悉数字营销领域的法律政策和前沿问题。学生学完后可从事新媒体账号运营、直播、内容营销、跨境电商、数据分析等与数字营销相关岗位的工作。

2. 课程设置(见表 8.2.6)

表 8.2.6 数字营销微专业课程设置一览表

开课学期	课程名称	学分	教学形式	学时
秋季学期	数字营销理论与实务	3	线下课程	51
	商务数据分析	3	线上线下混合式	51
春季学期	内容创作与推广	2	线下课程	34
	团队运营与项目管理	2	线下课程	34

3. 师资力量(见表 8.2.7)

表 8.2.7 数字营销微专业师资力量一览表

教师姓名	职称	任教课程	工作单位
靳代平	副教授	数字营销理论与实务	本校
尹 楠	副教授	商务数据分析	本校
李 薇	讲师	内容创作与推广	本校
朱 艳	项目经理	内容创作与推广	合作企业
齐念念 崔海龙	项目经理	团队运营与项目管理	合作企业

4. 合作企业情况

苏州花无缺集团成立于 2011 年,总部位于苏州姑苏区。该公司以外贸电子商务运营为核心业务,专注于网络营销、品牌建设和供应链管理,是一家快速发展的跨境电商公司。其业务范围覆盖全球,尤其在欧洲、北美、南美等国际市场有显著影响力。公司不仅通过自有品牌和国外主流跨境电商平台实现销售,还设有美国及欧洲分公司和办事处,展现出强大的国际竞争力。

苏州科莫多软件科技有限公司则是一家新兴的软件开发与技术服务企业,位于苏州市吴中区经济开发区。公司专注于软件开发、网络与信息安全、技术服务等多个领域,提供全方位的信息技术服务解决方案。其业务范围广泛,包括软件开发、系统集成、数据处理、广告发布、法律咨询等多项服务,旨在为客户提供高效、专业的技术支持。苏州科莫多软件科技有限公司以其专业的技术团队和优质的服务赢得了市场的广泛认可。

(四)数字孪生技术

1. 人才培养目标

数字孪生技术微专业,面向数字中国建设的未来人才需求,面向智能传播时代信息技术发展的现实需要，旨在培养具备专业知识能力、实践操作能力、创新研究能力和高尚职业操守的应用型高级人才。

2. 课程设置（见表 8.2.8）

表 8.2.8　数字孪生技术微专业课程设置一览表

开课学期	课程名称	学分	教学形式	学时
秋季学期	Python 程序设计	2.5	线下课程	51
	深度学习基础	2.5	线上线下混合式	51
春季学期	基于深度学习的工业检测应用	2	线下课程	51
	模型部署——构建和部署大型神经网络	1.5	线下课程	51
	基于 Omniverse Audio2Face & Riva 的数字人构建	1.5	线下课程	51

3. 师资力量（见表 8.2.9）

表 8.2.9　数字孪生技术微专业师资力量一览表

教师姓名	职称	任教课程	工作单位
汤家华	讲师	深度学习基础	本校
朱苏阳	讲师	Python 程序设计 基于 Omniverse Audio2Face & Riva 的数字人构建	本校
彭　程	讲师	基于 Omniverse Audio2Face & Riva 的数字人构建	合作企业
魏凡哲	客座教授	模型部署——构建和部署大型神经网络	合作企业
燕子桁	讲师	基于深度学习的工业检测应用	合作企业

4. 合作企业情况

南京万生华态科技有限公司（简称万生华态科技），坐落于江苏省南京市，是一家致力于数字生物与 3D 内容创新的高新技术企业。近年来，公司迅速在数字资产创作与应用领域崭露头角。公司专注于高精度 3D 模型制作、数字生物研发、虚拟现实（VR）与增强现实（AR）内容开发，为影视特效、游戏开发、教育科研、医疗模拟等多个行业提供前沿的数字内容解决方案。

万生华态科技拥有一支由资深艺术家、技术专家及行业顾问组成的精英团队，他们不断突破技术壁垒，创新设计思维，将艺术与科技深度融合，创作出栩栩如生、细节丰富的数字生物与场景。公司秉持"创新、卓越、共赢"的理念，致力于推动数字内容产业的繁荣发展，为客户提供卓越的产品与服务，共创数字化时代的美好未来。

（五）激光智能应用与系统

1. 人才培养目标

本微专业培养具有社会责任感和良好的科学、工程、人文素养，较好地掌握自然科学基础、工程基础、信息科学与技术基础知识和基本技能，具有光电信息系统、激光设备的设计、实现和应用能力,具有独立思考和自主学习能力、创新能力和团队协作精神,能够在激光智能应用与系统等相关领域从事科学研究、工程应用、生产制造、运行维护、技术开发与管理的专业技术人才。

2. 课程设置（见表 8.2.10）

表 8.2.10 激光智能应用与系统微专业课程设置一览表

开课学期	课程名称	学分	教学形式	学时
秋季学期	激光技术与应用	2	线下课程	34
	光学系统设计与工艺	2	线上线下混合式	34
	EPLAN 电气设计实践	2	线下课程	34
春季学期	PLC 控制技术	2	线下课程	34
	激光微纳加工综合实训	2	线下课程	34

3. 师资力量（见表 8.2.11）

表 8.2.11 激光智能应用与系统微专业师资力量一览表

教师姓名	职称	任教课程	工作单位
许孝芳	教授	光学系统设计与工艺	本校
吴 丹	教授	激光技术与应用	本校
陆伟新	副教授	激光技术与应用	本校
肖海霞	副教授	PLC 控制技术	本校
许孝芳	教授	光学系统设计与工艺	本校
王霭华	讲师	EPLAN 电气设计实践	本校
林华宇	高级工程师	EPLAN 电气设计实践	合作企业
孙好章	高级工程师	PLC 控制技术	合作企业
狄建科	高级工程师	激光微纳加工综合实训	合作企业
顾青林	工程师	激光微纳加工综合实训	合作企业

4. 合作企业情况

苏州德龙激光股份有限公司成立于 2005 年,位于苏州工业园区,主营业务为高端工业应用精密激光加工设备及其核心器件激光器的研发、生产和销售。该公司专注于激光精细微加工领域,凭借先进的激光器技术、高精度运动控制技术以及深厚的激光精细微加工工艺积淀,聚焦于泛半导体、新型电子及新能源等应用领域,为各种超薄、超硬、脆性、柔性及各种复合材料提供激光加工解决方案。同时,该公司通过自主研发,目前已拥有纳秒、超快及可调脉宽系列固体激光器的核心技术和工业级量产的成熟产品。该公司着眼于技术含量高、应用前沿高端的方向,对各种激光应用材料及工艺进行了前沿性的研发,及时推出精密激光加工解决方案,不断拓展激光精细微加工应用领域,助力中国制造业转型升级。目前该公司规模已经发展至 1 000 人以上,研发人员占比 50% 以上。

四、微专业项目选拔标准

微专业项目主要针对全校二年级及以上学有余力的本科在读学生。其报名条件及选拔程序如下。

1. 报名条件

（1）身心健康，具有良好的政治素养，热爱祖国；

（2）具有求真、务实的探索精神，能吃苦耐劳，勤奋刻苦；

（3）目前所修课程无不及格，学位课程平均学分绩点达 2.0 及以上。

2. 选拔程序

（1）9月中旬，各微专业项目负责人组织宣传、动员；

（2）9月下旬，学生填写《苏州城市学院微专业报名表》报名；

（3）9月底，各微专业项目负责人组织面试、确定录取名单；

（4）10月初，各微专业陆续进行授课。

五、微专业项目实施效果

微专业在具体实施中因课程新颖，实用性强，教师水平高，授课知识面广，能让学生提前了解社会需求，合理规划个人职业生涯等，使学生在学习中感触颇多，受益匪浅。

新能源发电技术（现为低碳能源技术）微专业加同学认为：他高考之后一直都想深入了解新能源专业，高考报志愿的时候也填的是与新能源相关的专业，但录取的时候调剂到了机械专业。刚开始他还有一点点沮丧，和老师交流之后觉得机械专业同样在新能源行业有就业前景，上课的时候老师放过视频，其中有一段是关于风电机的维修，这就涉及机械与工程材料方面的知识，所以机械专业与新能源专业其实是有关联的。刚好有了新能源发电技术微专业这个机会，他就报名参加了。机械毕竟是他的主专业，参加微专业也是想将两种课程学到的内容结合在一起，提升自己的综合能力，拓宽自己的视野，对生涯规划也有一定的帮助。

在学习过程中，微专业设置的课程无论是内容还是课程安排都很合理。考虑到学生并没有接受过系统的新能源知识的教育，老师会用更浅显易懂的方式讲述涉及专业部分的知识。由于同学们的时间安排较难统一，老师们也采取利用周末时间，以线上线下相结合的方式进行授课。在课程中也会注重实践，课程多采用实验教学的方式。在课程实践中，采用小组合作的方式，运用多门学科的知识完成实践，让他掌握更多的技能。

图 8.2.1　新能源发电技术微专业项目学生前往协鑫（苏州）未来能源馆开展就业引航素养公开课

健康服务与管理（现为健康产业运营与管理）微专业汪同学认为： 他的专业是劳动与社会保障，养老保障属于其中的一个分支领域。现今人口老龄化愈发严重，养老成为热门研究话题。他对老龄事业发展颇感兴趣，并且立下考研究生走学术科研路的志向，在参加了微专业的线上宣讲会后更坚定了自己学习的目标。

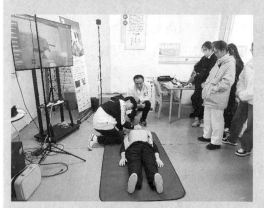

图 8.2.2 健康服务与管理微专业学生前往苏州康养集团老年病医院开展实践教学活动

通过近一年的学习，他的专业素养和实践能力得到了提升，从中医养生学中，他了解了药食同源的道理，知晓了药材的功效；从营养学中学会了为自己定制一周食谱，更加健康地生活，从救护学中学会了把理论付诸临床操作。在参观了合作企业后，见识到了各种适合养老产业的尖端科技以及国外的先进技术，拓宽了自己的视野，同时在了解了社区养老模式后，也申报了2023年江苏省大创项目，获得重点立项，这些都是加入城市学院微专业项目后取得的成绩，他也会继续努力，为中国康养事业发展尽一份力。

城市数字化建设与运维微专业张同学认为： 一开始看到城市数字化建设与运维这个微专业的时候，他更多的是好奇，抱着观望的态度参加了微专业的宣讲会，对微专业形成了一个初步印象，也决定了选择微专业。他觉得微专业最吸引人的地方是时间上不会占用正常学习时间，课程都安排在周末，而且大三过后专业课程基本已经修完，有较多的空余时间可以利用起来学习新知识；课程内容方面较为新颖且和专业内容相关，数字化、大数据、新基建与新城建、产业园运营，这些内容在专业学习中都有所涉及但却没有深入了解，想着通过微专业的学习应该可以加深对专业知识的理解。

图 8.2.3 城市数字化建设与运维微专业项目学生走进苏州高铁新城

在深入学习微专业后，他发现课程比自己预期的更新颖。正常专业课的学习都是注重理论学习缺少实践，课程内容相对枯燥，微专业则是理论与实践相结合，先学习理论知识，再通过参观相应的博物馆或展览馆加深对知识的理解，这样一来，课程更加生动，记忆也更加深刻。以他感触最

> 深的无人驾驶为例，在学习课程之前他对无人驾驶也有一定的认识，但仅仅局限在知道有无人驾驶这项技术，认为无人驾驶距离人们还比较遥远。当他自己亲身坐到Robotaxi的副驾驶时，看到方向盘自主运转、汽车平稳运行的时候，才真正体会到书本里提及的智慧城市构想，也开始尝试去主动思考智慧城市会给人们的生活带来什么样的改变，亦或是智慧城市可能存在什么样的隐患。

  与专业课相比，微专业的专业性更强。一方面，授课老师的专业水平高，有相关领域的研究学者，也有相关行业的从业者，对于专业知识有着自己独到的见解，给学生的学习带来不少启发和联想；另一方面，课程的内容更贴近社会，围绕前沿领域进行拓展加深，比书本上的内容更新更精。通过微专业的学习，学生可以了解到相关行业发展的真实状况，对于自身的择业就业有着较大的帮助。

第三节 辅修专业

一、辅修专业概述

辅修是指学生在学有余力的同时,根据学校的教学管理制度及相关规定,修读另外一门专业课程并获取相应学分及辅修证明。辅修学士学位教育培养模式是指学生在保证完成主修专业学习任务的前提下,跨专业修读另外一个专业,完成辅修学士学位专业培养方案中规定的课程、毕业论文和其他教学环节,考核成绩合格,在获得主修专业学士学位的前提下,学校在学士学位证书中注明辅修学士学位专业和授予学位。

辅修专业具有自由性。辅修专业学习的基本前提是遵循学生个人意愿。学生在保证主修专业学有余力的情况下,跨专业选择修读另一个专业。这需要学生依照个人情况自行规划学业进程,积极发挥学生的主观能动性,充分展现辅修专业学习的自由化、人性化培养理念。

辅修专业具有扩展性。一方面,辅修专业是施行学科交叉的典型代表。在主修专业"厚基础"的保证下,辅修专业"宽口径"的理论补充和实践发散与其相辅相成,相得益彰。

辅修专业具有交互性。辅修专业学习人性化的培养定位使其天然形成了小规模的授课环境,增进了师生间的沟通。教师能够即时跟进教学反馈,便于采用多种授课模式,营造良好的教学氛围,显著提高教学效果,提升教学体验感。

二、辅修专业介绍

(一)专业简介(见表 8.3.1)

表 8.3.1 苏州城市学院 2024 年辅修专业开设情况

辅修专业名称	辅修专业代码	所属学科门类	所属本科专业类	招生人数
英语	050201	文学	外国语言学类	25

学校英语专业开设于 1999 年,为江苏省一流本科专业建设点、江苏省"十四五"高校国际化人才培养品牌专业。现有全日制在校生 380 余人;专任教师 16 名,4 人拥有博士学位,其中硕士生导师 3 名、副教授 5 名、讲师 11 名,具有国外留学或海外访学背景的教师 12 名。

英语专业注重语言基本功、应用能力、创新能力和跨文化交际能力的培养,与英美高校和研究机构开展广泛合作,为学生提供各种留学和深造机会。毕业生具有优秀的综合素质,成为外经外贸、外语教学、对外文化交流等行业的骨干力量。

(二)选拔要求

1. 招生对象及条件

(1)苏州城市学院普通高等教育本科在籍在校大一、大二学生。

（2）学有余力的学生。学生主修专业所有已修课程学分绩点均须达到 2.3 及以上，且申请时必修课程无"旷考"或挂科记录。

（3）申请的辅修专业不得隶属于正在修读的主修专业所属专业大类。

2. 招生人数及最低开班人数

计划全校招收 20~25 人，最低开班人数为 20 人。

3. 选拔机制

所有同学在通过面试以及学生所在专业的综合表现或外语（英语）成绩进行综合评价后录取。

（三）培养目标

（1）学习语言知识，提高学习能力。熟练掌握英语语言知识和听、说、读、写、译技能，提高英语综合运用能力。

（2）增加升学机会，提升学历水平。学生有机会参加英语专四和专八考试，也可申请国外高校，继续深造。

（3）辅助专业知识，拓宽就业渠道。现代社会急需全面综合型人才或一专多能的应用型人才，而"英语+"或"+英语"正是解决方案之一。

（4）拓宽国际视野，培养创新意识。在深入了解我国国情和文化的同时，掌握英语国家的历史、文化、政治与社会现状，培养更宏大的国际视野，同时培养创新意识、批判性思维、跨文化交际和讲好中国故事的能力。

（四）学制、学分要求和学位授予

辅修专业学制 2 年，学习年限与主修专业学习年限同时终止。在允许学习年限内，学生修满指导性教学计划规定的 25 学分［不含毕业设计（论文）］可申请辅修专业证书；修满 50 学分，完成毕业设计（论文）（成绩达 70 分及以上），且主修专业达到学位授予条件的可申请辅修专业学士学位。

第四节 职普贯通项目

一、项目背景

近年来,国家出台多项政策以推动职业教育发展。2020年9月,教育部等九部门印发的《职业教育提质培优行动计划(2020—2023年)》明确将本科职业教育作为完善职业教育体系的关键,支持高水平高职学校试办本科专业,推动普通本科向应用型转变,并扩大专业学位研究生培养规模。

2021年10月,中共中央办公厅、国务院办公厅印发《关于推动现代职业教育高质量发展的意见》,进一步提出推进职业教育纵向贯通,鼓励应用型本科开展职业本科教育,增强职业教育适应性,构建现代职业教育体系,旨在培养更多高素质技能人才,为现代化建设提供人才支撑。

2022年4月,《职业教育法》修订后,正式确立职业教育与普通教育同等地位,明确了职业教育在国民教育中的重要作用,并规定了高等职业学校教育包含专科至本科及以上层次,由相关院校共同实施。

2022年12月,中共中央办公厅、国务院办公厅印发《关于深化现代职业教育体系建设改革的意见》,深入贯彻了党的二十大精神及新修订的《职业教育法》核心要义,旨在进一步推动职业教育高质量发展,强化其在国家现代化建设中的基础性、战略性作用。

二、项目特点

2012年,江苏省率先探索以应用型人才贯通培养为目标,在适合的专业中开展的中职与本科"3+4"、高职与本科"3+2""5+2"和高职与本科"4+0"贯通培养试点(简称职普贯通人才培养项目),正式拉开了现代职教体系内纵向贯通培养的帷幕。经过10年的探索、建设与发展,我国已建成全世界规模最大职业教育体系,每年培养1 000万左右的高素质技术技能人才。

(一)人才培养突出应用型

职业教育强调动手实践能力,普通教育侧重于抽象思维能力。建立"职普贯通"项目,就是架起职业教育与普通教育的桥梁,探索出专业技能与文化素质并重的人才培养方式,有助于让动手实践能力强于抽象思维能力的职校学生,获得接受高等教育的机会,培养更多高技能人才和大国工匠,为全面建设社会主义现代化国家提供有力的人才保障。

(二)课程体系相互衔接

《现代职业教育体系建设规划(2014—2020年)》中对"职普融通"的课程建设方式提出了指导性建议,普通学校和职业院校可以开展课程和学分互认,学习者可以通过考试在普通学校和职业院校之间转段、升学。目前各合作院校在开展贯通项目时，双方会合作制定课程体系，规定转段前和转段后的学习内容，加强两者之间的相互衔接。一般而言，后段院校每学期须向前段院校派出教师或指导合作院校教师讲授核心课程，制定专项教学质量评价与考核指标，监督人才培养方案实施。这也是为了便于转段后学生能够跟上学习进度，顺利完成学业考核。

（三）教育管理体现合作性

职普贯通项目在教育管理全过程中，无不体现出双方的密切合作。一方面，双方院校一旦确定贯通培养项目，为了保证相对稳定的实施周期，一般不少于三届，共同承担项目实施成本，合理分配生均拨款和学费收入；另一方面，项目开展过程中合作双方学校须明确专门机构，围绕课程设置、教学安排、教师提升、学生管理等建立定期业务沟通机制，加强对招生录取、教学考核、转段升学等环节的管控，及时解决项目实施过程中遇到的问题。

三、项目介绍

学校主动融入苏锡常都市圈职业教育，加快推进职普贯通人才培养现代职教体系建设。自2021年起先后与苏州市、无锡市7所高职院校开展各类贯通人才培养项目11项（表8.4.1），获批职普贯通培养项目数位列全省本科高校前列。

表8.4.1 江苏省现代职业教育体系贯通培养项目一览表（截至2023年12月）

序号	合作院校	合作项目	合作院校专业	学校专业
1	苏州工业职业技术学院	"4+0"	机电一体化技术	机械电子工程
2		"4+0"	市场营销	市场营销
3		"3+2"	电子信息工程技术	电子信息科学与技术
4	苏州经贸职业技术学院	"3+2"	国际经济与贸易	国际经济与贸易
5	苏州信息职业技术学院	"3+2"	计算机网络技术	计算机科学与技术
6	江南影视艺术职业学院	"3+2"	空中乘务	航空服务艺术与管理
7	苏州旅游与财经高等职业技术学校	"5+2"	空中乘务	航空服务艺术与管理
8	苏州建设交通高等职业技术学校	"5+2"	城市轨道车辆应用技术	车辆工程
9		"5+2"	环境艺术设计	环境设计
10	苏州高等职业技术学校（江苏联合职业技术学院苏州分院）	"5+2"	机电一体化技术	机械电子工程
11		"5+2"	现代通信技术	通信工程

（一）各项目人才培养方案简介

学校与7所高职院校建立的11个项目，在人才培养方案上充分考虑到各个专业的特点，从专业基础课程的教材选用、教学方式、考核办法、行业技能证书认定到本科学位课程考核要求以及转段方案设计，基础课程与本科专业学习的衔接和考核等方面，都构建了一整套独立的质量标准和保障体系。

1. 机械电子工程（"4+0"项目，项目以我校专业名称表述，下同）

人才培养目标：培养德智体美劳全面发展，具有一定文化素养和良好的社会责任感，掌握机械工业自动化技术、电工电子技术和计算机应用技术的基础理论和专业知识，具备良好的学习能力、实践能力、专业能力和创新意识，毕业后能从事机械装备运行管理、机电产品的设计与开发，机电产品计算机辅助设计、计算机辅助管理以及机器人技术等方面工作的高素质应用型工程技术人才。

主修课程：高等数学、工程制图、电工与电子技术、机械原理与设计、可编程逻辑控制器（PLC）原理及应用、工业传感与视觉检测技术、液压与气压传动、工业运动控制技术。

2. 市场营销（"4+0"项目）

人才培养目标：培养德智体美劳全面发展，具备数据化思维和数字化应用、创新精神和创业意识的"双数+双创"素质，理解管理学、经济学、市场营销学的基本理论，掌握现代市场营销、数字营销、新媒体营销的基本知识，具备信息采集、市场分析、客户开发、产品销售、营销策划等基本技能，毕业后能在企、事业单位及政府部门从事市场营销与管理相关岗位等工作的高素质应用型人才。

主修课程：管理学、经济学、会计学、市场营销、市场调查与预测、消费者行为学、商务沟通与谈判、营销策划、网络营销、数据分析与决策。

3. 电子信息科学与技术（"3+2"项目）

人才培养目标：培养德智体美劳全面发展，具有社会责任感和良好的科学、工程、人文素养，较好地掌握自然科学基础、工程基础、信息科学与技术基础知识和基本技能，既具有电子信息系统、设备的设计、实现和应用能力，又具有独立思考和自主学习能力、创新能力和团队协作精神，能够在电子技术应用、计算机应用技术、信息获取技术、信息处理与应用等相关领域从事科学研究、工程应用、生产制造、运行维护、技术开发与管理的专业技术人才。

主修课程：C语言程序设计、信号与线性系统、数字信号处理、图像处理技术、嵌入式技术与应用。

4. 国际经济与贸易（"3+2"项目）

人才培养目标：培养德智体美劳全面发展，综合素质比较全面，能适应开放型经济和经济国际化、一体化要求，较系统地掌握国际经济、国际贸易的基本理论，掌握国际贸易的基本知识与基本技能，了解当代国际经济贸易的发展现状，熟悉通行的国际贸易规则和惯例，以及中国对外贸易的政策法规，了解主要国家与地区的社会经济情况，能在内、外资企业，政府职能部门从事实际对外经贸业务、经济管理的高级应用型人才。

主修课程：国际贸易理论、微观经济学、国际贸易实务、宏观经济学、国际结算、国际市场营销。

5. 计算机科学与技术（"3+2"项目）

人才培养目标：培养德智体美劳全面发展，具备良好的分析与解决问题能力及良好的外语运用能力，具有良好的职业道德、终身学习能力、实践创新能力、团队协作精神和企业竞争意识，具有较强的专业能力和良好的综合素质，能在信息产业及相关领域从事计算机应用软件和网络系统、物联网系统的设计开发或应用维护管理工作，担任中小企业的技术骨干、项目管理骨干等应用型工程技术人才。

主修课程：计算机通信与网络、计算机组成及结构、数据库原理与设计、操作系统原理、数据结构。

6. 航空服务艺术与管理（"3+2"项目、"5+2"项目）

人才培养目标：培养德智体美劳全面发展，具备较高的文化艺术素质和职业素养，掌握艺术学、管理学、航空服务的基础理论和基本知识，了解航空业有关的政策和法规，熟悉国内外航空服务业务流程和要求，掌握航空服务和管理的基本技能，具备较高的外语水平、艺术修养、沟通协调能力和灵活应变能力，具有良好的服务意识、形象气质、管理能力，能在航空业及相关领域的企业、高校以及政府机构从事服务与管理工作的高级应用型人才。

主修课程：管理学概论、民航服务礼仪、民航服务英语、民航客舱服务与管理、形体训练、民航客舱安全管理。

7. 车辆工程（"5+2"项目）

人才培养目标：培养德智体美劳全面发展，适应社会经济发展对轨道交通车辆系统设计、管理、制造等方面高素质人才的要求，具有创新精神和科学素养，专业知识扎实、素质过硬、能力突出的轨道车辆系统应用型人才。

主修课程：车辆牵引、车辆动力学基础、轨道交通车辆机械部分检修、轨道车辆检修验收规程。

8. 环境设计（"5+2"项目）

人才培养目标：培养德智体美劳全面发展，具有强烈的责任意识、科学的理性精神、领先的审美判断、系统的专业知识，具有一定的创新意识、研究能力、设计思维、沟通能力，具有专业技能、创新精神、终身学习能力、创业能力，既有较宽知识面，又有较强实践能力，能适应国家及地方经济文化发展多种需求的高素质应用型人才。

主修课程：设计表现、室内设计、景观设计、景观植物配置设计、室内软装饰设计。

9. 机械电子工程（"5+2"项目）

人才培养目标：培养德智体美劳全面发展，具有一定的文化素养和良好的社会责任感，掌握机械工业自动化技术、电力电子技术和计算机应用技术的基础理论和专业知识，具备良好的学习能力、实践能力、专业能力和创新意识，毕业后能从事机械装备运行管理，机电产品的设计、开发及机电产品计算机辅助设计，计算机辅助管理以及机器人技术等方面工作的高素质应用型工程技术人才。

主修课程：机械设计基础、数控技术、PLC原理及应用、机电一体化、液压与气压传动、机械制造技术。

10. 通信工程（"5+2"项目）

人才培养目标：培养德智体美劳全面发展，具有道德文化素养、社会责任感、创新精神和创业意识，掌握必备的数学基础知识，具有通信理论、通信技术、通信系统和通信网络等方面的基础知识和基本技能，具备良好的学习能力、实践能力、创新创业能力、协作精神和沟通能力，身心健康，能从事通信工程相关领域中系统和设备的设计开发、测试维护和项目管理等工作的高素质应用型工程技术人才。

主修课程：信号与系统、电子线路实验、数字信号处理、计算机通信与网络、数字通信系统。

（二）转段升学考核方案

在转段升学考核中突出贯通培养原则、职业教育特点原则、公平公正原则。职普贯通培养项目转段升学考核内容分为前段综合评价和转段综合考核。

1. 前段综合评价

学生需满足四个条件。第一，思想品德良好，遵纪守法，诚实守信，前段学习期间无违纪行为；第二，所有课程达到60分及以上或合格要求，其中核心课程成绩达到70分及以上。核心课程由合作双方根据人才培养目标共同确定、共同制订教学大纲、共同建设试题库，在学校指导下实行教考分离，集中阅卷；第三，全国大学英语四级考试成绩达到一定标准（具体标准根据不同专业具体规定：艺术类专业达到380分及以上，其他专业达到400分及以上），通过全国或江苏省计算机等级考试一级；第四，取得高职阶段技能等级证书或行业岗位资格证书（具体证书由各专业确定）。上述四方面评价内容同时达标，视为前段综合评价合格，合格者才能参加转段综合考核。

2. 转段综合考核

根据江苏省教育厅要求，转段学生须参加全省统一的专转本考试。由学校根据全省统一的专转本考试成绩确定录取分数线，择优录取。其中，在合作院校学习期间参加全国及全省职业院校技能大赛成绩优异的学生（获国赛二等奖、省赛一等奖及以上），经转段考核领导小组审定同意，可直接录取。

被学校录取且达到前段培养学校毕业要求的学生，方可转入学校学习。

（三）加强过程管理，提升人才培养质量

学校通过参加合作院校学生家长会、拓展教学督导工作至合作院校、召开贯通培养项目教学研讨会等途径强化项目班教学过程管理与监控，保障教学运行有序平稳，确保贯通培养项目班学生的人才培养质量。

1. 家长会交流

学校积极走进合作院校，参加职普贯通培养项目班学生的开学典礼（图8.4.1）、家长会等活动，与家长面对面交流，通过介绍学校职普贯通培养项目的特色优势、转段学习要求，加强家长对项目的了解，共同研讨职普贯通培养项目在课程内容、教学方式、学生管理等方面的有效衔接，推动构建人才成长立交桥。

图 8.4.1　职普贯通项目开学典礼

2. 督导深入课堂听课

学校会定期组织教学督导进入合作高职院校听课、开展教师座谈会，全面客观了解和掌握学校教育教学动态，提高职普贯通项目班的教学质量。根据教学督导的听课反馈发现：多数职普贯通项目班上课时教师能明确教学目标，教学过程设计合理，PPT制作较好，授课过程讲解认真，重点突出，进度适中，学生听课认真，教学效果较好。

3. 召开研讨会

2023年12月8日~9日，学校在无锡江南影视艺术职业学院召开2023年现代职教体系贯通培养项目教学研讨会（图8.4.2），7所合作院校全部参会研讨。会上各校就人才培养方案规范、师资交流与课程共建、教学过程共商共管、转段考核方案制定、提升人才培养质量等方面进行了深入研讨。各校表示要围绕学生发展需求，加快纵向贯通和横向融通，拓展学生成长成才的渠道；要形成常态化、长效化的贯通合作机制，加强校级之间的沟通与交流，培养符合地方区域经济发展需要的高素质应用型人才。

图 8.4.2　2023年现代职教体系贯通培养项目教学研讨会

第九章

对外交流　合作育人

第一节　对外交流概况

一、机构介绍

（一）国际合作交流处（港澳台办公室）

1. 简介

苏州城市学院国际合作交流处（港澳台办公室）是学校外事工作的一个归口部门。国际合作交流处（港澳台办公室）的主要工作内容包括：开拓并引进国（境）外优质教育资源；策划、协调并接待国（境）外代表团来访事宜；为学生提供出国（境）留学渠道以及相关咨询服务。保持与国（境）外友好学校及有关组织、机构的日常接触和沟通；根据学校发展需要，与国（境）外大学协商校际交流合作事宜；在校际交流协议框架下，负责学校国际交流事务、中外合作办学项目的洽谈和申报等。

学校不断拓展和引进国（境）外优质教育资源、先进的教学理念与管理模式。目前与美国爱达荷大学共同举办电气工程及其自动化专业和物联网工程专业；与美国鲍尔州立大学、北亚利桑那大学、乔治·梅森大学等联合举办英语、金融学、新闻学学分互认联合培养项目；与日本、韩国、美国、英国、爱尔兰、法国、澳大利亚等国家，以及中国台湾、中国澳门等地区的多所高校建立友好校际合作关系，每年选派在校生赴友好学校进行短期交流、攻读双学位，推荐毕业生攻读硕士研究生等。

2. 学校国际交流网站

学校主页—"国际交流"栏目，网址：https：//gjc.szcu.edu.cn。

3. 联系方式：

0512-66509946

0512-65588816

（二）国际交流学院

国际交流学院是负责学生对外交流的专门机构，学院引进国（境）外先进的教学理念和管理模式，开展适合学生的对外交流活动，培养适应时代的新人才。目前主要与国（境）外友好大学合作开设的人才培养模式有双学位联合人才培养、免试推研和短期交换学生项目等。

图 9.1.1　国际交流学院正门

国际交流学院大楼位于校园春华路，2号学生宿舍楼北侧，是学校国际合作交流处（港澳台办公室）办公和国际交流项目师生日常教学、活动的主要场所。楼内建有标准化多媒体小型教室6个，中型教室1个，多功能报告厅1个，多功能自主学习空间1个。一楼南北侧共有4间教室。二楼北侧依次为3间教室、外教办公室和来宾接待室；南侧为办公区，共4间管理人员办公室和1个多功能标准会议室。二楼大厅为开放式学习交流区（图9.1.2，图9.1.3），是师生学习或课后休憩交流的舒适空间，大厅报刊架上摆放英文报纸和出国（境）留学资讯，定期更新。三楼为小型报告厅，大约容纳150人，方便举办各类学术讲座和交流活动。

图 9.1.2　开放式学习交流区1　　　　图 9.1.3　开放式学习交流区2

（三）学生对外交流中心（Go Global Group）

学生对外交流中心（Go Global Group）成立于2011年10月，前身是外语社（外语学习中心），最初是由2009级英语专业学生牵头，与其他专业的英语爱好者共同努力组建而成。在成立之初，以英语学习活动为切入口，以英语广播站和英语俱乐部为试验田，试图摸索和总结出一套高效的管理模式。学生对外交流中心，致力于成为学院外语学习氛围的营造者、外语文化知识的传播者以及国际交流活动的实践者。

现如今，学生对外交流中心是依托国际合作交流处的学生组织，为学生提供各类参加国际交流活动的机会。同学们可加入该组织招募的国际志愿者团队，在留学生来校学习期间负责接待工作与各项活动的开展；或加入学生翻译团队，实践文件翻译（笔译）、外宾接待（口译）等。学生对外交流中心部门设置如下。

（1）翻译部：负责学生翻译团队的召集、培训与日常管理，以及校园的英语广播工作、国际翻译日的宣传和英语口语大赛的主办。

（2）宣传部：负责活动海报、展板制作、微信公众号的运营、照片拍摄与新闻撰写以及跨文化校园派对活动的主办。

（3）办公部：负责中心办公室的建设与维护、材料整理与归档、活动场地申请对接、物资购买与经费报销、活动相关材料打印与发放、活动海报印刷与张贴，以及暑期游学总结大会的主办。

（4）实践部：负责国际志愿者团队的召集、培训与日常管理、留学生活动的接待和英语沙龙活动的主办。

图9.1.4　学生对外交流中心活动

二、出国（境）交流项目

苏州城市学院长期以来坚持走国际化办学之路，注重借鉴国外先进的管理模式，着力拓宽学生的国际化视野，突出培养学生的外语应用能力和创新能力。目前与美国、澳大利亚、日本、韩国、英国等国家和地区的多所高校建立了友好合作关系。具体交流项目见表9.1.1至表9.1.5（截至2024年3月）。

表9.1.1　联合培养项目

国家或地区	学校名称
日本	北陆大学、神户国际大学、中京大学等
韩国	大真大学、大邱大学、又松大学等
美国	爱达荷大学中外合作办学项目，鲍尔州立大学、特洛伊大学、乔治梅森大学、北亚利桑那大学等"中美人才培养计划"121双学位项目院校

表 9.1.2　交换生项目（一年或半年）

国家或地区	学校名称
中国澳门	澳门科技大学
中国台湾	东吴大学、中国文化大学等
日本	北陆大学、兵库县立大学、宫崎公立大学、神户国际大学、国士馆大学等
韩国	清州大学、大邱大学、西江大学、大真大学、又松大学等
澳大利亚	昆士兰大学等全球名校学期交流项目院校
新西兰	奥克兰大学等全球名校学期交流项目院校
美国	鲍尔州立大学、特洛伊大学、乔治·梅森大学、北亚利桑那大学等"中美人才培养计划"121双学位项目院校，加州大学、华盛顿大学等全球名校学期交流项目院校
英国	伦敦玛丽女王大学
波兰	居里夫人大学、比亚韦斯托克大学

表 9.1.3　硕士升学项目

国家或地区	学校名称
中国澳门	澳门科技大学、澳门城市大学
日本	兵库县立大学等
韩国	清州大学、大邱大学、西江大学、大真大学、又松大学等
澳大利亚	悉尼国际管理学院，新南威尔士大学
新西兰	梅西大学
美国	鲍尔州立大学、特洛伊大学、乔治·梅森大学、北亚利桑那大学等"中美人才培养计划"121双学位项目院校，加州大学欧文分校3+1+1研究生联合培养项目
法国	雷恩高等商学院

表 9.1.4　短期研修项目（寒假或暑假）

项目名称
中国澳门、中国台湾、日本、韩国、美国、英国等国（境）外友好学校研修
江苏高校学生境外学习政府奖学金项目
全球名校课程和科研项目（哈佛大学、剑桥大学、悉尼大学、东京大学等）
境外名校名企研修实习项目
"名校进名企"访学和国际组织实习生预备营项目
全球名校定制课程

表 9.1.5　带薪实习项目（半年）

项目名称
中友服（北京）中国大学生赴日社会实践项目

三、国际赛事

国际合作交流处每年根据赛程安排举办国际赛事校园选拔赛。主要赛事有：

（一）"21 世纪杯"全国英语演讲比赛

1. 比赛简介

"21 世纪杯"全国英语演讲比赛创办于 1996 年，由 21 世纪日报社主办，是每年在英国伦敦举办的国际公共英语演讲比赛（International Public Speaking Competition，IPSC）的中国区选拔赛。大赛致力于为广大英语教育工作者和学习者提供国际化、专业化的学习交流平台，并为推动中国英语素质教育发展做出积极贡献。历年获奖选手代表了中国学生英语演讲能力的最高水平。

2. 活动宗旨

以"让世界倾听你的声音"为口号，赛事旨在提高中国青年讲好中国故事的能力水平，推动我国国际传播能力建设、促进文明交流互鉴、推动构建人类命运共同体。

3. 组织单位

指导单位：中国日报社；

主办单位：21 世纪报社；

赛事设有组委会、评委会和项目组，负责赛事统筹、评审及执行。

4. 组别设置

（1）国内赛事：青年组、大学组。

（2）国际赛事：面向 16 至 27 岁青年学生。

5. 赛程安排

校园选拔赛/地区初赛：每年 1 月~4 月。

地区复赛：每年 4 月~5 月。

地区决赛：每年 5 月~6 月。

全国半决赛/总决赛：每年 10 月。

国际赛：每年 5 月。

6. 参赛对象

我校所有专业在校学生。

7. 报名方式

报名参加苏州城市学院学生对外交流中心组织的英语口语大赛，获奖学生推荐参加更高级别比赛。

（二）中国国际大学生创新创业大赛（国际赛道）

1. 比赛简介

中国国际大学生创新创业大赛自 2015 年起每年举办，旨在激发大学生创造力，推动创业就业。作为全国规模最大、影响最广的高校双创赛事，该比赛涵盖全国高校，面向全体大学生。赛事的国际赛道为有国外学籍或海外归国的学生提供创新创业展示平台。

2. 活动宗旨

赛事旨在深化高等教育改革，通过创新引领创业、创业带动就业，促进高校毕业生实现高质量创业就业，推动国际创新创业交流。

3. 组织单位

主办单位：教育部及相关高校。

赛事设有组委会，负责资格审核、评审及赛事组织。

4. 组别设置

（1）创新类。

（2）商业类。

（3）公益类。

5. 赛程安排

校赛选拔赛：每年 4 月~5 月。

省赛：每年 7 月~8 月。

国赛：每年 10 月~11 月。

6. 参赛对象

具有国外学籍或毕业 5 年内的海外归国人员，参赛人员年龄不超过 35 岁。

7. 报名方式

大赛以团队为单位报名参赛，鼓励跨学院、跨学校、跨国组建参赛团队，每个团队的成员不少于 2 人，原则上不多于 8 人（含团队负责人），均须为项目实际成员。

通过国家大赛官方平台注册报名；参赛项目必须提交 PPT 形式的商业计划书；所有参赛人员需提交学籍学历证明或持股证明。

第二节　留学手续办理指南

一、学籍手续办理指南

（一）休学手续

参加学校一学期以上的国（境）外交流项目须办理休学手续，办理后，学校会按公派留学休学相关规定保留学籍，但不再纳入在校生的教学和行为管理考核，比如课堂考勤、行为学分加减等。休学手续一般在留学前一个学期的学期末办理，详细步骤参照第二章第四节学籍管理有关规定。

（二）复学手续

完成国（境）外学习返校后，需要在复学当学期初至教务处办理复学，详细步骤参照第二章第四节学籍管理有关规定。办理完复学，就可以开始入住宿舍、选课、学分互认等。

公派留学休学的同学，只要学业情况良好，复学后还在原班级学习，无需降级。研修结束后务必保留好国外的成绩单或研修证书，在以后的升学、求职等过程中都可能用到。

二、学分互认手续办理指南

（一）申请对象

参加学校组织国（境）外交流项目的学生，可申请认定在国（境）外所修课程和学分。

（二）互认要求

学生在国（境）外高校所修课程属于该生在学校所修专业的专业课程范畴的，可根据该专业教学计划认定为学校专业必修课或专业选修课；不属于该生在学校所修专业的专业课范畴的，可认定为学校通识选修课。其中，必修课学分数按学校课程学分数认定，选修课学分数按外方课程学分数认定。如果学生申请认定为学校专业必修课，但外方课程学分数小于学校对应课程学分数，按两校协议中的有关规定认定。

学生申请互认的外方课程与本校课程应保持学时相当，课程标题、主题与内容一致或相似。如存在争议，学生应分别提供两门课程的主题与内容介绍，请院系专业负责老师审定，确认可以互认后，经国际合作交流处（港澳台办公室）与教务处协商，审批该互认申请。

（三）申请程序

申请学分互认的程序如下。

（1）学生申请赴国（境）外大学学习之前，应充分了解国（境）外大学的课程设置，并对照自身所修专业的教学计划，妥善安排自己的学习。

（2）学生在国（境）外学习期间应按照学习计划选修课程，如遇选课问题，应及时与国际合作交流处（港澳台办公室）取得联系。国际合作交流处（港澳台办公室）与教务处协商后给予答复。

（3）学生在国（境）外学习期满取得成绩后，应及时登录学校教务网站，根据提示提交课程学分互认申请。

申请时，有关国外大学课程相关信息的填写规范如下。

课程代码：按照留学学校成绩单填写，若成绩单上未明确，应至该校官网查询。如外方学校未提供课程代码，可以填写拟互认的本校课程代码。

课程名称：按照留学学校成绩单填写，输入英文名称时，需要注意实词首字母大写（若成绩单上课程名都是大写，也可全部输入大写），所有课程保持输入标准一致。输入中文名称时，若成绩单上有课程中文名称，直接填写；若没有中文名称，自行翻译。

学分：按照留学学校成绩单填写，若成绩单上未明确，按照此次国（境）外交流项目的通知要求或相关规定填写。

学时：按照留学学校成绩单填写，若成绩单上未明确，根据苏州城市学院学时计算标准输入，即学时＝学分×17，如1个学分的课为17学时，2个学分为34学时，以此类推。

国外成绩：按照留学学校成绩单填写。

拟转为学校成绩应参考留学学校成绩制度，填写规范如下。

（1）外方成绩以百分制记载的，拟转为学校课程成绩同样以百分制记载，与成绩单显示成绩相同。

（2）学校交流学校有成绩认定标准的，按照该标准认定课程成绩。常见学校与认定标准见表9.2.1~表9.2.6。国（境）外大学成绩评定标准为其他方式的，由教务处参照交流学校标准认定课程成绩。

表9.2.1　鲍尔州立大学与苏州城市学院互认成绩对应表

鲍尔州立大学 等级成绩	苏州城市学院 互认成绩	鲍尔州立大学 等级成绩	苏州城市学院 互认成绩
A	97	C-	71
A-	92	D+	68
B+	88	D	64
B	84	D-	61
B-	81	F	不可认定
C+	78	CR	80
C	74		

表 9.2.2　乔治·梅森大学与苏州城市学院互认成绩对应表

乔治·梅森大学 等级成绩	苏州城市学院 互认成绩	乔治·梅森大学 等级成绩	苏州城市学院 互认成绩
A+	97	C+	78
A	95	C	74
A-	92	C-	71
B+	88	D	64
B	84	F	不可认定
B-	81		

表 9.2.3　爱达荷大学、北亚利桑那大学、特洛伊大学与苏州城市学院互认成绩对应表

爱达荷大学、北亚利桑那大学、特洛伊大学等级成绩	苏州城市学院互认成绩
A	95
B	85
C	75
D	65
F	不可认定
P	80

表 9.2.4　其他学校与苏州城市学院互认成绩对应表（若成绩分为 A/B/C/D/F）

等级	苏州城市学院互认成绩
A	90
B	80
C	70
D	60
F	不可认定

表 9.2.5　其他学校与苏州城市学院互认成绩对应表
（若成绩分为 A+/A/A-/B+/B/B-/C+/C/C-/D+/D/D-/F）

等级	苏州城市学院互认成绩
A+	93
A	90
A-	87
B+	83
B	80

续表

等级	苏州城市学院互认成绩
B-	77
C+	73
C	70
C-	67
D+	63
D	60
D-	60
F	不可认定

表 9.2.6　其他学校与苏州城市学院互认成绩对应表（若成绩分为 P 和 F）

等级	苏州城市学院互认成绩
P	85
F	不可认定

（3）填写完毕后应认真检查一遍，再点击"提交申请"，避免反复修改。

（4）在网站上提交申请后，应及时联系国际合作交流处（港澳台办公室）负责老师，提供包含此次认定课程的成绩单。如能提供国（境）外大学官方纸质成绩单，申请确认无误后可完成终审；如只能提供外方大学非官方或电子成绩单，申请确认无误后可完成初审，待老师收到官方纸质成绩单后完成终审。

（5）完成互认审批的课程如在归档时需要提交其他材料，以老师通知为准。

三、国（境）外硕士研究生申请指南

与国内报名参加全国硕士研究生招生考试考取硕士研究生不同，国（境）外硕士研究生主要采取个人申请制，由学生本人向意向高校提出申请并提交相关材料，高校对学生进行综合评估后予以录取。这里对国（境）外硕士研究生申请步骤作整体介绍，供同学们参考。

（一）选择感兴趣的学校

申请国（境）外硕士研究生的第一步，是对国（境）外高校作初步了解，并列举一些自己感兴趣的学校，以便进一步了解细节。可以通过以下途径来建立初步的认识和进行第一轮的筛选。

1. 世界大学排名

较为知名和权威的世界大学排名有 QS 世界大学排名、泰晤士高等教育世界大学排名和 U.S. News 全球最佳院校排名。以上排名每年更新，除大学综合排名外，也有学科排名、区域排名等分领域排名，可以帮助同学们快速了解并筛选意向学校。

2. 国（境）外合作院校

学校与多家机构、组织及国（境）外院校开展国际交流及友好合作，能够为有国（境）外升学意向的同学们提供相关信息及项目机遇。

（1）学校国际合作交流处网站：作为学校国际合作交流处信息发布主站点，网站包含学校各国（境）外升学合作项目介绍及各类校际交流与合作项目介绍、新闻等内容。

（2）学校通知页面：国际合作交流处会及时发布各类国际交流活动及项目通知。同学们可以通过浏览以上站点信息，认识和了解相关国（境）外学校。

3. 咨询亲友

作为了解国（境）外学习和生活的重要途径之一，同学们也可以咨询有国（境）外学习或生活经历的亲友，了解国（境）外学校。

4. 定位学校

在初步了解和选择感兴趣的学校时，建议同时考虑三类学校：符合自身发展情况、匹配度较高的目标学校，高于自身发展情况、需要进一步努力才能够匹配的梦想学校，以及低于自身发展情况、把握度较高的保底学校。在后续的申请过程中，建议每类至少申请1~2所，有助于提升录取概率、从容选择学校。

在了解学校的同时，同学们也可以留意一下学校所在的国家或地区和具体城市，对所在地作初步了解，有助于后续进一步筛选目的地及申请学校。

（二）选择感兴趣的专业

在罗列出感兴趣的学校名单后，下一步同学们需要对各校的硕士研究生专业设置作进一步了解。

各个国家和地区的高校所遵从的法律法规和相关标准不同，因此国（境）外高校对硕士研究生的专业设置不一、名称各异。同学们可以在各学校官方网站查看该校硕士研究生的开设专业目录，并选择感兴趣的专业领域查看相关细节。

1. 硕士研究生性质（授课型/研究型）

授课型以课堂教学为主，申请时不需要确定导师。

研究型以科学研究为主，申请时需要确定导师或研究方向。

由于两者性质及日常教学内容的不同，硕士研究生期间所能学到的知识与技能也有所不同。

2. 硕士学位类别（文学/理学/工学等）

在未来的专业发展道路中，不同的深造方向和工作岗位对于学位的要求和限制各异，而在各高校设置的专业中，相同或相近的专业名称也可能对应着不同的学位类别，例如计算机工程专业可能对应理学硕士学位或工学硕士学位，因此在前期了解时需要明确意向专业未来能够获得的学位类别，便于选择适合自身未来发展的方向。

3. 学习模式（全日制/非全日制）

硕士研究生的学习模式以全日制为主，部分专业提供非全日制选项，在日常学习的时间要求上更为灵活，能够兼顾工作或其他个人事务，但获取学位通常需要更长时间。

（三）了解意向专业具体信息

在大致筛选出意向专业后，同学们可以在对应学校官方网站查看具体信息，进行进一步对比和选择。

1. 关注信息

（1）学习时长（通常为1~2年）。

（2）开课学期（春季/秋季学期）。

（3）毕业论文要求。

（4）核心课程、发展方向等其他信息，部分专业还提供细分专业方向供学生选择。

（5）学费信息。

2. 了解录取要求

国（境）外高校对于硕士研究生申请人采取综合评估制，主要分为以下几方面的要求：

（1）本科阶段学位及成绩要求。

一般而言，基础要求为学士学位和总评成绩或平均学分绩点高于特定分值，部分高校会将中国高校分为不同类别，对应不同分值。需要注意的是，成绩要求中所列分数为最低要求，学生成绩低于该分数则不予考虑录取，分数越高则优势越大。

（2）语言要求。

国（境）外高校使用其指定的官方语言进行教学。如果申请人母语与学校教学语言不同，则需要提供语言水平证明，以保证未来学习期间无语言障碍问题。常见的语言水平证明有以下几种：

① 标准化语言水平测试成绩。

雅思、托福、日本语能力测试等。

各高校会列明满足赴该校学习的语言测试最低综合分数要求，部分学校针对口语、写作等单项有额外要求。语言水平测试的成绩一般具有时效性，通常为1~2年内有效，如申请时已失效则不予认可。

② 高中或本科阶段采用学校教学语言学习的相关证明。

如果申请人在高中或本科阶段采用该校教学语言学习，可以根据各高校具体要求提供可被认可的成绩单或毕业/学位证书等作为语言水平证明。

③ 高校语言预备课程成绩。

部分高校会针对有意向在该校就读的学生开设语言预备课程，完成相应的课程并通过考核即认可学生的语言水平。因为只有开设课程的一所学校予以认可，这类语言课程比较适合已经确定意向学校且仅有一所意向学校的同学选择。

(3) 标准化测试成绩。

部分国家和地区的高校和部分硕士研究生专业有标准化测试成绩的相关要求，例如美国高校通常要求申请人提供 GRE 考试成绩，商科专业通常要求申请人提供 GMAT 考试成绩等。

(4) 其他要求。

为了更全面地评估申请人的综合能力，各高校还会要求申请人提交各类支持性材料，如推荐信、个人简历、个人陈述、作品集等，但具体的评估标准通常不对外公开。

如意向专业为研究型专业，还需对专业导师作进一步了解和联系，提前确认导师的具体要求和录取意向。

(四) 准备申请材料

在全面了解了感兴趣的学校、专业及其具体情况和录取要求以后，同学们对于意向学校和意向专业的名单有了进一步的梳理。接下来，同学们就可以根据名单，着手准备各项申请材料了。

1. 确认申请开放及截止时间

提供满足要求的学业成绩、语言成绩和标准化考试成绩，联系老师/领导提供推荐信，提升个人简历，准备个人陈述、申请论文、作品集等，需要一定的时间。在准备具体的申请材料之前，同学们首先要确认各高校各专业开放硕士研究生申请的时间及其相应的截止时间，为自己预留充分的提升和准备时间。越早规划，越从容，机遇越多。

不同国家和地区的高校对下一学年入学申请的截止时间规定不同。以主流的 9 月入学为例，美国和加拿大高校的申请截止时间较早，通常在 12 月~1 月截止，港澳地区高校的申请通常在 1~4 月截止，英国高校的申请截止时间较晚，通常在 5~6 月截止（具体以各高校官网当年的最新信息为准）。值得注意的是，因为材料评估的复杂性，国际学生的申请截止时间一般会早于本地学生。同时，部分高校采取分批次录取方式，越早申请，意向专业的录取名额通常越多。在合理安排的情况下，申请人能够兼顾不同地区、不同高校、不同专业的申请提交。

2. 填写并提交正式申请表

目前，国（境）外高校入学申请以在线申请方式为主，由学生本人在对应高校官网创建账号后在线提交申请，支持性材料部分可在线提交、部分须安排邮寄，后续申请与沟通步骤由高校及申请人双方通过在线系统或电子邮箱进行。

高校会通过各自的申请表格来收集并初步评估申请人的各类信息，包括：

(1) 意向申请专业。

通常来说，高校对于申请人能够提交的申请数或每份申请能够填报的专业数会有一定限制。申请多个专业须注意各专业是否同时予以评估，还是前序志愿不录取的情况下才进行后序志愿的评估录取。

（2）个人基础信息。

姓名、性别、年龄、国籍、联系方式等。

（3）教育背景。

高中和本科阶段学校信息及学位、成绩、奖惩情况。

（4）语言成绩和标准化测试成绩。

（5）职业经历。

在其他国家和地区，多数硕士研究生申请人在本科毕业后拥有一定年限的工作经历，学校会收集申请人职业资格、经历等的相关信息。

3. 准备并提交支持性材料

申请表仅为国（境）外高校硕士研究生申请的材料之一。一般而言，高校在收齐所有申请材料前，不会启动对该申请人的录取评估工作，因此申请人需要尽早准备并提交所有高校要求的支持性材料。非高校官方语言的材料，根据各校要求，还需要进行翻译、公证和认证等步骤。

（1）本科阶段官方成绩单及学士学位证书。

成绩单一般须由学校相关部门开具，放入信封，密封盖章后邮寄至申请学校。如本科院校成绩计分方式与申请学校要求不同的，一般需要先行转换或提供对照说明。

申请时尚未毕业取得学位证书的，一般可以先提供截止申请时的成绩单和在读证明，待后续完成所有课程、获得学位证书后，补充提供。

（2）语言水平证明。

如参加标准化语言水平测试，一般要求由考试机构直接向申请高校提交或寄送考试成绩，申请人在报考测试时或后续通过考试机构官网填报寄送高校的相关信息。

如高校认可高中或本科阶段的学习经历作为语言水平证明，则一般按照高校要求，提供相应阶段的成绩单或毕业证书、学位证书等即可。

如就读意向高校开设的语言预备课程，则须提供课程成绩单或结课证书等相关证明材料。

（3）标准化测试成绩单。

如高校要求提供标准化测试成绩，一般同语言测试要求，由考试机构直接向申请高校寄送考试成绩单。

（4）推荐信。

国（境）外高校通常要求申请人提供两封或两封以上的推荐信，用于评估申请人的学术或工作态度及能力。推荐信一般分为两类，学术类推荐信及工作类推荐信，均须由较为了解申请人学术或工作情况和能力的老师或领导着笔。不同高校对于推荐信的要求不一，一般学术类推荐信至少须提供1~2封，部分专业性较强的学科对于工作类推荐信也有相关的硬性要求。

为保证推荐信确为申请人老师或领导提供，一般高校在申请表中会要求申请人填写推荐人的个人信息及联系方式，后续由高校直接通过电子邮箱向推荐人发送链接，由推荐人直接在学校系统内提交推荐信。

（5）个人简历。

个人简历便于高校快速了解申请人整体情况，其中主要有以下方面的内容。

① 个人信息：姓名，联系方式；

② 教育背景：主要指本科阶段教育情况，包括本科院校、专业、成绩、奖惩情况、毕业课题、发表论文等；

③ 职业经历：包括实习、兼职、全职工作经历，岗位职责、参与项目、工作成果等；

④ 业余经历：包括业余活动、项目及组织参与情况，例如校内外学生组织或非政府组织任职、志愿者活动、各类项目或比赛等，也可以提及个人兴趣爱好；

⑤ 技能：包括各类专业资格及技能、语言能力、计算机操作能力等。

国（境）外高校普遍较为重视学生的全面发展。除最基本的学业能力外，同学们可以通过积累相关职业经历、参与课外活动、培养多方面技能提升自己的综合实力，并在个人简历中对应所申请专业有侧重地展现。

（6）个人陈述。

在申请的第一阶段，高校和申请人没有面对面沟通交流的机会，因此需要借助个人陈述来更好地了解申请人的意愿以及学生和申请高校及专业间的匹配度。我为什么要读研？我为什么选择这个专业？我为什么选择了贵校的这个专业？我有什么优势？贵校该专业能够帮助到我哪些方面？未来我希望有什么样的发展？……个人陈述是一封千人千面的自白，帮助学校更好地了解每位申请学生背后的个人轨迹与故事，评估申请人是否与学校及专业相匹配。

部分高校会将个人陈述拆分为若干道简答题，放在申请表中供申请人填写，统一收集学校所需要的信息。

（7）其他材料。

根据学校与专业的不同，同学们可能还需要提交其他材料，例如部分高校要求申请人提交1~N篇命题作文，艺术或建筑专业要求申请人提交个人作品集等。

（五）申请后续步骤

在完成所有申请材料的提交后，高校会启动录取评估工作。在此期间，同学们须保持通信畅通，定期、及时查看学校申请系统和查收电子邮件，以免错过学校通知。部分高校会在官网上写明提交申请后的步骤及时间节点，如遇问题可以及时联系学校确认。

在评估的过程中，高校可能会要求申请人补充相关材料，或安排在线面试等，以便更全面地进行评估。收到相应通知后，同学们须注意其中所规定的各项时间节点，及时反馈，以免导致评估中止或不予录取。

与此同时，同学们可以留意并着手申请各类奖学金、助学金或学生贷款项目（部分高校会在申请表中收集申请意愿及相关信息）。

（六）录取结果

根据学校的评估结果，申请人可能会收到以下四类录取结果通知：

1. 无条件录取

申请人所提交的各项申请材料已满足学校及专业的所有录取要求，予以无条件录取。

申请人须在通知规定的时间内选择是否接受录取。

2. 有条件录取

申请人截至目前所提交的申请资料可满足学校及专业的多数录取要求，仍有部分材料待补充（如语言水平证明、最终的官方成绩单和学位证书等，通常会在通知中列明），如申请人后续提供的材料能够满足所有录取要求（通常会在通知中列明），则予以录取。

申请人须在通知规定的时间内提交补充材料。

3. 候补录取

申请人进入学校候补录取名单。如拟录取学生发生变动，学校会重启对申请人的录取评估，考虑是否予以录取。

收到候补录取通知的同学，一方面可以礼貌地联系学校尝试询问候补原因、根据反馈准备补充材料等，另一方面需要着手考虑和准备升学备选方案。

4. 不予录取

申请人不符合学校及专业的录取要求，不予录取。

申请人应着手准备升学备选方案。

（六）我还能够做些什么？

国（境）外高校为方便有意向就读本校的学生进一步了解学校、学院及专业情况，会在申请开放前或开放期间安排各类学校、学院或专业开放日和招生说明会等招生宣传活动。许多高校提供线上开放日选项，方便境外学生参加。有条件的同学也可以利用寒暑假时间，实地探访意向学校或参加线下招生宣传活动，与意向学校的相关负责老师作进一步沟通与咨询。

四、海外交流奖学金申请指南

我校海外交流奖学金申请与评定依据为《苏州城市学院海外交流奖学金评定办法（试行）》（苏城院外〔2022〕5号），旨在鼓励我校学生出国（境）留学和赴海外交流。

（一）奖学金类型

1. 交换生奖学金

用于专项资助学生参加学校与国（境）外高校合作组织的一个学期及其以上的学生交流项目。奖励金额为一等奖10 000元/人，二等奖8 000元/人。

2. 短期海外研修奖学金（三个月内）

短期海外研修奖学金共设以下三类。

（1）励志奖：8 000 元/人。

（2）优秀学生奖：奖励金额为 6 000 元/人、4 000 元/人、2 000 元/人，共三个等级。

（3）优秀学生干部奖：奖励金额为 6 000 元/人、4 000 元/人、2 000 元/人，共三个等级。

（二）申请对象

（1）热爱祖国、品德优良。无不得参加评奖的任何违纪行为，行为学分不低于 82 分。

（2）项目结束时为在籍学生，且本年度必修课和专业选修课无不及格课程。

（3）报名参加当年由学校组织开展的各类自费海外交流活动的学生（不含公费交换学生项目）。

（三）申请条件

1. 交换生奖学金

（1）平均学分绩点在 3.0 及以上或排名在班级前 30%，无不及格课程。

（2）此奖学金只适用于自费交换学生项目。

2. 短期海外研修奖学金

（1）励志奖：家庭经济认定为一般困难及以上的学生，获得人民奖学金三等及以上奖项、获励志奖学金或国家奖学金者优先。

（2）优秀学生奖：获得人民奖学金三等及以上奖项者或在省级及以上学科竞赛中获一等奖及以上奖项者。申请优秀学生一等奖者班级综合排名须在前 10%。

各类竞赛相关奖项可等同于人民奖学金，具体为：

① 省级一等奖、国家级二等奖等同于人民奖学金三等奖。

② 国家级一等奖等同于人民奖学金二等奖。

（3）优秀学生干部奖：院、系、班级和社团等学生组织的主要学生干部，任职一年以上，获得社会工作三等奖学金及以上奖项的优秀学生干部或获得市级及以上荣誉的学生干部。院系学生组织主要学生干部同等条件下优先。

（四）申请流程

国际合作交流处拟定并发布本年度学生海外交流项目的相关计划，明确相关要求。符合条件的学生可登录苏州城市学院数字门户申请，按照要求如实填报项目信息、个人情况简介、语言能力、联系方式等信息。

（五）注意事项

（1）各奖项学生不得兼报。

（2）同等条件下将考虑专业间获奖人数的均衡。

（3）获奖学生需参加学校组织的总结汇报等活动。

（4）海外交流活动可申请大学生暑期社会实践活动。

（5）大学四年期间每位学生只能获得一次海外交流奖学金。

第三节　留学欧洲

一、短期项目

（一）江苏高校学生境外学习政府奖学金项目

1. 项目概况

江苏高校学生境外学习政府奖学金项目是由江苏省教育国际交流服务中心（简称苏教国际）实施，选派省内优秀学生于寒暑期以团组形式赴境外，包括英国、加拿大、澳大利亚、芬兰、新加坡、中国香港、中国澳门等国家或地区，开展为期2~4周的线下课程学习。其中，欧洲高校有剑桥大学、牛津大学、曼彻斯特大学、伦敦艺术大学等。

2. 申请步骤

（1）苏教国际开启项目选拔工作后，学校在官网转发相关通知，学生按照要求提交报名表和其他辅助材料并完成缴费。

（2）苏教国际根据报名情况与学生提交材料公布录取名单。

3. 需要准备的材料

（1）《苏州城市学院在籍学生出国（境）申请表》。

（2）江苏高校学生境外学习政府奖学金短期项目管理系统要求提交的其他材料。

4. 预估费用

（1）学费：项目费用从3万至5万元人民币不等。

（2）书籍、材料办理等费用个人自理。

（3）参与同学可获得江苏省财政和学校资助。

（二）江苏高校大学生线上国际课程科研项目

1. 项目概况

江苏高校大学生线上国际课程科研项目由江苏省教育国际交流协会（简称省协会）联合英国剑桥大学和牛津大学提供。学习期满，学生将获得教授亲笔签名的推荐信、评估报告以及结业证书，有意者论文可在 Confevence Proceedings Citation Index（CPCI）/the Engineering Index（EI）会议等国际刊物发表。参考课题、相关专业与授课高校见表9.3.1（截至2024年3月，每年项目略有调整）。

表9.3.1　线上国际课程科研项目一览表

课题	相关专业	授课高校
全球化趋势下的教育与公共政策研究	教育学、公共政策、国际关系、全球治理	牛津大学
公共卫生与生物医学：冠状病毒"战疫"	医药学、免疫学、生物学	牛津大学

续表

课题	相关专业	授课高校
机器人、人工智能与计算机网络	计算机、人工智能	牛津大学
金融经济学在股市中的运用	金融、经济、金融工程等商科专业	剑桥大学
新闻与传播、传媒研究：社交媒体平台消费者行为与营销研究	市场营销、广告、传媒学、数字媒体、传播学、社会学等	剑桥大学
21世纪新能源技术	应用物理、应用化学、电气工程、能源工程、环境工程、建筑工程、材料工程等	剑桥大学
纳米技术和电动汽车电池技术	纳米技术、新能源技术、电动汽车电池等	剑桥大学
人类推理认知心理学和神经生物学	心理学、神经生物学	剑桥大学
生物医学与精准医疗	医药学、免疫学、生物学	剑桥大学
物理：光与量子学	物理、数学等理科专业	牛津大学
统计学与概率论研究及其应用	数学、统计学、数据科学、计算机科学、经济学、心理学等	牛津大学
西方文学艺术创作与哲学理论	文学、艺术、哲学等	牛津大学

2. 申请步骤

（1）省协会开启项目报名后，学校在官网转发相关通知，学生按照要求提交报名表和其他辅助材料。

（2）省协会根据报名情况与学生提交的材料举行视频面试。

（3）学生确认录取后缴纳项目费用。

（4）学生接受课前学习指导，根据授课PPT等材料完成学习。

（5）学习结束，学生获得教授亲笔签名的推荐信、项目评估报告以及项目结业证书；有意者论文可在CPCI/EI会议等国际刊物发表。

3. 需要准备的材料

（1）《苏州城市学院在籍学生出国（境）申请表》。

（2）《江苏大学生线上国际课程科研项目报名表》。

（3）个人简历等。

4. 预估费用

（1）线上科研项目费用：约19 800元/人。

（2）如需发表论文，需另加版面费约5 000元。

（3）书籍、材料办理等费用个人自理。

注：参与同学可申请学校海外交流奖学金，获奖学金的学生一般不得随意退出项目。

（三）世界名校线上直播课程和科研项目

1. 项目概况

世界名校线上直播课程和科研项目由北京锐尔教育咨询有限公司（简称锐尔教育）联络筹办。项目时长为 2~15 周，人数不限。开课高校有剑桥大学、哈佛大学等，课程主要以 Zoom 线上直播形式进行。学校所有在籍学生均可报名，需具备良好的英语水平，部分项目需要面试。欧洲部分的项目名称、授课高校与项目收获见表 9.3.2（截至 2024 年 3 月，每年项目略有调整）。

表 9.3.2 世界名校线上直播课程和科研项目一览表

类别	授课高校	项目名称	项目收获
线上课程	米兰理工大学 POLI.design 设计学院	设计战略与系统化创新	结业证书/成绩评定单
	剑桥大学	英语语言文化	
	伦敦大学学院	英语强化	
线上科研	帝国理工学院	基于量化金融工具的投资与投资组合管理	保证发表一篇国际 EI/CPCI 或同等级别会议文章（独立一作）及导师推荐信
	剑桥大学	基于教育、学校教育及社会学发展的教育心理学研究	

2. 申请步骤

（1）锐尔教育开启项目报名工作后，学校在官网转发选拔通知，学生按照要求填写报名材料。

（2）部分项目需举行视频面试，学生通过后可获得录取资格。

（3）开课前 1~2 周发送学生课程相关资料，准备上课。

3. 需要准备的材料

（1）《名校线上直播课程和科研项目申请表》。

（2）填写项目申请表所需的其他证明材料。

4. 预估费用

（1）线上课程项目费用为 4 500 元至 11 500 元不等，线上科研项目费用为 22 800 至 32 800 元不等。

（2）书籍、材料办理等费用个人自理。

注：参与同学可申请学校海外交流奖学金，获奖学金的学生一般不得随意退出项目。

（四）波兰居里夫人大学"英语流利说"线上英语口语课程

1. 项目概况

波兰居里夫人大学"英语流利说"线上英语口语课程旨在通过多项教学任务提

升学生英语语言应用能力，持续时长为 1~3 周。学生按计划完成学习并通过考试后，将获得波兰居里夫人大学提供的课程结业证书及成绩单，并可根据课时数自愿申请学校学分。该课程于 2023 年 1 月在苏州城市学院文正书院试点开设，后扩展到全校学生，随着学校与波兰等共建"一带一路"国家的高校开拓合作机会，更多项目将落地苏州城市学院，为更多学生提供海外课程。

2. 需要准备的材料

(1)《苏州城市学院在籍学生出国（境）申请表》。

(2) 英语成绩证明（如有）。

(3) 其他有助于申请的材料。

3. 预估费用

课程费用随上课人数变化，约 1 660~2 000 元。

(五) 英国东伦敦大学线上课程项目

1. 项目概况

英国东伦敦大学线上课程项目通常于暑期开展，主要课程包括设计与插图、数字作品集开发，持续时长 1 周左右。学校在籍所有学生均可报名，须具备良好的英语水平。每个课程少于 5 人将不开班。

2. 申请步骤

(1) 东伦敦大学发布项目后，学校在官网发布通知，学生按要求提交报名表和其他辅助材料。

(2) 学生确认录取后缴纳项目费用。

3. 需要准备的材料

(1)《苏州城市学院在籍学生出国（境）申请表》。

(2) 填写申请表所需的其他证明材料。

4. 预估费用

(1) 课程费用约 4 000 元（每年略有调整，以当年学校通知为准）。

(2) 书籍、材料办理等费用个人自理。

注：参与同学可申请学校海外交流奖学金，获奖学金的学生一般不得随意退出项目。

(六) 寒暑期海外研修项目

1. 项目概况

寒暑期赴剑桥大学、伦敦大学学院、爱丁堡大学、米兰理工大学等学校进行寒暑期语言或专业课程学习，时间为 2~4 周。

2. 申请步骤

(1) 学校在官网发布通知，学生按要求提交报名表和其他辅助材料。

(2) 学生确认录取后缴纳项目费用。

3. 需要准备的材料

(1)《苏州城市学院在籍学生出国(境)申请表》。

(2) 填写申请表所需的其他证明材料。

4. 预估费用

(1) 课程费用约为 2 万至 5 万元不等。

(2) 签证等费用个人自理。

注：参与同学可申请学校海外交流奖学金，获奖学金的学生一般不得随意退出项目。

(七)"波兰文化之旅"项目

1. 项目概况

该项目含强化英语课程、波兰文化课程、欧洲历史和文化课程、户外活动(参访波兰或欧洲其他国家城市，如华沙、卢布林、布拉格、柏林等)。

2. 申请步骤

(1) 学校在官网发布通知，学生按要求提交报名表和其他辅助材料。

(2) 学生确认录取后缴纳项目费用。

3. 需要准备的材料

(1)《苏州城市学院在籍学生出国(境)申请表》。

(2) 填写申请表所需的其他证明材料。

4. 预估费用

(1) 课程费用约为 2 万元。

(2) 机票、签证等费用个人自理。

注：参与同学可申请学校海外交流奖学金，获奖学金的学生一般不得随意退出项目。

二、本硕连读、硕士项目

(一) 法国雷恩高等商学院 3/3.5/4+1.5 本升硕和 3+2 本硕连读项目

1. 项目概况

(1) 3/3.5/4+1.5 本升硕项目：面向大三、大四学生。

学生完成国内前三年或三年半或四年的学习，进入雷恩高等商学院的 1.5 年制理学硕士(MSc)全英文授课的硕士项目学习，学制 13~15 个月，其中课程 9 个月，实习 4~6 个月。学习期间包括 2 周的欧洲其他国家交流学习(Winter Session)。可选择德国、西班牙、比利时、英国、荷兰、意大利、爱尔兰等国的合作高校，包括荷兰阿姆斯特丹大学、爱尔兰都柏林大学等。交流内容包括：社会企业责任或国际战略管理课程学习，文化活动和企业参观等活动。硕士学习期间，学校免费提供不同级别的法语必修课程。

(2) 3+2 本硕连读项目：面向大三学生。

项目采取全英文授课。第一年学习工商管理学士 BBA 课程，在国内本科学士学位的基础上取得双学士学位。第二年开始学习一个专业硕士课程，并完成硕士企业实习和毕业论文，可取得相应硕士学位。

2. 申请步骤

（1）雷恩高等商学院提前一年开始接受申请，采取滚动申请制，建议尽早进入申请流程。所有所需的电子版申请材料请尽早提交雷恩高等商学院。根据后续通知，再进行线上注册并完成雷恩高等商学院的在线面试。

（2）被有条件录取后，需确认预注册，同时准备英语考试。英语考试成绩最晚在入学时间前2个月左右提供。

3. 需要准备的材料

（1）个人简历。

（2）大学成绩单。

（3）雷恩高等商学院申请表。

（4）推荐人信息（单位、职务、电话、邮箱等）。

4. 预估费用

（1）申请费：约90欧元。

（2）生活费、学费：

3/3.5/4+1.5本硕项目：约20万元（学费18 200~19 500欧元，生活费约600~800欧元/月）。

3+2本硕连读项目：2年约30万元（总学费为26 800欧元，生活费约600~800欧元/月）。

学校学费按相关规定正常收取。

（3）往返旅费、食宿、保险、书籍、办证、个人旅游等费用自理。保险、书籍、办证等杂费约几百元。出境前需自行购买境外保险（险种包含意外伤亡、重大突发疾病等）。

由于疫情等因素影响，法国雷恩高等商学院3+2本硕连读和3/3.5/4+1.5本升硕项目从2020年起暂时中止。该项目已逐步恢复申请。

（二）德国埃森经济管理应用技术大学英语授课硕士项目

1. 项目概况

德国埃森经济管理应用技术大学英语授课硕士项目由江苏省教育国际交流服务中心实施，面向省内应届毕业生招生。就读专业为会计与金融管理或国际市场营销，申请会计与金融管理专业的学生需具备相关本科课程专业背景。

本项目时长为1年，共3学期，预计每年10月赴德。项目分为国内预备课程和德国硕士课程两部分，其中，国内预备课程为线下集中授课，一般于每年4月开班，共授课6~8周，授课内容根据所选硕士专业制定。

2. 赴德入学要求

申请该项目学生须在递交签证前达到以下要求：

（1）获得本科毕业证及学位证。

（2）语言证明：雅思总分5.5及以上或托福总分75及以上，建议在参加赴德考试时达到规定的英语要求，必须在递交签证前获得相对应的英语证书。

（3）完成项目国内阶段课程，并通过模块考试。

（4）通过德方大学命题的赴德考试。

（5）德语语言水平达到A1（200课时左右，不需要证书）。

3. 相关费用（以入学当年为准）

德国硕士课程费11 000欧元，项目管理费32 800元，包含预备课程学费、组织德国入学考试、办理硕士申请（offer）、学生签证、接机、入学、提供房屋资讯等服务。不含赴德机票、住宿费、生活费、支付给第三方费用（例如，德意志银行开户费、使馆签证费等）。

4. 项目优势

自2010年起，埃森经济管理应用技术大学英语授课硕士项目引入中国，已成功进行13年，累计选派1 000多名学生赴德。参加项目的学生毕业后多数进入外企工作，就业率90%以上。项目优势具体如下：

（1）硕士课程全英文授课，为期1年，本硕无缝衔接。

（2）教育部认证学位，学位含金量高，留学费用低，留学性价比高。

（3）学生有机会进入学校合作企业实习，就业率高。

5. 项目申报及选拔

（1）学生自主申报，提交报名表。

（2）学校初审后提交苏教国际。

（3）苏教国际复审后交至德方学校审核。

（三）西班牙内布里哈大学硕士（预科）项目

西班牙内布里哈大学硕士（预科）项目由江苏省教育国际交流服务中心实施，面向省内毕业生招生。

1. 学校简介

内布里哈大学成立于1985年，是西班牙顶尖的私立高校，也是西班牙对外西语教学师资培养的重要基地，是塞万提斯学院的西班牙语能力水平考试（DELE）考试中心和西班牙教学质量的官方考评机构。此外，广告、旅游、影视制作、艺术市场和企业管理等明星专业，均排名西班牙单项专业前五。

2. 项目费用（以入学当年通知为准）

（1）项目报名费：600元。

（2）线上课程+预科费用：7 479欧元。

（3）硕士学费：6 500～14 000欧元/学年不等（根据专业不同）。通过预科学习后进入硕士学习的学生，可以享受硕士学费10%～15%的奖学金。

（4）其他费用：签证、接机等后续相关配套服务费用，将另行收取。

3. 项目流程

（1）7月下旬：内布里哈大学线上面试。

（2）9月：获得内布里哈大学硕士预科录取+硕士（有条件）双录取。

（3）9至12月：内布里哈大学西班牙语课程（线上）学习，达到西班牙语A2水平。

（4）次年1月至9月：内布里哈大学硕士预科课程（线下）学习。

（5）次年9月：达到西班牙语语言要求（B2）通过面试进入硕士课程学习[1年，修满60欧洲学分转换系统（ECTS）学分获得硕士学位]。

推荐硕士专业：对外西语教学、展会管理与组织、艺术市场与相关企业管理、商业管理与数字市场、国际企业管理、国际关系等。

三、交换学生项目

（一）波兰居里夫人大学交换生项目

1. 学校简介

居里夫人大学是波兰东部最大的综合性公立大学，建于1944年，波兰综合类大学排名前十。目前有外语学院、文学院、生物与生物科技学院、化学学院、经济学院、哲学和社会学学院、历史和考古学学院、数学、物理和计算机科学学院、地球科学和空间管理学院、教育和心理学学院、政治科学和新闻学院、法律和管理学院、艺术和音乐学院共计13个学院，16 000余名学生，其中来自45个国家的国际生占学生总数的10%。

2. 申请要求

（1）学校在籍大一至大三学生。

（2）剑桥商务B2、雅思5.5以上、托福78分以上或大学英语四级以上水平，并通过外方组织的语言考试。

（3）热爱祖国，拥护中国共产党的领导，品学兼优，身体健康，具有较高的综合素质及独立学习、生活的能力。

（4）在校期间未受到任何处分，并承诺在国外留学期间遵纪守法。

（5）有经济支付能力，能够负担在国外学习和生活需要的相关费用。

3. 学习时间

1学期。

4. 专业要求

与所学专业对口。波兰居里夫人大学英文授课专业包括英语、生物、化学、经济、哲学、社会学、历史、数学、物理、计算机、地球科学与空间管理（环境资源）、教育、心理、政治、新闻、法律、管理、音乐和美术等。

5. 项目费用

（1）学费：文理科约1 000欧元/学期（约8 000元），艺术类1 500欧元/学期（约12 000元），具体费用以外方学校通知与当时汇率为准。

（2）杂费：约 25 000 元，包括语言培训、申请指导、境外接机、境外保险、住宿费、住宿押金等相关费用。

（3）签证费、公证费、国际往返旅费、教材及材料费、个人生活费（约 3 000 元/月左右，以个人实际开支为准）、个人差旅、个人保险等相关费用。

（4）学校学费参照《苏州城市学院学生出国（境）留学收费暂行管理办法》收取。

符合条件的同学可申请学校交换生奖学金；语言符合要求者，项目结束后减免语言测试与集中强化培训费 3 000 元。

6. 报名流程

（1）学校在官网发布通知，学生按要求提交报名表和其他辅助材料。

（2）学生确认录取后缴纳项目费用。

7. 需要准备的材料

（1）《苏州城市学院在籍学生出国（境）申请表》。

（2）填写申请表所需的其他证明材料。

（二）比亚韦斯托克大学交换生项目

1. 学校简介

比亚韦斯托克大学位于波兰比亚韦斯托克市，原为华沙大学（波兰排名第一）分校，1997 年 6 月 19 日独立设置，是波兰东北地区最大最重要的学术中心之一。该校现有约 15 000 名学生，课程国际化程度高，其英语、经管、教育心理学、数学、物理、化学、生物等多个学科有博士、博士后点。

2. 申请要求

（1）学校在籍大一至大三学生。

（2）英文授课；剑桥商务 B2（含）以上、雅思 5.5 分（含）以上、托福 78 分（含）以上或大学英语四级以上水平，并通过外方组织的语言考试。

（3）热爱祖国，拥护中国共产党的领导，品学兼优，身体健康，具有较高的综合素质及独立学习、生活的能力。

（4）在校期间未受到任何处分，并承诺在国外留学期间遵纪守法。

（5）有经济支付能力，能够负担在国外学习和生活需要的相关费用。

3. 学习时间

1 学期。

4. 专业要求

与所学专业对口。波兰比亚韦斯托克大学英文授课专业包括英语、法学、物理、生物、化学、历史、社会学、数学、信息、经济管理、教育、心理和哲学。

5. 项目费用

（1）学杂费：约人民币 46 800 元，包括 1 学期学费、1 学期住宿费、住宿押金（项目结束后退）、申请指导、语言培训、境外接机、签证境外保险等相关费用。

（2）上述预计费用不含：签证费、公证费、国际往返旅费、教材及材料费、个人生活费（约人民币 3 500 元/月左右，以个人实际开支为准）、个人差旅、个人保险等相关费用。

（3）学校学费参照《苏州城市学院学生出国（境）留学收费暂行管理办法》收取。

（4）费用减免：语言符合要求者，项目结束后减免语言测试与集中强化培训费人民币 3 000 元。

6. 报名流程

（1）学校在官网发布通知，学生按要求提交报名表和其他辅助材料。

（2）学生确认录取后缴纳项目费用。

7. 需要准备的材料

（1）《苏州城市学院在籍学生出国（境）申请表》。

（2）填写申请表所需的其他证明材料。

第四节　留学美国

一、中美联合培养项目

（一）"中美人才培养计划"121双学位项目

1. 项目介绍

"中美人才培养计划"121双学位项目（简称121项目）是教育部所属中国教育国际交流协会（CEAIE）、中教国际教育交流中心（CCIEE）和美国州立大学与学院协会（AASCU）共同管理的新型中美高等教育双向交流与合作项目，项目旨在通过创新人才培养模式，培养国际创新型人才。该项目已列入"第七轮中美人文交流高层磋商机制"成果及"首轮中美社会与人文对话行动计划"执行项目。

2. 培养模式

参加"中美人才培养计划"121双学位项目的本科生采用1+2+1的培养模式，学生第一学年在中方院校就读，第二、三学年赴美，然后返回中方院校学习第四学年的课程，学生可在四年内同时获得中美大学本科毕业证书和学士学位，所获得的文凭和学位均为中美两国政府及国际承认。学生通过中美方院校四年时间的联合培养，成长为具有全球视野的高层次国际化人才。

3. 特点及优势

联合培养：中美双方院校共同制订专业计划与培养方案。

全程管理：由中教国际教育交流中心和美国州立大学与学院协会主办和全程监管，同时所有中美项目院校均配备协调员老师对121项目学生进行全方位管理与服务。

深造优势：学生拥有美国大学的学术背景及熟练的英语语言能力，同时拥有中美两国大学的学位，申请更高学历教育时具有明显优势。据对毕业生不完全统计，70%以上的毕业生毕业后继续深造，就读硕士或硕博连读项目，毕业生申请世界排名前200位名校成功率在90%以上。

节省费用：相较于本科四年全部在美国学习的留学方式，学生可以节省50%以上的费用，除此之外，为支持121项目的开展，多数美方院校给121项目学生提供数额不等的奖学金。因此，"中美人才培养计划"121双学位项目是进行教育投资取得高回报率的一种较好途径。

（二）中美学分互认联合培养项目

中美学分互认联合培养项目（金融学、英语、新闻学专业）是中教国际教育交流中心、苏州城市学院与121项目美方大学乔治·梅森大学、鲍尔州立大学、北亚利桑那大学、特洛伊大学共同合作设立的，作为"中美人才培养计划"121双学位项目的子项目，已通过省教育厅审查备案。该专业为本科批次历史类、物理类招生专业，再选科目不限，只招江苏省考生。项目学生按中美大学制订的联合培养方案赴美学习两年,第一、四学年在中国学习,第二、三学年在美国学习,所修课程符合中美双方学位授予条件和毕业要求,颁发中美大学双学位证书和中方毕业证书。

因部分课程以英文授课,要求考生有良好的英语基础。该项目新生第一学年在学校学习,课程由学校教师和美方合作大学教师共同承担,部分专业课程实施中英文双语教学;第二、三学年学生须赴美进入121项目美方合作大学学习,第四学年返回学校学习。学生学业期满,成绩合格,颁发苏州城市学院普通高等教育全日制本科毕业证书,符合学校学士学位授予条件的学生,授予苏州城市学院学士学位;符合美方大学学士学位授予条件者,同时授予美方大学相应的学士学位。

项目学生国内学费按照苏州城市学院普通本科专业标准收取;出国学习期间,正常缴纳苏州城市学院学费,另须缴纳美国大学学费、住宿费、伙食费、医疗保险等(每年总花费约 20 000~50 000 美元不等,以入学当年美方大学公布为准)以及其他相关费用(详见表9.4.1,以入学当年实际费用为准)。

表9.4.1 中美学分互认联合培养项目其他相关费用明细

阶段	项目	费用	备注
申请阶段	申请费、留学服务与手续费	23 000 元	报名时向中教国际教育交流中心缴纳。
	美国非移民签证申请费	1 300 元	报名时向中教国际教育交流中心交纳(费用根据使馆执行新收费标准可能会调整),由中教国际教育交流中心代学生在网上缴纳。
签证阶段	SEVIS I-901 费	220 美元	被美国院校录取后、办理签证前缴纳 SEVIS I-901 费,缴费金额以 SEVIS 系统为准。费用可能因政策调整而变化,缴纳后不能退费。
赴美阶段	项目管理费	3 000 美元	获得美国签证后向中教国际教育交流中心缴纳,其中回国保证金 50 000 元在完成学业回国后无息退回。
	回国保证金	50 000 元	

(三)美国 YES 交流项目

从2011年起,121项目向中方大学学生推出赴美国大学体验项目,即 Youth Exchange Students(YES)Program,学生在美方项目院校学习一学期或一年,将在美国修得的学分转回中方大学,完成中方大学的学分要求后获取中方大学的本科学位。

(1)YES 国际青年交流生项目(简称 YES 项目)——美方大学招生要求(推荐院校)(见表9.4.2)

表9.4.2 YES 项目院校要求

美方大学	托福总分/雅思总分	对申请学生成绩要求
鲍尔州立大学	79/6.5	大学平均成绩 70 分以上
北亚利桑那大学	70/6.0	大学平均成绩 70 分以上

续表

美方大学	托福总分/雅思总分	对申请学生成绩要求
特洛伊大学	61/5.5	大学平均成绩分 70 以上
乔治·梅森大学	80/6.5	大学平均成绩 78 分以上

（2）YES 项目——美方大学项目主要费用及预交款参考（以入学当年为准）

表 9.4.3　YES 项目相关费用参考　　　　　单位：美元/学年

美方大学	学费	食宿费	医疗保险	奖学金
特洛伊大学	24 480（30 学分）	8 390	1 800	50%学费减免（GPA 须达到 2.0，不适用于 ESL 语言课程）
鲍尔州立大学	26 696（24~30 学分）	11 510	自选	10 000（语言课程期间不提供，GPA 须达到 2.5）
乔治·梅森大学	35 973（24~30 学分）	15 037~17 346	3 300	4 676（语言课程期间不提供）
北亚利桑那大学	28 600	12 568	2 765	2 860（线上学习及语言课程期间不提供）

备注：以上所列美国大学每学年的各项主要费用，不包括暑期学费、书本费和其他杂费。当年收费以美方大学实际公布费用为准。

（四）项目小贴士

有意参加中美联合培养项目的同学，在大一阶段，需要做到以下几点：

（1）学好英语，要有长期的目标、正确的方法和奋斗的精神，可以使用英语学习软件，督促自己每天练习。

（2）学好每一门课程，因为每门课都会对 GPA 产生影响。

（3）在次年 2 月前办理好护照，提前备好信用卡和存款等资产证明。

（4）锻炼与人相处的能力，锻炼独立能力。

（5）次年 6 月前考出合格的托福或雅思成绩。

二、短期项目

（一）江苏高校学生境外名校线上课程

1. 项目概况

江苏高校学生境外名校线上课程由江苏省教育国际交流服务中心（简称苏教国际）实施，计划在省内高校选派优秀学生于寒暑假参加美国、加拿大、英国、芬兰等境外知名大学开展线上学习。

2. 申请步骤

（1）苏教国际开启项目选拔工作后，学校在官网转发相关通知，学生按照要求提交报名表和其他辅助材料并完成缴费。

(2) 苏教国际根据报名情况与学生提交材料公布录取名单。

3. 需要准备的材料

(1)《苏州城市学院在籍学生出国（境）申请表》。

(2) 江苏学生境外课程学习管理系统要求提交的其他材料。

4. 预估费用

(1) 课程项目费用约 13 500 元。

(2) 书籍、材料办理等费用个人自理。

注：参与同学可申请学校海外交流奖学金，获奖学金的学生一般不得随意退出项目。

（二）世界名校线上直播课程和科研项目

1. 项目概况

世界名校线上直播课程和科研项目由北京锐尔教育咨询有限公司（简称锐尔教育）联络筹办。项目时长为 2 周至 15 周，人数不限。开课的美国高校有加州大学圣芭芭拉分校、麻省理工学院、斯坦福大学等，课程主要以 Zoom 线上直播形式进行。学校所有在籍学生均可报名，需具备良好的英语水平，部分项目需要面试。美国高校项目名称和收获见表 9.4.4（每年项目略有调整）。

表 9.4.4　世界名校线上直播课程和科研项目授课高校与项目

类别	授课高校	项目名称	项目收获
线上课程	哈佛大学	金融会计与商业分析	结业证书、成绩评定单
		人力资源管理	
		英语学术写作与批判性阅读	
		人类内分泌生理学	
		药理学	
		生物化学	
		能源管理	
	加州大学圣芭芭拉分校	商业和个人品牌	结业证书、官方成绩单及 2 学分
		学术阅读和写作	
		美国文化与沟通	
	德克萨斯大学奥斯汀分校	会计/工程/软件工程	结业证书、官方成绩单及 4 学分

续表

类别	授课高校	项目名称	项目收获
线上科研	哈佛大学	微观计量经济学与经济管理	
	麻省理工学院	二维材料器件规模化高端制造及应用问题	保证发表一篇国际EI/CPCI或同等级别会议文章（小组作者，以综述论文为主），表现优异者将有机会获得导师推荐信
		人工智能与机器学习	
		人工智能与智慧城市	
		能源科技与实际应用	
	斯坦福大学	量化金融、数据分析与资本资产定价模型	保证发表一篇国际EI/CPCI或同等级别会议文章（独立一作）及导师推荐信
	卡耐基梅隆大学	人工智能与机器学习	
	南加利福尼亚大学	语言教育专题：探究教学法在对外语言教学实践中的影响	

2. 申请步骤

（1）锐尔教育开启项目报名工作后，学校在官网转发选拔通知，学生按照要求填写报名材料。

（2）部分项目需举行视频面试，学生通过后可获得录取资格。

（3）开课前1至2周发送学生课程相关资料，准备上课。

3. 需要准备的材料

（1）《名校线上直播课程和科研项目申请表》。

（2）填写项目申请表所需的其他证明材料。

4. 预估费用

（1）线上课程项目费用为4 500元至11 500元不等，线上科研项目费用为22 800至32 800元不等。

（2）书籍、材料办理等费用个人自理。

注：参与同学可申请学校海外交流奖学金，获奖学金的学生一般不得随意退出项目。

（三）寒暑期美国研修项目

1. 项目概况

在寒暑期，哈佛大学、麻省理工学院、华盛顿大学等学校会开设语言或专业课程，时长为2至4周。具体项目和研修内容以当年度发布通知公告为准。

2. 申请步骤

（1）学校在官网发布通知，学生按要求提交报名表和其他辅助材料。

（2）学生确认录取后缴纳项目费用。

3. 需要准备的材料

（1）《苏州城市学院在籍学生出国（境）申请表》。

（2）填写申请表所需的其他证明材料。

4. 预估费用

（1）课程费用约为2万至5万元不等。

（2）签证等费用个人自理。

注：参与同学可申请学校海外交流奖学金，获奖学金的学生一般不得随意退出项目。

三、学期项目

1. 项目介绍

学期项目由北京锐尔教育咨询有限公司联络筹办。项目时长为1学期，人数不限。学校所有在籍学生均可报名，需具备良好的英语水平和GPA，部分项目需要面试，合作学校有华盛顿大学、加州大学伯克利分校、加州大学圣芭芭拉分校等。具体接收院校以当年度通知为准。

项目期间，将由外方学校进行统一学术管理与学术考核，项目结束后可获得外方学校颁发的官方结业证书及成绩评定单。此外，课程通过一系列生动有趣的小组讨论等互动形式，有效提升学生学习英语的兴趣以及实际运用能力，尤其对口语能力的提升非常显著。

2. 费用

大约1万至1.5万美金不等。

3. 需要准备的材料

（1）《苏州城市学院在籍学生出国（境）申请表》。

（2）填写申请表所需的其他证明材料。

第五节 留学日本

一、校际交换学生项目

1. 项目概况

学校与日本兵库县立大学、国士馆大学、中京大学等十多所高校签署有友好交流协议,实施互派留学生项目。每年每个学校有1至2个公费(免学费)交换学生名额。北陆大学、神户国际大学等除公费名额外有若干自费交换学生和双学位项目名额。

2. 派出时间

一年两次,春季学期3月份、秋季学期9月份。

3. 申请条件

(1) 公费交换学生无不及格课程,行为学分85分以上。

(2) 公费交换学生需具备相当于日本语能力测试2级水平,部分学校需递交2级证书。

(3) 自费交换学生需有日语学习经历。

4. 申请步骤

(1) 学校官网发布报名通知,学生按照要求提交报名表和辅助材料。

(2) 公费交换学生经材料审核、面试等程序进行选拔、学校海外交流奖学金评定小组审核并公示选拔结果。

(3) 按日方友好学校要求准备申请材料,国际合作交流处审核后递交日方友好学校。

(4) 日方友好学校审核寄发录取通知书,同时向日本出入国在留管理厅递交在留资格认定书申请书。

(5) 2月底或8月底交付在留资格认定书,向日本驻华领事馆递交签证申请。

(6) 获得签证后办理休学手续,购买机票赴日。

5. 选课和学分

选课时注意事先了解自己留学当学期本专业开设的必修课,尽量选择与自己所在专业人才培养方案相近的课程。所修学分回国后可申请学分互认转入苏州城市学院。

6. 相关费用

(1) 公费交换学生免除日方友好学校的学费。其他费用及在日生活费自理。生活费一年(10个月)大约需要100万日元。

(2) 其他费用按《苏州城市学院学生出国(境)留学收费暂行管理办法》执行。

7. 需要准备的材料(根据学校不同所需材料略有差异)

(1) 护照。

（2）在读证明。

（3）成绩单。

（4）父母的在职收入证明。

（5）10万元人民币左右的存款证明。

（6）日方学校所需要的其他材料。

8. 注意事项

（1）学分互认：需课程名称及教学大纲相近。

（2）非日语专业学生在日本大学别科①及语言学校所修得的语言课程学分，可申请认定非本专业学分。

（3）兵库县立大学硕士研究生申请，需有日本语能力测试1级证书。兵库县立大学硕士项目为3.5+2，即大四下学期进入日本硕士课程。

二、日本名校交换生项目

1. 项目内容

（1）日本早稻田大学日语教育项目。

（2）上智大学国际课程研修项目。

（3）上智大学国际课程研修衔接硕士升学辅导项目。

（4）日本千叶大学顶尖设计专业课程（英文授课）。

2. 费用

需缴纳课程费用和项目费用，约10万元/年，具体费用以当期通知公告为准。

费用包含：签证服务、报名登录、材料制作、国际邮寄、指定日接机、办理银行开户手续、协助办理开通手机业务、协助在当地区役所②办理外国人登录手续以及加入国民健康保险手续、在日生活指导。

费用不含：国际机票费、日本签证费、在日住宿费、个人消费等。

三、暑期日语课程

1. 课程内容

（1）课程名称：日本语与日本文化。

（2）时间：7至8月。

（3）名额：10至20名。

（4）住宿：留学生宿舍。

2. 申请条件

学校所有在籍学生，有日语基础。

3. 申请步骤

（1）学校官网发布报名通知，学生按照要求提交报名表和辅助材料。

---

① 日本大学别科是设立在大学内的特别学习科，可以理解为大学内专门针对外国人的日语学习课程。
② 日本的区役所是地方政府的基层行政机构，主要负责处理特定行政区域内的各种事务和公共服务。

（2）学生经材料审核、面试等程序进行选拔。

4. 费用

约 4 600 元（根据人数、汇率和汇款手续费等略有浮动），包含研修费和住宿费，国际旅费和伙食费自理。

四、中国大学生赴日社会实践项目

1. 项目内容

该项目是面向日语专业在校大学生开展的海外带薪实习项目。通过实习，同学们获得宝贵的日本本土职场培训机会，加强专业素质，提升综合能力，积累海外工作经验，增强职业竞争力。同时，了解当地的文化和社会生活，感受自然风光及风土人情。

2. 参加资格

（1）年满 18 周岁全日制在校日语专业学生。

（2）学习成绩优良，在校表现良好，经过学校审核推荐。

（3）性格开朗，具备良好的日语会话和沟通能力，能够通过项目综合评估。

（4）工作积极努力、认真负责，身体健康、团结友爱。

（5）对日本社会文化感兴趣。

3. 招收人数

若干名，参加者需要通过学校推荐与综合评估，并须最终通过接收企业的面试。

4. 实习计划（根据实际情况日程可能会有变动）

（1）前往实习企业，举办实习开幕式。

（2）参加短期综合培训。

（3）根据情况确定具体岗位。

（4）实习开始。

（5）实习结束并总结，提交实习报告，颁发实习结业证书。

（6）回国，向学校及主办方汇报实习情况。

5. 接收企业、岗位、生活条件

（1）实习企业及地点：日本境内。

（2）实习时间：3 至 6 个月。

（3）实习岗位：国际连锁酒店、大型度假村、日式温泉旅馆等餐厅、前台、宴会厅、咖啡厅、礼品店、收银台等服务性岗位。

（4）工作时间：每天 6 至 8 小时，每月 20 至 22 天，具体时间由企业安排，根据淡旺季调整加班或休假时间。

（5）住宿条件：实习企业提供员工宿舍并负担实习期间的住宿费及水电煤气费。

（6）伙食条件：多数企业免费提供员工餐，部分企业象征性收取餐费，极个别企业需要自己开伙。

（7）工资待遇：薪金根据接收企业不同而有所区别，每小时 850 至 1 050 日元

（含税）不等，实习期间的薪水足以负担在日本的日常生活费用。

6. 参加费用（以下仅供参考，以当年度通知为准）

（1）申请服务费：5 000 元。

（2）项目费：7 000 元（3 个月）、14 000 元（6 个月）。

以上费用根据汇率变化每期进行微调，含匹配名额、材料制作、在留资格申请、行前辅导、海外旅行综合保险、意外伤害保险等费用；不含护照申请费、签证费、机票费、国民健康保险费（每月 1 500 至 1 700 日元）、在日旅游及其他个人消费支出。

7. 在日安全管理

中日双方设专人进行全程管理，有完善的应急服务机制。

第六节　留学韩国

一、双学位和交换学生项目

1. 项目概况

学校与韩国又松大学、大真大学、大邱大学等多所高校签署有友好交流协议，互派一学期、一学年以及双学位留学生。

2. 派出时间

一年两次，春季学期2月份、秋季学期9月份。

3. 申请步骤

（1）学校官网发布报名通知，学生按照要求提交报名表和辅助材料。

（2）公费交换学生（韩国大学免学费）经材料审核、面试等程序进行选拔，学校审核并公示选拔结果。

（3）学生按韩方友好学校要求准备申请材料，国际合作交流处审核后递交韩方友好学校。

（4）韩方友好学校审核寄发录取通知书。

（5）1月或8月交付入学通知书（返签证），向韩国驻华领事馆递交签证申请。

（6）获得签证后办理休学手续，购买机票赴韩。

4. 选课和学分

选课时注意事先了解自己留学当学期本专业开设的必修课，尽量选择与自己所在专业人才培养方案相近的课程。所修学分回国后可申请学分互认转入苏州城市学院。

5. 相关费用

（1）公费交换学生免除韩国友好学校的学费，其他费用及生活费自理，生活费半年3万至4万元。

（2）其他费用按《苏州城市学院学生出国（境）留学收费暂行管理办法》执行。

6. 需要准备的材料（学校不同所需材料略有差异）

（1）护照。

（2）在读证明。

（3）成绩单。

（4）个人信息收集同意书。

7. 注意事项

（1）进入专业课程学习需递交韩国语能力考试（TOPIK）4级证书。

（2）韩语课程学分可申请认定非本专业选修课。

8. 相关升学优惠

基本符合学校学位授予条件的应届毕业生或已取得学士学位的毕业生，韩国语能力考试3级以上或参加韩国大真大学语言学习项目者，可申请大真大学硕士研究生，并可于大四时提前至大真大学语言学习中心学习韩语，学校学生申请可减免学费总额的50%。

二、短期研修项目

1. 项目内容

参加学校组织的韩服、韩食、韩国流行音乐（K-POP）等活动以及首尔、大田等周边城市的观光活动，体验韩国语和韩国文化、感受韩国潮流。

2. 相关费用

两周费用约14 000元人民币（以当期通知为准），包含研修费、住宿费、国际旅费、签证申请费、保险费和文化体验活动的相关费用，不含伙食费以及其他个人开销。

三、硕士项目

1. 项目概况

学校与韩国西江大学、水原大学、大真大学等多所高校签署有友好交流协议，可推荐优秀学生赴韩国攻读硕士研究生。

2. 西江大学硕士项目

西江大学是韩国著名大学之一，韩国排名第5，全球前500名，并获得国际商学院协会（AACSB）认证。多年在韩国客户满意度调查中名列第一，毕业生在韩国大型企业就业率位列第一，在韩国服务质量指数评估中，均位于韩国私立大学之首。西江大学重点专业是经营学和传媒学，在韩国《中央日报》多次评比中名列第一。

（1）项目介绍：该项目具有授课方式灵活、零语言基础入学、小班授课、专业选择多样等诸多与众不同的特点，学生在校学习期间可随教授前往在韩名企进行现场实践学习，重点培养学生的实际业务及管理能力。学期中配有多语言助教老师辅助学生在韩学习生活，帮助学生轻松完成在韩学习课程。学生毕业回国后在教育部留学服务中心办理国外学位学历认证，并按国家相关规定享受海外归国留学人员待遇。

（2）招生专业：经营学、媒体与艺术经营、财务金融。

（3）语言要求：无韩语成绩要求（可选择中、英、韩文授课）。

（4）相关费用（以入学当年为准）：

报名费：2 800元（报名时缴纳）。

入学金：1 145 000韩元（仅第一学期缴纳）。

前置教育：40 000元（仅第一学期缴纳，包含150课时韩语课）。

学期学费：8 200 000韩元（减免30%以上奖学金后的金额，共交三学期）。

（5）奖学金制度：入学成绩优秀者可额外获得奖学金；每学期成绩优秀者可获得学期奖学金；获得教授推荐的优秀学生可获得教授推荐奖学金。

3. 水原大学硕士项目

韩国水原大学是韩国著名高校，学校共有10个学院，13个研究生院，占地约40

万平方米。学校拥有文学、艺术、管理、理工、商学等多个学科门类的 20 多个博士和硕士学位点。学校教学楼、宿舍、实验室、图书馆设备设施先进，学习、生活环境舒适。韩国水原大学所颁发的学历学位受到中韩两国教育部认可，是中国教育部教育涉外监管信息网推荐的高校。

水原大学位于韩国京畿道，与首尔有地铁相连。学校有直达首尔、仁川等周边地区的校车，距首尔车程仅 20 多分钟。学校所在地是韩国经济最发达、工商企业最密集的地区之一，也是该地区的政治、经济、文化和交通中心。工业基础雄厚，电子、电器、化纤等优势产业突出，科技事业发达，拥有著名的三星电子和 SK 集团等大型企业。共有 7 000 多家企业，就业实习非常便利。京畿道同时又是一座历史文化名城，被誉为韩国的"孝传统文化城市"。

学校的办学理念为俭朴、正义、创新；学校定位为硅谷型校园，创新创业导向的大学，有雄厚的办学实力，国际化的教授团队和种类丰富的奖学金。

（1）招收专业：

教育类：汉语国际教育、英语教育、韩国语教育；

艺术类：音乐、美术、舞蹈、传媒；

管理类：经营学、行政管理、酒店管理、社会工作、食品营养学；

理工类：计算机科学、物理学、生命科学、机械工学、材料工学、环境工学、建筑工学、土木工程、化学工学、电机工学、电子材料工学。

（2）授课语言：韩语或英语授课，部分专业配有翻译。

（3）学制：硕士研究生 2 年；博士研究生 3 年（其中 2 年上课，1 年完成论文）。

（4）学费：人文社科类硕士 13.8 万元，博士 19.8 万元；理工体育类硕士 14.5 万元，博士 21.5 万元；工科艺术类硕士 15.8 万元，博士 23.8 万元（以入学当年为准）。

（5）入学时间：每年 3 月和 9 月（部分专业可以随时申请）。

（6）项目优势：

① 入学容易：注重发掘申请人学习潜质，入学无语言要求。

② 奖学金丰富：学校设有入学奖学金和学期奖学金两种。入学奖学金根据学生的外语水平、专业能力和面试情况确定，奖学金数额大约为 1 至 3 万元人民币/人；学期奖学金根据考试成绩、社会实践等综合确定，每学期成绩优异的学生，有机会获得学期奖学金，每学期数额大约为 1 万元人民币/人。

③ 提供免费的韩语课程。

④ 师资雄厚：水原大学是韩国著名大学，师资力量雄厚。此外，水原大学还从北京大学、南京大学、复旦大学、北京语言大学等中国著名高校聘请专家授课。

⑤ 认可度高：水原大学是中国教育部教育涉外监管信息网推荐学校，所颁发的学历学位受到中国教育部认可。学生毕业后也可以享受落户北京等一线城市、创业免税、购车免税等留学归国人员优惠政策。

⑥ 学校可靠：韩国水原大学为韩国正规院校，教学科研水平一直居于韩国同类高校前列，其课程设置、收费标准均由韩国教育部制定，学生合法权益可以得到韩国政府的保护。

目前，韩国许多大学的硕士课程都可中文授课，对于 GPA 不高、英语一般的同学，申请韩国硕士项目也是一个不错的选择。根据韩国学校招生情况，学校每年会推出不同的硕士项目，除以上列举的西江大学、水原大学以外，还会有梨花女子大学（英文授课）、全南大学（中文授课）、明知大学（中文授课）等。

第七节　留学澳洲

一、本硕连读项目

(一) 新南威尔士大学 3+1+X 中国人才奖学金项目

1. 项目概况

新南威尔士大学 3+1+X 中国人才奖学金项目是将我省高校与世界名校合作范围由早期的学生短期交流拓展至联合人才培养、学分互认、科学研究等领域的重要举措。该项目计划由苏教国际负责，在省内高校选派优秀在校生于大四学年赴新南威尔士大学进行本科阶段最后一学年的专业课程学习。学生可自主选择该校金融、商业、市场、传媒、会计、电信工程、计算机工程等 11 个专业。学生在澳期间将安排在所选专业的班级插班听课并参加课程考核。完成一年课程学习后，新南威尔士大学将为项目学生提供课程成绩单。省内项目高校对派出学生境外修读课程进行学分认定，记入学生成绩系统。学生本科毕业证书由省内派出高校根据有关规定按时颁发。学生在澳期间学费、住宿费和生活费自理。项目学生将获得如下优惠和便利：

(1) 本科阶段最后一学年中，享受由新南威尔士大学提供 1 万澳元的学费减免。学费减免后，无论学生就读何专业，预计支付学费约 3 万澳元（48 学分），具体金额以录取通知书为准。

(2) 新南威尔士大学将为项目学生提供优先安排校内住宿的便利。

(3) 学生在澳学习一年期间修满 48 个学分且加权平均分数为 65 分或以上，并满足特定课程入学要求（包括更高平均分要求、先修课程、作品集、工作经验等），可直接升读新南威尔士大学授课型硕士学位课程。

2. 申报条件

项目申报及选拔按照"学生自主申报、学校审核推荐、新大面试选拔"的方式进行。该项目将面向省内三年级本科在校生（不含港澳台地区学生及外国留学生）进行选拔。

推荐候选学生应具备如下条件：

(1) 具有中国国籍，热爱祖国，具有良好的政治素质，身心健康，无违法违纪记录。

(2) 具备扎实的专业基础，较强的学习和交流能力，综合素质好，学习成绩优良，具有较好的发展潜力，本科三年加权平均成绩达到 76 分及以上，专转本学生专科期间成绩需满足以上要求。

(3) 英语成绩要求：雅思总分 6.5 或托福 90，且学术英语考试 64（语言成绩需在 5 月底之前提交）。

3. 选拔流程

（1）3月左右向学校提交报名表和成绩单进行初审。

（2）学校将材料邮寄至苏教国际复审。

（3）通过复审后，将于5月上旬进行线上面试。面试主要考察英语水平和学术能力。

（二）邦德大学本硕连读项目

1. 学校简介

邦德大学成立于1989年，是澳大利亚第一所由政府筹建和管理的非营利性私立大学。学校坐落于澳大利亚著名旅游胜地昆士兰州的黄金海岸市，以培养出广受雇主青睐的毕业生而闻名澳洲，多年来在澳大利亚权威大学评级刊物《优秀大学指南》上获得教学质量和就业率五星级排名。邦德大学获得了教学质量、师资配备、课程综合满意度和学生技能等10项五星级排名的荣誉，超过了澳洲其他所有大学，成为拥有五星级数量最多的学校。黄金海岸市四季如春，环境安全舒适，中国学生相对较少，是留学澳洲的理想城市之一。

邦德大学拥有由麦格里银行捐赠的模拟证券交易室，为商科类学生提供了执行成交和处理投资组合的实践机会。这个拥有最先进的硬件设备和实时市场信息软件通入的交易室，将解决商科毕业生缺乏工作所需实际操作能力的问题。

2. 项目简介

在籍四年制本科完成学校前两或三年的课程学习后，可申请至邦德大学攻读学士学位，符合双方大学要求的学分将被认可转换，在四年内完成双方大学规定的课程和学分要求，可同时获得两所大学的学士学位。

本科阶段双学位模式主要有两种：

2+1+1模式：一、二年级在学校并修得规定学分，三年级在邦德大学学习并修满规定课程并取得学分，四年级返回学校继续完成剩余课程；

3+1模式：一、二、三年级在学校并修得规定学分，四年级在邦德大学学习并修满规定课程并取得学分。

已获得学校学士学位或者学校和邦德大学双学士学位的学生，若达到邦德大学研究生入学条件，可攻读邦德大学硕士研究生，学习年限为一年或一年半。

3. 申请条件

（1）在籍二、三年级学生可申请本硕连读项目，四年级学生可直接申请硕士项目。

（2）英语要求：雅思成绩6.5以上。未能达到英语语言能力的最低要求者必须先修读英语语言课程。有英美等国一年以上学习经历者可放宽英语条件。

（3）成绩要求：学位课程平均成绩不得低于70分。

（4）本科双学位对口专业：会计学、市场营销、工商管理、金融学、国际经济与贸易专业；硕士阶段所有专业均可。

（5）本科阶段相关费用（以入学当年为准）：一年所需学费和生活费约 28 万元人民币，雅思成绩 7.5 以上的学生可免学费的四分之一。

（6）硕士阶段相关费用（以入学当年为准）：

① 商学院 4.767 6 万澳币（3 个学期），5.164 9 万澳币（4 个学期）。

② 建筑和可持续发展学院 4.767 6 万澳币（3 个学期），5.164 9 万澳币（4 个学期）。

③ 人文社科学院：

新闻传媒类 2.85 万澳币；

对外英语教学类 2.25 万澳币；

国际关系（商务、专业等）类 2.85 万澳币；

社会学类 2.85 万澳币。

④ 法学学院：

法学博士（JD）课程 9.278 4 万澳币。

除学费外生活费（包含住宿费）约 1 000 澳币每个月，雅思成绩 6.5 以上的学生可申请奖学金，奖学金金额为全部学费的 15% 至 50%，在校成绩要求 80 分以上，雅思成绩达到标准且单科不低于 6，需要提供额外的资料，比如个人简历、其他获奖经历、学校社团活动经历和志愿者经历等。

二、本升硕项目

（一）悉尼国际管理学院项目

1. 院校简介

悉尼国际管理学院（ICMS）是澳大利亚非常著名的商学院，拥有悠久的历史，其前身是圣帕特里克神学院。学校建筑于 1885 年由天主教会建造，具有典型的中世纪的哥特古堡风格，在澳大利亚是非常有名的景点，很多政界和商界的名人毕业于该学院。

ICMS 是澳洲著名商业界培养高级管理人才培养基地。本科和研究生总共不超过 1 500 名学生，研究生就读期间必须完成不低于 600 小时的名企实习，毕业生在著名企业就业率达 90% 以上。

ICMS 是澳洲唯一开设时尚与国际品牌管理专业的高校。

该高校以前未向中国完全开放，目前中国学生较少，除接收海外教育专项基金推荐的学生外，中国学生大部分是已在澳洲其他高校学习后再申请 ICMS 研究生。

2. 优势专业

ICMS 的旅游与酒店管理、会展管理专业在全澳洲排名第一。该校诸多学生是全球顶级度假村及高端酒店的高层管理人员。ICMS 每年承办大量高端会展活动，很多高端企业为 ICMS 研究生提供了丰富的专项奖学金来鼓励学生积极参与和创新。国际商务、商业管理等专业在业内享有盛誉，毕业生在名企就业率超过 90%。

3. 学费（以入学当年为准）

研究生总学费：两年共 33 500 澳币。两年毕业，内含 600 小时名企实习。ICMS 为海外教育专项基金推荐的优秀学生专设一定数量的部分和全额奖学金。另设国际学生奖学金，高达 25 000 澳币。

4. 资助标准（表 9.6.1 供参考，以入学当年为准）

根据中国少年儿童文化艺术基金会海外教育专项基金管理委员会与学校达成共同开展"一带一路"优才计划国际教育公益活动的精神，学校本科生申请国际研究生公益项目可获得国际教育公益资助（约 12 000 元，汇率按 1 澳币兑换 5 元人民币计）。

表 9.6.1 中国少年儿童文化艺术基金会资助标准

序号	海外教育专项基金提供的境内及境外公益服务资助	非资助价格	海外教育专项基金资助
1	剑桥英语考试（学生无需雅思或托福成绩，参加 C1 Advanced 剑桥学术英语考试）	2 020 元	全额资助（学生无费用）
2	雅思（学术类）考试	2 020 元	全额资助（学生无费用）
3	国际高校录取申请服务、签证材料服务、境外律师服务（从申请至获得签证全程服务）	1 500 澳元	全额资助（学生无费用）
4	境外接机及协助安排住宿服务	360 澳元	全额资助（学生无费用）

5. 报名条件

（1）申请商科及管理类专业，对申请者本科专业未设限制。

（2）本科大四应届生或往届毕业生［GPA 达 2.3 以上，获得学位证书的同学可申请获得 C1 Advanced 剑桥学术英语考试资助或雅思（学术类）考试资助。GPA 达 3.0 分以上学生可申请全额资助］。

（3）持有护照，在读证明（中英文）和成绩单（中英文公证件），英语成绩（如四六级、雅思、托福等）。如无英语成绩可申请 C1 Advanced 剑桥学术英语考试。

6. 申请办理流程

（1）持有效护照，打印中英文在读证明和成绩单，持成绩单在公证处办理中英文公证件。

（2）凭有效护照、在读证明和成绩单（中英文公证件）、英语成绩单向国际合作交流处申请海外教育专项基金资助名额，填写国际教育公益资助申请表格，由国际合作交流处提供名单参加海外教育专项基金评估。

（3）海外教育专项基金管理委员会进行评估和初试（面试地点在苏州，外地学生可视频面试)。

(4) 根据面试合格者意愿向国际高校提交相关资料申请相关专业入学申请(无合格语言成绩者申请参加 C1 Advanced 剑桥学术英语考试)。

(5) 对获得大学录取并确认入学者,海外教育专项基金管理委员会提供签证材料组织及学生签证公益性服务。

(6) 获得签证后,海外教育专项基金管理委员会提供接机及住宿公益性服务。

(二) 堪培拉大学专业会计硕士课程项目

1. 项目介绍

本项目是由堪培拉大学与苏州大学东吴商学院合作建立的国际化培养模式,实现中外课程顺利对接,打造世界名校快捷直通硕士课程项目。缩短海外读研时间,降低留学成本。我校可推荐优秀学生申请该项目。

本课程与行业联系紧密,不仅能够让学生掌握充分成熟的理论知识和会计诀窍,而且还设有实践性极强的财务会计专业课程,让学生增强自信,将学到的理论运用到解决技术挑战和会计问题。

2. 授课地点

第一年:苏州大学东吴商学院。

第二年:堪培拉大学(墨尔本)。

3. 课程亮点

(1) 职学结合:该课程为学生提供充沛的职学结合机会,包括案例研究、真实科研项目。学生将获得会计行业实战经验,并能熟练使用一系列符合行业标准的会计软件。

(2) 行业认证:本课程已获得澳大利亚及新西兰特许会计师公会(CA ANZ)和澳大利亚注册会计师公会(CPA Australia)认证。学生顺利完成学业后,即可获得澳洲注册会计师(CPA)准会员的资格。

(3) 就业辅助:堪培拉大学(墨尔本)为学生打造了配套的职业发展项目,助力学生就业。项目包括系列就业指导讲座,打磨学生求职软技能;业界高管及资深专家讲座,帮助学生了解行业最前沿动态;一对一就业咨询,有针对性地解决学生的就业难题。

(4) 实习定制:堪培拉大学(墨尔本)充分利用墨尔本的商圈资源,与众多本地名企建立行业合作,为学生定制实习机会,为学生未来的求职简历增色添彩。

(5) 奖学金:专为堪培拉大学(墨尔本)学子设立的 UC-GBCA 奖学金,可节省 15% 的学费。

4. 课程费用(以入学当年为准)

(1) 第一学年(国内阶段):苏州大学东吴商学院,学费约人民币 80 000 元。

(2) 第二学年(国外阶段):堪培拉大学,学费为 35 000 澳币,约为人民币 175 000 元(汇率约 1∶5,具体学费以入学当年学费为准)。

（3）语言课程费用：每5周开学一次，300澳币/周，约1 500人民币/周。

5. 招生对象

（1）具有全日制本科（含）以上学历及学位。

（2）雅思成绩达6.5分且单项不低于6.0分或相等水平英语测试成绩（不符合英语语言要求但雅思成绩达5.5分的学生，可修相关英语课程）。

（3）已参加全国研究生入学统考的学生可优先录取。

6. 申请材料

证件照、身份证、成绩单等。

三、短期项目

（一）寒暑期澳洲研修项目

1. 项目概况

在寒暑假期间，悉尼大学、奥克兰大学等学校会开设语言或专业课程，时长为2至4周。具体项目和研修内容以当年度发布通知公告为准。

2. 申请步骤

（1）学校在官网发布通知，学生按要求提交报名表和其他辅助材料。

（2）学生确认录取后缴纳项目费用。

3. 需要准备的材料

（1）《苏州城市学院在籍学生出国（境）申请表》。

（2）填写申请表所需的其他证明材料。

4. 预估费用

（1）课程费用约为2万至3万元不等。

（2）签证等费用个人自理。

注：参与同学可申请学校海外交流奖学金，获奖学金的学生一般不得随意退出项目。

（二）江苏高校学生境外学习政府奖学金项目

1. 项目概况

江苏高校学生境外学习政府奖学金项目是由江苏省教育厅统一管理，省厅对外合作与交流处负责统筹协调，省教育国际交流服务中心具体承办的项目。项目在寒暑假期间举办，时间为2至3周，学生学习期满后，可根据学校提供的课程结业证书及学业成绩单，对其修读的课程进行学分认定。

2. 申请步骤

选派学生名单通过学生个人网上申请、学校审核及综合推荐、苏教国际确认并公布的程序产生。

3. 预估费用

3万至4万元。

4. 资助

参加项目学生可获江苏省财政和学校共同资助。

四、学期项目

1. 项目介绍

学期项目由北京锐尔教育咨询有限公司联络筹办。项目时长为1学期，人数不限。学校所有在籍学生均可报名，需具备良好的英语水平和GPA，部分项目需要面试，合作学校有奥克兰大学、伊迪斯科文大学等。具体接收院校以当年度通知为准。

课程期间，将由外方学校进行统一学术管理与学术考核，项目结束后可获得外方学校颁发的官方结业证书及成绩评定单。此外，课程通过一系列生动有趣的小组讨论等互动形式，有效提升学生学习英语的兴趣以及实际运用能力，尤其对口语能力的提升非常显著。

2. 费用

1万至1.5万美元不等。

3. 需要准备的材料

（1）《苏州城市学院在籍学生出国（境）申请表》。

（2）填写申请表所需的其他证明材料。

第八节 留学港澳台地区

一、交换学生项目

（一）台湾研修生项目

1. 项目概况

学校有台湾东吴大学、中国文化大学、中华大学、开南大学、远东科技大学等研修生项目，接收学校在籍对口专业学生（含专转本）赴台进行学习，研修期限为一学期。

2. 申请步骤

（1）台湾友好学校公布接收名额后，学校会在官网发布报名通知，学生按照要求提交报名表和准备辅助材料。

（2）台湾学校收到报名材料后，对申请学生情况进行审核，审核通过后会寄送邀请函、行程表，并向台湾相关部门申请入台证。

（3）学校港澳台办公室会根据台湾学校提供的材料，向苏州市人民政府台湾事务办公室（简称市台办）请示，市台办批准后向江苏省人民政府台湾事务办公室（简称省台办）请示，省台办批准后下发赴台批件。

（4）携带赴台批件至苏州出入境管理中心办理"大陆居民往来台湾通行证"和"应邀赴台（因公）"签注。

（5）根据台湾学校要求完成体检（抵台前三个月内的体检证明方属有效，并有医院戳章或医师签章）或抵达台湾后在指定医院体检。

（6）进行选课。选课时注意事先了解自己赴台研修学期本校本专业开设的必修课，能在台湾学校选到相近课程最好，可以直接转换学分，低年级的同学建议选一门英语和体育方面的课，可以兑换大学英语或体育，不用回来后再补修。值得注意的是，台湾很多学校体育公选课没有学分，这个是无法兑换体育课程的，可以选择有学分的与体育运动相关的课程。与自己本专业相关的课都可以转成本专业选修，其他专业的课可转成非本专业选修，专业选修课无需与学校本专业选修课对应，只要与本专业相关即可。兑换学分的课程需缴纳学分费。

（7）办理休学手续，购买机票和保险，做好赴台准备。如还未拿到"大陆居民往来台湾通行证"，又想尽快购买价格优惠的机票，可先以护照预订机票，办理好"大陆居民往来台湾通行证"后联系航空公司修改证件信息（通常只能修改一次）。

3. 需要准备的材料

（1）最近6个月内拍摄的彩色白底证件照，长4.5厘米，宽3.5厘米，人像自头顶至下颚之长度不得小于3.2厘米及不得超过3.6厘米。

（2）身份证和学生证（要有注册条或注册章）。

(3) 成绩单,可至师生服务大厅自助机打印或在数字门户电子签章申请。

(4) 学籍证明(须含入学日期),由学校提供。

(5) 体检证明和保险证明等。

4. 预估费用

(1) 学杂费:研修生包括公费交换生和自费研修生两类。公费交换生免收对方大学学费,只需缴纳住宿费和其他杂费约4 000元人民币;自费研修生需缴纳对方大学学费,约1万元人民币,住宿费和其他杂费约4 000元人民币。符合条件的自费研修生有机会申请台湾学校交流生交流金和学校交换生奖学金。

(2) 学校学费按相关规定正常收取。

(3) 往返旅费、食宿、保险、书籍、办证、个人旅游等费用自理。在台期间每月生活费约1 000至1 500元人民币;保险、书籍、办证等杂费约数百元人民币。台湾学校通常会提供医疗和境外保险方案方便学生购买,如未提供,出境前需自行购买境外保险(险种包含意外伤亡、重大突发疾病等)。

(二) 澳门科技大学交换生项目

1. 项目概况

(1) 申请条件:学校在籍大一至大三学生(含专转本),学习成绩优良,品行端正。

(2) 学习时间:一学期或一学年。

(3) 专业要求:与所学专业对口,澳门科技大学开设的学士课程均可申请,会根据学生在学校所读专业匹配相应课程。每学期修读课程不少于12学分,最多18学分。

2. 申请步骤

(1) 学校根据澳门科技大学公布的交换生须知,在官网发布报名通知。学生按照要求提交报名表和辅助材料,如申请海外交流奖学金还需提供奖学金评定所需材料。

(2) 澳门科技大学收到报名材料后,对申请人情况进行初审,并要求申请人在规定时间内在澳门科技大学招生系统进行注册,并缴纳报名费,可在系统内直接缴费或通过跨境汇款方式,转账至澳门科技大学的工行或中行账户,转账完成后将汇款凭证上传至系统。

(3) 澳门科技大学审核通过后会寄送录取通知书和学费缴费单。

(4) 按照学费交费单要求进行转账汇款,并上传汇款凭证或发送至指定邮箱。

(5) 预选课程。选课时注意事先关注自己专业的教学计划,了解赴澳门学期本校本专业开设的必修课,尽量在澳门科技大学选到相近课程,但无法选高于本年级的专业课程,如学校三年级学生,到澳门科技大学还是归入三年级,无法选择四年级课程。每学期修读课程不少于12学分,最多18学分。报名时学费按12学分(2 600港币/学分)预收,选课超过12学分的部分在抵达澳门科技大学后需补齐。与自己本专业相关的课都可以转成本专业选修，其他专业的课可转成非本专业选修，专业选修课无需与学校本专业选修课对应，只要与本专业相关即可。兑换学分的课程需缴纳学分费。

（6）收到澳门科技大学寄送的"确认录取通知书"原件后，可至户口所在地出入境管理中心办理港澳通行证和"逗留"签注。注意："录取通知书""确认录取通知书"如丢失不补办原件，收到后一定要妥善保存；办理签注需要"确认录取通知书"原件，彩印件、扫描件均不接受。

（7）办理休学手续，购买机票和保险，做好赴澳门的准备。

3. 需要准备的材料

（1）最近6个月内拍摄的彩色白底证件照。

（2）身份证和学生证（要有注册条或注册章）。

（3）成绩单、学籍证明，这两份材料可至师生服务大厅自助机打印或在数字门户电子签章中申请。

（4）报名表、宿舍申请表等。

4. 预估费用（以下为港币，以当学期公告为准）

（1）报名费：500元。

（2）学费：每学分2 600元。

（3）住宿费：单人间每人每月5 700元，双人间每人每月3 400元。

（4）保证金：6 000元，在学期结束后，如未损毁学校设施可全额退还（银行转账）。

（5）入学前需自费至澳门科技大学指定医院体检。

（6）学校学费按相关规定正常收取。

（7）往返旅费、食宿、保险、书籍、办证、个人旅游等费用自理。

许多同学对澳门科技大学硕士研究生项目感兴趣，希望通过交换生途径提前了解澳门科技大学的情况，并认识该校的老师和同学，对今后申请研究生有助益。

二、硕士项目

（一）澳门科技大学、澳门城市大学保荐生项目

1. 项目概况

每年10至12月，学校会保荐优秀学生赴澳门科技大学、澳门城市大学攻读硕士研究生。

保荐条件：学校四年制本科应届毕业生；在校期间未受过任何纪律处分；澳门科技大学要求申请时前六学期平均成绩85分以上，澳门城市大学要求申请时前六学期平均成绩82分以上且班级排名在前30%以内。

以上为2022年保荐生条件，近年来澳门科技大学、澳门城市大学对成绩的要求越来越高。如不符合保荐资格者也可以一般生身份网上申请，同样有机会被录取。

2. 申请步骤

（1）在澳门科技大学、澳门城市大学招生网站上注册、报名，提交证明材料。

（2）向学校国际合作交流处（港澳台办公室）提交相关材料申请保荐生资格。

（3）学校根据条件审核，审核通过会将学生名单交至澳门友好学校。

（4）澳门友好学校研究生院审核保荐资格，审核通过后，等待澳门友好学校相关院系遴选，通知面试。

3. 需要准备的材料

成绩单、各类获奖证书、科研成果、学生干部证明、海外研修证明等。

4. 预估费用

两年学费约 15 至 20 万元（以入学当年通知为准）。

保荐生不同于国内保研，它仅仅是一个免笔试、直接进入面试环节的机会。参与学生还是需要认真准备面试，经过院系严格筛选和考核。近几年澳门科技大学、澳门城市大学竞争非常激烈。以澳门科技大学为例，几乎近一半的申请者连面试资格都没有获得。因此，相关同学在大学前三年一定要注重 GPA 和各项能力的培养，丰富长短期海外研修经历，才能在申请者中脱颖而出。

三、短期项目

（一）江苏高校学生境外学习政府奖学金项目

1. 项目概况

寒暑假期间，江苏省教育厅面向省内高校组团赴港澳地区研修，时间为 2~3 周，学生学习期满后，可根据港澳地区联盟大学提供的课程结业证书及学业成绩单，对其修读的课程进行学分认定。

2. 申请步骤

选派学生名单通过学生个人网上申请、学校审核及综合推荐、江苏省教育国际交流服务中心确认并公布的程序产生。

3. 预估费用

3 万至 4 万元。

4. 资助

参加项目可获省财政和学校共同资助。

（二）台湾东吴大学、中国文化大学等寒暑期研修项目

1. 项目概况

寒暑假期间，台湾东吴大学、中国文化大学等学校开设文化体验或专业课程，时间为 2~3 周，学生学习期满后，可根据台湾友好学校提供的课程结业证书及学业成绩单，对其修读的课程进行学分认定。

2. 申请步骤

（1）学校在官网发布通知，学生按要求提交报名表和其他辅助材料。

（2）学生确认录取后缴纳项目费用。

3. 需要准备的材料

（1）《苏州城市学院在籍学生出国（境）申请表》。

（2）填写申请表所需的其他证明材料。

4. 预估费用

（1）课程费用约为1万至1.5万元不等。

（2）签注、机票等费用个人自理。

注：参与同学可申请学校海外交流奖学金，获奖学金的学生一般不得随意退出项目。

（三）香港名校名企联合实习课程

1. 项目概况

寒暑假期间，江苏省教育厅联合香港名校名企的优质教育和社会资源，将理论知识培训、企业业务实操、职业规划指导等重要元素融会贯通，并穿插丰富多元的参访活动，对话政商官员，体验港风生活，为学生开阔视野、积累人脉、挑战提升自我提供平台，并为学生尽早明确职业定位，提高职业素质，增强在未来求职中的竞争力奠定基础。

2. 申请步骤

（1）学校在官网发布通知，学生按要求提交报名表和其他辅助材料。

（2）学生确认录取后缴纳项目费用。

3. 需要准备的材料

（1）《苏州城市学院在籍学生出国（境）申请表》。

（2）填写申请表所需的其他证明材料。

4. 预估费用

课程费用约为1.38万元（包含机票和食宿）。

注：参与同学可申请学校海外交流奖学金，获奖学金的学生一般不得随意退出项目。